黑龙江省精品图书出版工程
"十三五"国家重点图书
MIT 精选翻译图书

不确定条件下的决策：理论和应用
Decision Making Under Uncertainty: Theory and Application

［美］Mykel J. Kochenderfer　著
李杨　译

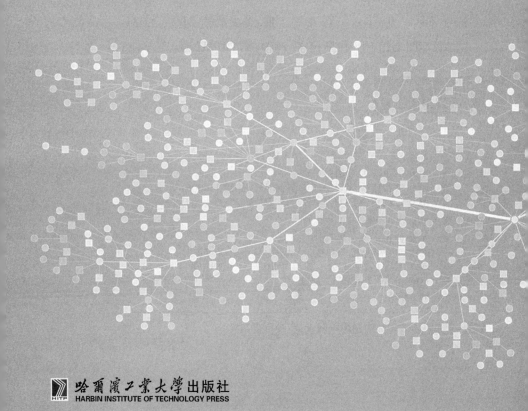

内容简介

本书共12章,分为理论与应用两大部分,围绕设计决策智能体的两种主要方法(规划和强化学习)展开。对不确定条件下的决策理论与应用的最新研究进行了系统且全面的介绍,从计算的角度介绍了在不确定条件下进行决策的挑战,包括决策模型和算法背后的理论,以及从语音识别到飞机避碰的一系列应用。

本书既可作为计算机科学、航空航天、电子与电气工程以及管理科学等专业高年级本科生和研究生的教材,也可作为相关领域研究人员的参考资料。

黑版贸审字 08–2019–127 号

Translation from the English language edition:
Decision Making Under Uncertainty: Theory and Application
by Mykel J. Kochenderfer
Copyright © 2015 Massachusetts Institute of Technology
All rights reserved. No part of this book may be reproduced in any form by any electronic or mechanical means (including photocopying, recording or information storage and retrieval) without permission in writing from the publisher.

图书在版编目(CIP)数据

不确定条件下的决策:理论和应用/(美)麦克·J.科钱德弗(Mykel J. Kochenderfer)著;李杨译. —哈尔滨:哈尔滨工业大学出版社,2020.10

ISBN 978−7−5603−8506−8

Ⅰ.①不… Ⅱ.①麦… ②李… Ⅲ.①决策学 Ⅳ.①C934

中国版本图书馆 CIP 数据核字(2019)第 207957 号

电子与通信工程
图书工作室

策划编辑	许雅莹 丁桂焱
责任编辑	周一曈 李青晏
封面设计	高永利
出版发行	哈尔滨工业大学出版社
社　　址	哈尔滨市南岗区复华四道街 10 号　邮编 150006
传　　真	0451−86414749
网　　址	http://hitpress.hit.edu.cn
印　　刷	哈尔滨市工大节能印刷厂
开　　本	660mm×980mm　1/16　印张 19.25　字数 355 千字
版　　次	2020 年 10 月第 1 版　2020 年 10 月第 1 次印刷
书　　号	ISBN 978−7−5603−8506−8
定　　价	58.00 元

(如因印装质量问题影响阅读,我社负责调换)

译 者 序

本书的作者 Mykel J. Kochenderfer 教授是斯坦福大学航空航天系智能系统实验室主任。加入斯坦福之前，他是麻省理工学院（MIT）林肯实验室的一名研究人员，曾被授予 MIT 林肯实验室早期职业技术成就奖，以表彰他在开发新型机载防撞系统和改进空中交通安全技术方面的贡献。本书是由他为 MIT 林肯实验室讲授同名课程的相关资料扩展而来的。

全书对不确定条件下的决策理论和应用的最新研究进行了系统且全面的介绍，其中对建模和实际应用中计算效率的详尽讨论使得本书具有十分重要的理论和应用价值。书中对实际应用中算法的实现以及人为因素和系统级设计等问题的考虑和讨论令人印象深刻。

许多重要问题涉及不确定条件下的决策，即基于通常不完善的观测选择行动而结果未知。自动决策支持系统的设计者必须在平衡系统多个目标的同时考虑各种不确定条件的来源。本书从计算的角度介绍了在不确定条件下进行决策的挑战，包括决策模型和算法背后的理论，以及从语音识别到飞机避碰的一系列应用。

全书分为理论与应用两大部分，围绕设计决策智能体的两种主要方法（规划和强化学习）展开。其中，理论部分包括以下主要内容：
①概率模型中将贝叶斯网络作为捕获变量之间概率关系的图模型；
②理解不确定条件下最优决策框架的效用理论；
③一种建模序贯问题方法的马尔可夫决策过程；
④模型与状态的不确定性；
⑤多交互智能体的协同决策。

同时，书中给出了一系列应用实例，揭示了理论与概念如何应用于实际系统，具体包括：
①人员视频搜索系统；
②语音信号识别的相关应用；
③机载防撞系统；
④无人机持续监视系统；

⑤人机自动化集成系统。

初次学习不确定性条件下的决策理论与应用的读者可以先从第二部分对应用系统的介绍开始,这样比较容易结合现实的场景建立起对理论模型的物理概念。对于已经在相关领域有所涉猎的读者,可以从前面的理论部分开始有选择的阅读。

只要之前接触过概率论和微积分的读者,都可以很好地理解书中的内容。本书既可作为计算机科学、航空航天、电子与电气工程和管理科学等专业高年级本科生和研究生的教材,也可作为相关领域研究人员的参考资料。

感谢哈尔滨工业大学丁文博、薛钧舰、贺梦珂、王静、王琳琳、郑辉、丁明泉、朱允镕、王鹏峥、张亚豪、赵琦、范家兵、郭派、于川淼、刘辰锋、王新旸、刘畅、唐文静、郭彦潇等同学在译文多轮校对中做出的贡献,感谢加州大学洛杉矶分校(UCLA)陈宜骏博士在翻译过程中提出的部分建议和帮助。

需要说明的是,虽然在翻译过程中尽可能完整准确地表达原著的内容,但译者的时间和水平有限,翻译中难免会出现未尽完善之处,敬请广大同行读者批评指正。关于译文的问题也可以通过如下 E-mail 与译者联系以便再版时完善:li.yang@hit.edu.cn。

希望该书的出版能为国内该领域广大科研工作者提供有益的参考和帮助。

李 杨

于哈尔滨

2020 年 8 月

前　　言

　　本书从计算的角度介绍了不确定条件下的决策问题及方法。书中第一部分介绍了概率模型和决策理论的基础，第二部分讨论了上述理论在各种任务领域中的应用。不确定条件下的决策起源于几个不同领域，其应用范围相当广泛。本书旨在尽可能简单且广泛地提供与应用相关的材料，以供读者参考。

　　本书的目标读者包括在先进工程领域进行学习和研究的本科生、研究生以及相关专业人士，尤其是计算机科学、航空航天、电子与电气工程和管理科学等学科。全书旨在介绍问题的本质，概述了算法，但省略了证明过程。本书的学习需要一些数学基础，并且假定读者先行学习过概率论和微积分。前5章可用作本科生或研究生课程的基础读物；第6章和第7章更适合研究生阅读学习；第8~12章给出了前述理论的部分应用实例。

　　本书是作者在林肯实验室工作期间历时两年完成的。林肯实验室是麻省理工学院（MIT）下受联邦资助的研发中心。作者在教授"不确定条件下的决策"这门课时，被"林肯实验室系列丛书"的成员邀请出版该书。书中大部分材料来自于该课程。课程的后半部分还包括林肯实验室及MIT校内研究人员的讲稿，目的是向读者展示如何应用课程第一部分讨论的原理和技术解决涉及国家利益的问题。

Mykel J. Kochenderfer
于美国加州斯坦福
2015年2月6日

目　　录

第 1 章　绪论 ··· 1
1.1　决策 ·· 1
1.2　应用实例 ·· 2
1.3　设计决策智能体的方法 ·· 4
1.4　结构安排 ·· 5
1.5　扩展阅读 ·· 7
参考文献 ·· 7

第一部分　理　　论

第 2 章　概率模型 ·· 11
2.1　表示 ··· 11
2.2　推理 ··· 23
2.3　参数学习 ··· 35
2.4　结构学习 ··· 40
2.5　小结 ··· 46
2.6　扩展阅读 ··· 47
参考文献 ·· 47

第 3 章　决策问题 ·· 50
3.1　效用理论 ··· 50
3.2　决策网络 ··· 56
3.3　博弈问题 ··· 60
3.4　小结 ··· 64
3.5　扩展阅读 ··· 64

参考文献 ·· 65

第 4 章　序贯问题 ·· 68

4.1　构想 ·· 68
4.2　动态规划 ·· 70
4.3　结构化表示 ·· 81
4.4　线性表示 ·· 83
4.5　近似动态规划 ·· 85
4.6　在线方法 ·· 89
4.7　直接策略搜索 ·· 94
4.8　小结 ·· 98
4.9　扩展阅读 ·· 98
参考文献 ·· 99

第 5 章　模型的不确定性 ·· 103

5.1　探索和利用 ·· 103
5.2　基于最大似然模型的方法 ···························· 106
5.3　基于模型的贝叶斯方法 ································ 108
5.4　无模型方法 ·· 111
5.5　泛化 ·· 114
5.6　小结 ·· 117
5.7　扩展阅读 ·· 118
参考文献 ·· 119

第 6 章　状态的不确定性 ·· 122

6.1　数学表达 ·· 122
6.2　状态更新 ·· 124
6.3　精确求解方法 ·· 128
6.4　离线方法 ·· 131
6.5　在线方法 ·· 137
6.6　小结 ·· 142
6.7　扩展阅读 ·· 143

参考文献 143

第7章 协同决策 146
- 7.1 数学表达 146
- 7.2 性质 151
- 7.3 代表性子类 152
- 7.4 求精确解的方法 156
- 7.5 求近似解的方法 163
- 7.6 通信 165
- 7.7 小结 166
- 7.8 扩展阅读 167
- 参考文献 168

第二部分 应 用

第8章 基于概率的视频检测 177
- 8.1 基于特征的人员搜索 177
- 8.2 概率式的外表模型 180
- 8.3 学习和推断技术 190
- 8.4 性能 199
- 8.5 交互式搜索工具 203
- 8.6 小结 205
- 参考文献 207

第9章 语音应用的动态模型 209
- 9.1 语音信号建模 209
- 9.2 语音识别 212
- 9.3 主题识别 214
- 9.4 语言识别 214
- 9.5 说话者识别 217
- 9.6 机器翻译 219
- 9.7 小结 220

参考文献……………………………………………………………… 221

第 10 章 机载防撞优化系统 …………………………………… 226
10.1 机载防撞系统 ……………………………………………… 226
10.2 防撞问题的表达 …………………………………………… 230
10.3 状态估计 …………………………………………………… 235
10.4 实时执行 …………………………………………………… 237
10.5 评价 ………………………………………………………… 240
10.6 小结 ………………………………………………………… 247
参考文献 ………………………………………………………… 248

第 11 章 持续监测的多智能体规划 …………………………… 251
11.1 任务描述 …………………………………………………… 251
11.2 集中问题的表达 …………………………………………… 252
11.3 分散问题的近似表达 ……………………………………… 254
11.4 模型学习 …………………………………………………… 257
11.5 飞行测试 …………………………………………………… 258
11.6 小结 ………………………………………………………… 262
参考文献 ………………………………………………………… 262

第 12 章 人机自动化集成 ……………………………………… 264
12.1 人的能力及其应对 ………………………………………… 264
12.2 设计中人为因素的考量 …………………………………… 268
12.3 实现的系统级视角 ………………………………………… 278
12.4 小结 ………………………………………………………… 282
参考文献 ………………………………………………………… 282

名词索引 …………………………………………………………… 286

附录 部分彩图 …………………………………………………… 301

第1章 绪 论

许多重要问题涉及不确定条件下的决策,包括飞机防撞、野火管控和灾害响应等。当一个人在设计自动决策支持系统时,做出决策或推荐决策中考虑不确定性的各种来源是相当重要的。考虑这些不确定性的来源并仔细平衡系统的多个目标非常具有挑战性。为了给决策模型和决策算法提供其背后的理论基础,我们将从计算的角度来讨论这些挑战,然后用一系列真实问题对其进行进一步的介绍。本章介绍了不确定条件下做出决策面临的问题及可能的解决方法,并对本书的其余部分内容进行了概述。

1.1 决 策

智能体是基于对其环境的观测而动作的主体。它可以是物理实体,如人或机器人;也可以是非物理实体,如作为完全由软件实现的决策支持系统。环境和智能之间的相互作用如图 1.1 所示,智能体和世界之间的相互作用遵循一个观测-动作循环。

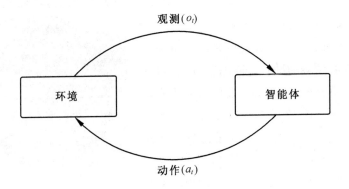

图 1.1 环境和智能体之间的相互作用

在 t 时刻，智能体接收到对世界的一个观测，表示为 o_t。例如，这个观测可能是通过与人类相似的生物感知过程或通过空中交通管制系统中的雷达等传感器系统进行的。观测往往不完整或受到干扰，如人类可能看不到接近的飞机，雷达系统也可能会因为电磁干扰而错过某次探测。智能体接着通过一些决策过程选择动作 a_t。这个动作（如发出警报），可能对世界产生非确定性的影响。

我们关注的是与世界进行智能交互的智能体，这些智能体随着时间的推移实现它们的目标。给定过去的观测序列 $o_0, \cdots, o_t$ 和关于环境的知识，智能体必须选择一个最能实现它目标的动作。

1.2 应用实例

在实际问题中考虑不确定性是很重要的。本节阐述了两个在书中后半部分还会再次被讨论的实例。

1.2.1 交通警报和防撞系统

交通警报和防撞系统（Traffic Alert and Collision Avoidance System，TCAS）是一个在全球范围内显著提高航空旅客安全的决策支持系统。作为一种机载防撞系统，该系统被要求安装在所有最大起飞质量超过 5 700 kg 或被授权承载 19 名以上乘客的飞机上。该系统向飞行员提供决策建议，指导他们调整飞机爬升或下降速率以避免碰撞。在驾驶舱中会语音广播该建议，并将其显示在显示屏上。

图 1.2 所示为在垂直速度指示器上显示的一个决策建议实例。黑色箭头指向的 0 ft/min（1 ft = 0.304 8 m）表示当前垂直速率。该垂直速度表的刻度盘单位是 1 000 ft/min。图中的浅灰色弧段显示范围为 1 500 ~ 2 000 ft/min，通知飞行员以该范围内的速率开始爬升。深灰色方块和黑色菱形表示入侵飞机的相对横向位置，图形下方的数字表示它们的相对高度为 100 ft。

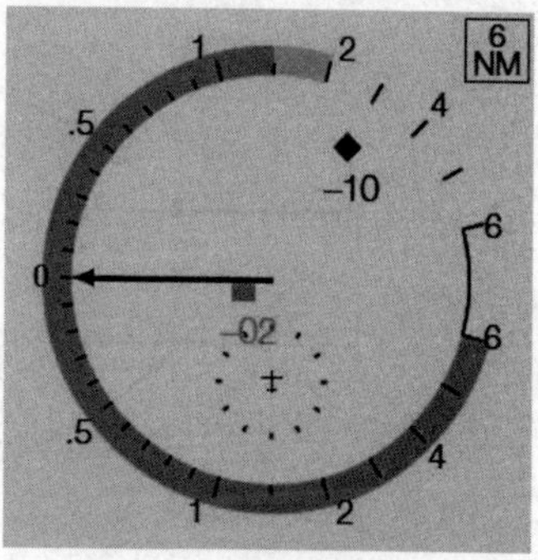

图 1.2 在垂直速度指示器上显示的一个决策建议实例

TCAS 监视系统通过无线电发送询问,并监听来自另一架飞机的信号回复,与另一飞机的距离可以通过对应答延迟的测量来推断。因为 TCAS 具有多个天线,所以回复延迟中的微小差异可以推断出入侵者的方位角。无线电回复的内容还包括飞机的高度。TCAS 逻辑基于对距离、方位和高度的估计来确定给出何种决策建议。

在这个例子中,TCAS 是智能体,环境则由飞机和飞行员组成。观测值包括距离、方位和高度。TCAS 可用的动作包括爬升或改变下降速率的命令,系统采取的动作对环境没有确定性的影响。雷达数据表明飞行员对建议的反应存在很大的差异。

TCAS 可能是一个相当简单的决策支持系统。考虑到由不完美的传感器和飞机未来轨迹的不确定性而产生的观测结果的不确定性,在空中遭遇的过程中是否延迟建议或改变命令速率不是显而易见的。选择不当可能会牺牲数百名乘客的生命。该系统必须提供特殊的安全保证,同时保持操作上可接受,并且不破坏正常的空中交通秩序。

1.2.2 无人机持续监视

无人机可以对森林火灾或战场这类区域提供持续的监视。实现长时间监视的一种方法是使用一组地理上分布的低成本飞机。对驱动飞机的算法而言,考虑通信限制和飞机的续航是很重要的。

在这种情况下建立自动系统有几个挑战。一些飞机需要分配到通信中继区域,成为控制基站和任务区域之间的通信路由。没有中继,重要的任务数据可能收集不到,也就无法基于这些数据采取动作。飞机还有燃料的约束,所以在返回基地之前只能在通信或监视区域中进行有限时间内的操作。这里,燃料消耗率是随机的。

飞机必须对传感器和执行器故障有较强的鲁棒性。在任务期间,传感器或制动器可能意外失效。如果传感器故障,则飞机无法用于监视区域,但它仍可以用作通信中继。如果飞机制动器故障,则飞机不能用于任何任务,并应立即在基地接受维修。建立一个可以高可靠性地完成这一任务的智能体团队是一件极具挑战性的事。

1.3 设计决策智能体的方法

设计决策智能体有许多不同的方法。在特定的应用情形下,有些方法可能比其他方法更合适,这些方法会因设计者的任务和留给自动处理的任务而有所不同。本书主要探讨规划和强化学习方法,有些技术也会涉及监督学习和优化的元素。

1.3.1 显式编程

设计决策智能体的最直接方法是预测智能体可能所处的所有情况,然后显式地对智能体编程使其执行预先期望的动作。显式编程方法可能对简单问题很有效,但想要提供一个完整的策略,会给设计者带来很大的负担。为使对智能体编程更轻松,已有相关研究提出了各种智能体编程语言和框架。

1.3.2 监督学习

在一些问题中,向智能体展示要做什么比编写一个供智能体遵循的程序更容易。设计者提供一组训练实例,自动学习算法则从这些实例中产生。这种方法称为监督学习,它已广泛应用于分类问题。当应用于学习从观测到动作的映射时,这种技术有时称为行为克隆。当专家型设计者知道可适用于具有代表性的实例情境集合的最佳动作方向时,行为克隆的效果会很好。尽管存在许多不同的学习算法,但是通常在新的情况下它们比不上人类设计师的设计效果。

1.3.3 优化

另一种方法是让设计者指定备选决策策略空间,并且使性能量测最大化。评估决策策略的性能通常涉及使用决策策略来进行一系列仿真,然后,优化算法在该空间中执行搜索,以获得最优策略。如果备选策略空间是相对低维的,并且性能量测不具有多个局部最优解,那么各种局部或全局搜索策略都可能是合适的。虽然为了仿真通常会假设动态模型知识,但它不会用于指导搜索最佳策略,在复杂的问题中,这是很重要的。

1.3.4 规划

规划是一种优化方式,但它使用动态模型来指导搜索。规划问题的大量文献集中在确定性问题上。假设一个确定性模型允许使用一些易于扩展到高维的方法,那么对于某些问题,可以用确定性模型去估算动态特性。对于其他问题,考虑未来的不确定性则是至关重要的,因此本书完全专注于这些需要考虑不确定性的问题。

1.3.5 强化学习

在强化学习中放宽了模型已知这一假设。相反,智能体在与世界交互中学习决策策略。设计者只需要提供一个性能量测,学习算法就会优化智能体的行为。强化学习的复杂性之所以有趣,是因为动作的选择不仅影响智能体是否能实现当前的目标,还会影响智能体学习环境的能力和识别可利用的问题特征的能力。

1.4 结构安排

本书分理论和应用两部分。

1. 理论部分的安排

第2章:概率模型。概率模型讨论了如何描述不确定性,引入贝叶斯网络作为捕捉变量间概率关系的图形化模型,介绍了从上述表示中进行推论的算法,解释了如何学习数据的结构和参数。

第3章:决策问题。决策问题以效用理论作为框架,用于了解不确定性条件下的最优决策。本章完全关注于单次决策、引入决策和效用节点,将决策网络作为贝叶斯网络的推广。本章还讨论了多个存在潜在竞争关系智能体的决策。

第4章:序贯问题。序贯问题讨论了当动作的输出是概率性变化时随时间变化的决策问题,引入了马尔可夫决策过程作为模拟这种问题的一种方法,展示了如何使用动态规划来计算最佳的解决方案。由于许多问题都过于复杂难以精确求解,因此本章还讨论了各种不同的近似方法,如在线方法和直接搜索策略等。

第 5 章:模型的不确定性。模型的不确定性介绍了当动态模型不确定时解决序贯问题遇到的挑战,提出了多种用于平衡探索和开发的方法,同时综述了基于模型与无模型的解决方法。最后,讨论了怎样通过与环境有限交互实现泛化的问题。

第 6 章:状态的不确定性。状态的不确定性提出了一种称为部分可观测的马尔可夫决策过程的规划方法,它考虑到了不完美的观测带来的不确定性。这种规划方法需要更新对系统当前状态的置信度。本章同时提出了离线和在线解决这些问题的方法。

第 7 章:协同决策。协同决策介绍了在智能体之间可交互的协作环境中进行决策的方法,介绍了此类问题及其子问题的性质,以及计算精确解和近似解所用的算法。

2. 应用部分的安排

本书应用部分中展示了在理论部分所阐述的概念是怎样应用到实际问题的。

第 8 章:基于概率的视频检测。基于概率的视频检测讨论了一种基于属性的人员搜索的概率方法,描述了在这个应用中使用的概率外观模型,以及该模型如何用于学习和推理。

第 9 章:语音应用的动态模型。语音应用的动态模型提供了理论章节中介绍的概率模型是如何引发语音识别、主题识别、语言识别、说话者识别和机器翻译领域重大进展的综述。

第 10 章:机载防撞优化系统。机载防撞优化系统介绍了如何将防撞问题用部分可观测马尔可夫决策过程来表示,介绍了如何使用动态规划产生更安全且对航空干扰更小的防撞系统。

第 11 章:持续监测的多智能体规划。持续监控的多智能体规划描述了早期提出的算法是怎样解决一队无人机的监测问题的。

第 12 章:人机自动化集成。人机自动化集成概括了将决策支持系统与人类操作员整合面临的诸多挑战,同时也提供了可有效应对这些问题的实施策略。

每一章都有它自己的目录结构,本书的结尾还列出了名词索引。

1.5 扩展阅读

Russel 和 Norvig 的人工智能方面的著作 *Artificial Intelligence: A Modern Approach* 对搭建智能体的方法进行了综述[1]。本书主要侧重于规划和强化学习,理论部分为在这些领域进一步阅读提供了额外的参考。如果问题很简单,则可以不去阅读这些文献,然后使用一些面向智能体的编程语言对决策智能体进行明确的编程[2]。如果一个专家可以展示系统在不同的情况下应该怎样动作,那么监督学习可能是合适的。许多最近刚刚出版的书籍从概率的角度在监督学习方面涉入颇深[3-5],通用的优化方法在几个教科书中得到了阐述[6-9],确定性规划方法总结在 *Planning Algorithms*[11] 和 *Automated Planning: Theory and Practice*[10] 这两本书中。本章讨论的两个应用实例还将在第 10 章和第 11 章中进一步介绍回顾。

参考文献

1. S. Russell and P. Norvig, Artificial Intelligence: A Modern Approach, 3rd ed. Upper Saddle River, NJ: Pearson, 2010.

2. Y. Shoham, "Agent-Oriented Programming," Artificial Intelligence, vol. 60, no. 1, pp. 51-92, 1993. doi:10.1016/0004-3702(93)90034-9.

3. D. Barber, Bayesian Reasoning and Machine Learning. New York: Cambridge University Press, 2012.

4. K. P. Murphy, Machine Learning: A Probabilistic Perspective. Cambridge, MA: MIT Press, 2012.

5. C. M. Bishop, Pattern Recognition and Machine Learning. NewYork: Springer, 2006.

6. A. D. Belegundu and T. R. Chandrupatla, Optimization Concepts and Applications in Engineering, 2nd ed. New York: Cambridge University Press, 2011.

7. S. Boyd and L. Vandenberghe, Convex Optimization. New York: Cambridge

University Press, 2004.

8. D. Bertsimas and J. N. Tsitsiklis, Introduction to Linear Optimization. Belmont, MA: Athena Scientific, 1997.

9. E. K. P. Chong and S. H. Żak, An Introduction to Optimization, 4th ed. Hoboken, NJ: Wiley, 2013.

10. M. Ghallab, D. Nau, and P. Traverso, Automated Planning: Theory and Practice. San Francisco: Morgan Kaufmann, 2004.

11. S. M. LaValle, Planning Algorithms. New York: Cambridge University Press, 2006.

第一部分

理 论

第2章 概率模型

做出理性决策需要对不确定性和决策目标进行探讨。本章重点介绍如何用概率分布表示不确定性。现实中的问题需要去探讨由许多不同变量构成的分布,本章将讨论如何构建这些模型,以及如何使用它们来进行推理。

2.1 表　　示

不确定性可能是由用于描述世界所处状态的信息的不完备性造成的。例如,假设我们正在监测一颗在几千千米外围绕地球运行的卫星,连续几个月,卫星一直发送任务和遥测数据给我们,但我们突然失去了通信反馈,那么许多事件都可能导致通信中断,可能是卫星搭载的电力系统或通信系统故障,也可能是地面上使用的卫星监测系统的故障。基于现有信息,不可能做出确定的诊断。

不确定性也可能产生于在预测未来事件上的现实和理论能力的局限性。例如,预测一个操作员将如何响应决策支持系统的建议,即使卫星的路径可能是难以预测的,关于人脑如何工作的详细模型都是必要的。虽然牛顿物理学保证能够高度精确地预测卫星轨迹,但姿态推进器无意识的错误会产生与标称路径的偏离。

一个鲁棒的决策系统必须能够解释在当前世界状态和未来事件结果中存在的不确定性。只有先对不确定性进行形式上的表述,才能进一步通过计算来描述它。

2.1.1 置信度和概率

在不确定性问题中,需要对不同陈述的合理性进行比较。例如,希望能表达出"我们的卫星上有一个电气异常"比"我们的卫星上有一个推进器异常"更有置信度。如果 E 代表"我们的卫星上有一个电气异常", T 代表"我们的卫星上有一个推进器异常",那么可写作 $E > T$。如果对 E 和 T 有相同的置信度,则写作 $E \sim T$。

能够根据给出的信息比较陈述的置信度也是十分有用的。例如,我们想说"在有通信损失等情况下有一个电气异常"比"在有通信损失等情况下有一个推进器异常"的可能性更大。如果 C 代表通信损失,则写作 $(E|C) > (T|C)$。

我们要对操作符 $>$ 和 $\sim$ 引入的运算关系作出一定的假设。通用可比性假设需要满足以下条件之一: $(A|C) > (B|C)$、$(A|C) \sim (B|C)$ 或 $(A|C) < (B|C)$。传递性假设要求:如果 $(A|D) \geq (B|D)$ 且 $(B|D) \geq (C|D)$,那么 $(A|D) \geq (C|D)$。

通用可比性和传递性假设使得我们能用实值函数来表示置信度[1]。换句话说,可以使用以下两个属性来构成一个函数 P,即

$$P(A|C) > P(B|C), 当且仅当(A|C) > (B|C)$$
$$P(A|C) = P(B|C), 当且仅当(A|C) \sim (B|C)$$

基于对 P 的形式做的一系列附加假设,可以证明 P 一定满足概率的基本公理,因此 $0 \leq P(A|B) \leq 1$。如果完全确定 $(A|B)$,那么 $P(A|B) = 1$;如果相信 $(A|B)$ 是不可能的,那么 $P(A|B) = 0$。真正的 $(A|B)$ 的不确定度由这两个极值中间的值表示。

本书没有对概率论进行全面的介绍,但将重申概率的两个重要性质。第一个重要的性质是条件概率的定义,它指出

$$P(A|B) = \frac{P(A,B)}{P(B)} \tag{2.1}$$

式中, $P(A,B)$ 表示 A 和 B 都为真时的概率。

第二个重要的性质是全概率定理,它要求如果 $\mathcal{B}$ 是一组互斥且详尽的事件,那么

$$P(A|C) = \sum_{B \in \mathcal{B}} P(A|B,C) P(B|C) \tag{2.2}$$

根据条件概率的定义可以很容易得到下述公式,即

$$P(A|B) = \frac{P(B|A)P(A)}{P(B)} \tag{2.3}$$

这个等式称为贝叶斯准则,它在本书中十分重要。

2.1.2 概率分布

假设有一个二进制的值 A,这个值随机取 0 或 1,这个概率分布与可以分配给 A 的值的各种特定概率相关,特别地, $P(A=0)$ 和 $P(A=1)$。在讨论随机变量的值时,将会以小写字母和上标作为速记符号。举个例子, $P(a^0)$ 是

$P(A=0)$ 的速记符号,$P(A)$ 的分布由 $P(a^0)$ 和 $P(a^1)$ 的值决定,但是这种分布能被一个单独的独立参数代表,即 $P(a^0)$,因为 $P(a^1) = 1 - P(a^0)$。如果 A 是一个离散变量,可以被假设为 n 个不同的值之一,那么 $P(A)$ 能够被 $P(a^1), \cdots, P(a^{n-1})$ 这 $n-1$ 个参数定义,因为

$$P(a^n) = 1 - (P(a^1) + \cdots + P(a^{n-1}))$$

如果 A 是一个连续的随机值,那么 A 的分布形式的表示就要复杂一些,A 对任意特定值的概率都是无穷小。考虑均匀分布 $\mathscr{U}(0,10)$,它是指在 $(0,10)$ 的范围取到所有值的概率都相等。来自该分布的随机样本等于常数 π 的概率基本上为零。然而,可以定义在一些间隔内的概率非零,如区间 $(3,4)$,如果 $P(A) = \mathscr{U}(0,10)$,那么一个样本 a 在 $3 \sim 4$ 的概率是 $1/10$。

连续变量的分布可以用累积分布函数(Cumulative Distribution Function)或概率密度函数(Probability Density Function)表示。累积分布函数的定义是与一些低于阈值的值有关的概率量。如果 $p(A)$ 是一个关于 A 的概率密度函数,那么 $p(A)\mathrm{d}a$ 表示当 $\mathrm{d}a \to 0$ 时,A 落在 $(a, a+\mathrm{d}a)$ 区间的概率累积分布函数 P,可以用如下形式的概率密度来定义,即

$$P(a) = \int_{-\infty}^{a} p(a)\mathrm{d}a \tag{2.4}$$

假设使用密度函数 $p(a)$ 来表示在纽约肯尼迪机场降落区域附近飞机高度的分布。应该首先选择一种分布形式,然后指定其参数。连续变量的常见分布是高斯分布(也称为正态分布),高斯分布由均值 μ 和方差 σ^2 确定,即

$$p(w) = \mathscr{N}(w|\mu, \sigma^2) \tag{2.5}$$

式中,$\mathscr{N}(\mu, \sigma^2)$ 表示有参数 μ 和 σ^2 的高斯分布;$\mathscr{N}(w|\mu, \sigma^2)$ 表示 w 处的密度,有

$$\mathscr{N}(w|\mu, \sigma^2) = \frac{1}{\sigma}\phi\left(\frac{w-\mu}{\sigma}\right) \tag{2.6}$$

式中,上述函数 ϕ 是标准正态密度函数,有

$$\phi(x) = \frac{1}{\sqrt{2\pi}}\mathrm{e}^{-\frac{x^2}{2}} \tag{2.7}$$

因为它仅由两个参数定义并且计算容易,所以高斯分布是很方便的,但是高斯分布也有一些限制,特别是在表示高度分布上。它将非零概率分配给负高度,这当然只能为正。它还将非零概率分配给飞行在不切实际高度的飞机。这些问题可以通过限制条件来补救,即限定非零值出现的范围来实现具有截断高斯分布的密度函数,有

$$\mathcal{N}(w\mid\mu,\sigma^2,a,b) = \frac{\frac{1}{\sigma}\phi\left(\frac{w-\mu}{\sigma}\right)}{\Phi\left(\frac{b-\mu}{\sigma}\right) - \Phi\left(\frac{a-\mu}{\sigma}\right)} \tag{2.8}$$

当 w 在区间 $[a,b]$ 内时,函数 Φ 是标准状态累积分布函数,即

$$\Phi(x) = \int_{-\infty}^{x}\phi(x)\mathrm{d}x \tag{2.9}$$

例如,在飞机高度实例中,可以在 0 ft 以下和 65 000 ft 以上进行截断。

使用高斯分布的另一个限制是高斯分布是单峰(Unimodal)的,这意味着在分布中密度在一侧单调增加而在另一侧单调减小。而 JFK 地区的高度分布不是单峰的。图 2.1(a) 所示为在 2011 年 8 月,从 JFK 航站区的 1 800 万个雷达报告估计中得出的 2 000 ~ 10 000 ft 之间的飞机分布的概率。因为空域结构,所以峰值每 1 000 ft 出现一次。显然,在这种情况下使用高斯分布将是不合适的。

有不同的方法来表示多模态的连续分布。一种方式是将单峰分布的集合混合在一起。高斯混合模型(GMM)仅仅是不同高斯分布的加权平均。高斯混合模型的参数包括每个高斯分布的参数 $\mu_1,\sigma_1^2,\cdots,\mu_n,\sigma_n^2$ 以及它们的权重 $\rho_1,\cdots,\rho_n$,这时的密度是

$$p(x\mid\mu_1,\sigma_1^2,\cdots,\mu_n,\sigma_n^2,\rho_1,\cdots,\rho_n) = \sum_{i=1}^{n}\rho_i\mathcal{N}(x\mid\mu_i,\sigma_i^2) \tag{2.10}$$

式中,权重之和为 1。如果使用高斯混合模型来表示高度分布,那么可以使用以各个峰值为中心的高斯分布,并进行适当的权重分配。

多模态连续分布的另一种表示方法是通过离散化。例如,可以在高度上每隔 100 ft 进行一次分割,并将整体分布表示如图 2.1(b) 所示的分段均匀密度分布。密度由分割边缘确定,并且概率值与每个分割有关。图 2.1(c)(d) 还显示了不同离散化方案对高度分布的影响。虽然每 200 ft 分割一次的分割方式可以用于表示高度分布,但是若每 1 000 ft 分割一次,则会失去分布的重要特征。

2.1.3 联合分布

在现实问题中表示不确定性时的挑战之一是如何处理许多变量的联合分布。现在,假设想要对二进制变量 A、B 和 C 建立联合分布,联合分布实例见表 2.1。

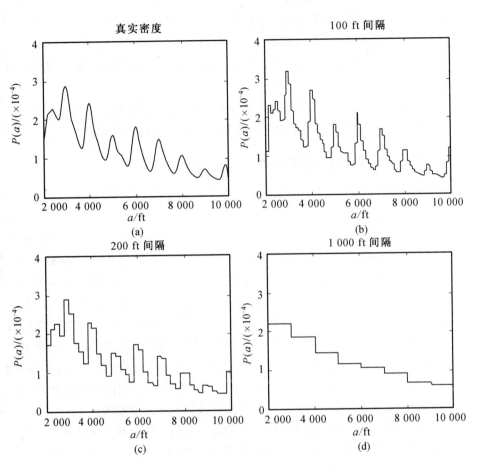

图 2.1 使用不同的离散化间隔建模高度分布

表 2.1 联合分布实例

A	B	C	$P(A,B,C)$
0	0	0	0.08
0	0	1	0.15
0	1	0	0.05
0	1	1	0.10
1	0	0	0.14
1	0	1	0.18
1	1	0	0.19
1	1	1	0.11

表 2.1 包含 $2^3 = 8$ 种可能,用于表示三个变量每个可能分配值的概率。因为枚举了每个可能值,所以表中的概率总和为 1。尽管表中有 8 个条目,但其中只有 7 个是独立的。如果用 θ_i 表示表中第 i 行的概率,则只需用参数 $\theta_1, \cdots, \theta_7$ 来表示分布,因为 $\theta_8 = 1 - (\theta_1 + \cdots + \theta_7)$。

如果有 n 个二进制变量,那么需要 $2^n - 1$ 个独立的参数来指定联合分布。参数数量的指数增长使得不确定性概率模型的表示和学习都很困难。

2.1.4 贝叶斯网络表示

贝叶斯网络是联合分布的一种简洁表示。网络的结构被表示为由节点和有向线段组成的图。每个节点对应一个随机变量。图中连接节点对的箭头禁止以循环形式出现,箭头表示直接的概率关系。与每个节点 X_i 相关联的概率分布是条件分布 $P(X_i | Pa_{X_i})$,其中 Pa_{X_i} 表示图中 X_i 的父节点(Parents)。

图 2.2 所示为一个涉及五个二进制变量的卫星监测问题的贝叶斯网络结构实例。尽管电池故障和太阳能电池板故障都是罕见的,但是发生太阳能电池板故障比发生电池故障可能性更大,而二者故障都可能导致电气系统故障。当然,电池或太阳能电池板故障之外的电气系统也可能发生故障,如电力管理单元的问题。电气系统故障可导致通过望远镜从地球可观测的轨道偏差,也可能导致通信损失从而中断与地面站进行的遥测和任务数据传输。除电气系统之外的的其他异常也可能导致轨迹偏差和通信损失。

图 2.3 所示为与上述五个变量中的每一个相关联的五个条件概率分布。因为 B 和 S 没有任何父节点,所以只需要确定 $P(B)$ 和 $P(S)$。$P(B)$ 的分布可以通过使用单个独立参数 $P(b^0)$ 来确定;同理,$P(S)$ 可以通过单个独立参数的 $P(s^0)$ 来确定。

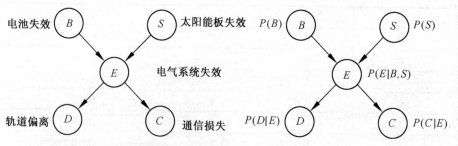

图 2.2　贝叶斯网络结构实例　　　　图 2.3　五个条件概率分布

与 E 相关联的节点中有两个父节点,即 B 和 S。其中,条件概率实例见表 2.2,表示 $P(E|B,S)$,并且它有 2^3 行。由于 $P(e^1|b,s) = 1 - P(e^0|b,s)$ 的约

束,因此仅需要知道这些行中的一半就可以确定其分布,其中 b 和 s 表示对 B 和 S 的任何赋值。其他两个条件概率表 $P(D|E)$ 和 $P(C|E)$ 各自都可以由两个独立的参数表示。当变量是二元的时,$P(X|Pa_X)$ 可以由 2^n 个独立参数表示,其中 n 是 X 中父节点的数量。

表 2.2 条件概率实例

E	B	S	$P(E|B,S)$
0	0	0	0.90
0	0	1	0.05
0	1	0	0.03
0	1	1	0.01
1	0	0	0.10
1	0	1	0.95
1	1	0	0.97
1	1	1	0.99

贝叶斯网络的链式法则解决了如何从局部条件概率分布构建联合分布。假设有变量 $X_1,\cdots,X_n$,并且希望计算这些变量取得特定值的概率 $P(x_1,\cdots,x_n)$,Pa_{x_i} 代表 X_i 的父节点的特定赋值。链式法则可以表示为

$$P(x_1,\cdots,x_n) = \prod_{i=1}^{n} P(x_i | Pa_{x_i}) \qquad (2.11)$$

在卫星实例中,假设要计算没有任何故障的概率,即 $P(b^0,s^0,e^0,d^0,c^0)$,通过链式法则可得

$$P(b^0,s^0,e^0,d^0,c^0) = P(b^0)P(s^0)P(e^0|b^0,s^0)P(d^0|e^0)P(c^0|e^0) \qquad (2.12)$$

如果要完全指定关于五个变量 B、S、E、D 和 C 的联合分布,则将需要 $2^5-1=31$ 个独立参数。在贝叶斯网络中假定的结构允许仅使用 $1+1+4+2+2=10$ 个独立参数来指定联合分布。10 和 31 之间的差异没有显示出这种方法在参数上有显著的节省,但是在较大的贝叶斯网络中,参数的节省就可能变得特别多。贝叶斯网络的优点是它可以减少指定联合概率分布所需的参数数量。

2.1.5 条件独立

贝叶斯网络表示联合分布比通常表示需要更少的独立参数的原因在于它

在图形结构中编码的条件独立假设。如果由贝叶斯网络做出的条件独立假设是无效的,那么建立联合分布就可能是不正确的,这将在2.4节中讨论。

当且仅当$P(A,B) = P(A)P(B)$时,变量A和B是独立的。A和B是独立的记为$A \perp B$。从式(2.1)中可以看到$A \perp B$,当且仅当$P(A) = P(A|B)$。换句话说,关于B的信息并没有给出任何有关A的附加信息,反之亦然。例如,假设卫星(B)上的电池故障与太阳能电池板故障(S)无关,那么电池发生故障不会增加或减少对太阳能电池板是否存在故障的判断。独立变量下的联合概率分布实例见表2.3,可以仅使用$P(b^0)$和$P(s^0)$这两个参数来确定联合分布$P(B,S)$。事实上,如果有n个独立的二进制变量,那么可以只使用n个独立参数指定联合分布;相反,如果不能做出独立假设,那么就要使用$2^n - 1$个独立参数。

表 2.3 独立变量下的联合概率分布实例

B	S	$P(B,S)$
0	0	$P(b^0)P(s^0)$
0	1	$P(b^0)(1 - P(s^0))$
1	0	$(1 - P(b^0))P(s^0)$
1	1	$(1 - P(b^0))(1 - P(s^0))$

当且仅当$P(A,B|C) = P(A|C)P(B|C)$时,在给定C的条件下,变量A和B才是条件独立的,A和B是条件独立的判别条件写作$(A \perp B|C)$。根据这个定义可以证明,当且仅当$P(A|C) = P(A|B,C)$时,$(A \perp B|C)$。在给定C的条件下,关于B的信息不包括关于A的附加信息,反之亦然。例如,假设给出电气系统是否具有故障(E)的情况下,卫星轨道偏差(D)的存在条件独立于是否具有通信损失(C),会用$(D \perp C|E)$来表示。如果知道有电气系统故障,观测到通信损失的事实不会影响对于轨道偏差的存在的判断。我们可能对于轨道偏差的存在有一个较高的期望,但这只是因为知道发生了电气系统故障。

可以使用一组规则来确定节点A和B在给定一组节点ξ的条件下是否是条件独立的。如果$(A \perp B | \mathcal{E})$,那么$\mathcal{E}$沿$A$和$B$做d向分隔(d – separates)("d"代表方向)。如果满足如下条件,也可以说,A和B被$\mathcal{E}$ d向分隔,则:

① 该路径包含节点链,$X \to Y \to Z$,使得Y在$\mathcal{E}$中;

② 该路径包含叉,$X \leftarrow Y \to Z$,使得Y在$\mathcal{E}$中;

③ 该路径包含一个倒叉(也称 v 结构),$X \to Y \leftarrow Z$,使 Y 不在 $\mathcal{E}$ 中并且 Y 的后代(或派生量)不在 $\mathcal{E}$ 中。

如果 A 和 B 之间的所有路径被 $\mathcal{E}$ d 向分隔,则 $(A \perp B \mid \mathcal{E})$。有时,术语马尔可夫毯(Markov Blanket)是指那些在节点之间做 d 向分隔的节点的最小集合。

在图 2.2 的网络中,只有一个 v 结构:$B \to E \leftarrow S$。在没有关于 E、D 或 C 的信息的情况下,B 和 S 是独立的。然而,对于给定的 E、D 或 C,那么 B 和 S 就不再是独立的,影响可以从 B 传递到 S。例如,如果知道有电气系统故障,且知道电池故障已经发生,就减少了对太阳能电池板故障的置信。这种通过 v 结构产生的影响有时称为解脱(Explaining Away),因为电池故障的存在解释了电气系统故障的发生。

2.1.6 混合贝叶斯网络

到目前为止,本章中的实例只涉及二进制变量,但是贝叶斯网络可以包含离散和连续变量。同时具有离散和连续变量的贝叶斯网络通常称为混合贝叶斯网络。图 2.4 所示为混合贝叶斯网络实例,它展示了飞机的特性、飞机的雷达截面积和雷达检测目标的能力之间的关系。具有较大翼展的飞机常常具有较大的雷达截面积,其中使用相对于 $1\ m^2$ 的分贝量测(dBsm)来度量截面积。军用飞机有时被设计为具有较小的雷达截面积(低于 0 dBsm)以逃避检测。尽管存在其他可能影响检测的因素,但是具有较大截面积的目标更可能被检测到。图 2.4 中,变量 M 和 D 是二进制的,变量 W 和 C 是连续的。

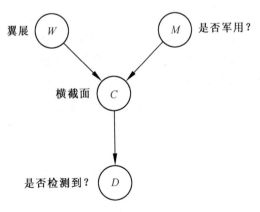

图 2.4 混合贝叶斯网络实例

与任何贝叶斯网络一样,需要为每个节点指定条件分布。节点 W 没有父节点,因此只需要在 W 上指定一个分布。使用2.1.2节中讨论的由参数 μ 和 σ^2 定义的高斯分布,尽管它对负翼展和无穷大的翼展也分配了一个较小的概率。变量 M 是二进制的,因此可以使用单个参数 $P(m^0)$ 来定义该分布。

横截面 C 由连续变量 W 和二进制变量 M 决定。暂时忽略横截面 C 对 M 的依赖,并定义概率密度 $p(c|w)$,给定另一个连续变量,定义连续变量分布的常用方法是使用线性高斯分布。例如

$$p(c|w) = \mathcal{N}(c|\theta_1 w + \theta_2, \theta_3) \tag{2.13}$$

从式(2.13)可以看出,均值是由参数 θ_1 和 θ_2 定义的关于 w 的线性函数,方差由 θ_3 定义。因为想要让较大的翼展有较大的横截面,则应该确保 θ_1 为正。具有无穷小的翼展的飞机也将具有无穷小的截面积,因此 θ_2 可能为0。参数 θ_3 控制着 c 和 w 之间的线性关系的方差量。

实际上,C 取决于 W 和 M。可以简单地使线性高斯分布中使用的参数依赖于 M,即

$$p(c|w,m) = \begin{cases} \mathcal{N}(c|\theta_1 w + \theta_2, \theta_3), & \text{如果 } m^0 \\ \mathcal{N}(c|\theta_4 w + \theta_5, \theta_6), & \text{如果 } m^1 \end{cases} \tag{2.14}$$

这种分布称为条件线性高斯分布。在这个例子中,需要六个参数来表示 $p(c|w,m)$。因为军用飞机比非军用飞机更有可能被设计成较小的雷达截面积,所以希望 $\theta_4 < \theta_1$。最后,需要定义条件分布 $P(D|C)$。要获得的属性是具有较大截面积的飞机更有可能被雷达检测到。当然,可以设置一个阈值 θ。如果 $c < \theta$,那么 $P(d^1|c)=0$;反之,$P(d^1|c)=1$。然而,这样的模型可能会把实际可能发生的检测概率设置为0。

可以使用软阈值代替硬阈值来定义 $P(D|C)$,当低于阈值时分配低概率,高于阈值时分配高概率。表示软阈值的一种方式是使用 logit 模型,其产生具有"S"形的 Sigmoid 曲线,即

$$P(d^1|c) = \frac{1}{1 + e^{-2\frac{c-\theta_1}{\theta_2}}} \tag{2.15}$$

式中,参数 θ_1 决定阈值的位置;θ_2 控制概率的"柔软度"或伸展度。图2.5所示的软阈值和硬阈值中,实线是以 $\theta_1 = 0$ 和 $\theta_2 = 1$ 为参数的 $P(d^1|c)$。logit 模型的一个替代模型是 probit 模型,即

$$P(d^1|c) = \frac{\Phi(c - \theta_1)}{\theta_2} \tag{2.16}$$

式中,Φ 是2.1.2节介绍的标准正态累积分布函数。如图2.5所示,logit 模型

与 probit 模型非常相似。

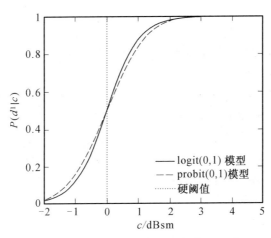

图 2.5 软阈值和硬阈值

2.1.7 时间模型

时间模型可表示一组变量如何随时间演变。马尔可夫链是一种简单时间模型，其中在 t 时刻的状态被表示为 s_t。马尔可夫链可以表示飞行器的位置和速度随着时间的变化。图 2.6 所示为马尔可夫链的贝叶斯网络结构。图中只显示了前三个状态，但马尔可夫链可以

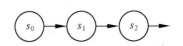

图 2.6 马尔可夫链的贝叶斯网络结构

无限地继续下去。初始分布由 $P(s_0)$ 给出，条件分布 $P(s_t|s_{t-1})$ 通常称为状态转移模型。如果状态转移分布不随 t 变化，则模型是平稳的。

马尔可夫链中的状态不必是标量。例如，如果想要飞机随时间变化的随机行为模型，状态可能是向量 $s=(h,\dot{h})$。其中，h 是飞机的高度；$\dot{h}$ 是垂直速率。初始分布 $P(s_0)$ 可以用均值向量 μ 和协方差矩阵 Σ 参数化的多元高斯分布表示，其密度为

$$p(s) = \mathcal{N}(s|\mu,\Sigma) \tag{2.17}$$

式中，$\mathcal{N}(s|\mu,\Sigma)$ 是式(2.6)中高斯分布的 k 维泛化，即

$$\mathcal{N}(s|\mu,\Sigma) = \frac{1}{(2\pi)^{\frac{k}{2}}|\Sigma|^{\frac{1}{2}}} e^{-\frac{1}{2}(s-\mu)^T \Sigma^{-1}(s-\mu)} \tag{2.18}$$

式中，对于飞机模型，k 是 2；μ 是具有两个元素的向量；Σ 是二乘二矩阵。

飞机模型的状态转换分布可以表示为

$$p(s_t|s_{t-1}) = \mathcal{N}(s_t|Ms_{t-1}+b,\Sigma) \tag{2.19}$$

均值是前一状态的简单线性函数。如果飞机继续直行,那么均值的合理选择是

$$Ms_{t-1} + b = \begin{bmatrix} 1 & 1 \\ 0 & 1 \end{bmatrix} s_{t-1} \tag{2.20}$$

协方差矩阵 Σ 控制飞机高度和垂直速率的随机程度。

马尔可夫链可以通过添加观测节点来扩展,隐马尔可夫模型如图 2.7 所示,在 t 时刻的观测表示为 o_t,观测节点被加阴影表示,这些节点处的值是已知的。如果状态对应于飞行器的位置和速度,则观测可以是噪声雷达距离和方位角的量测值。如果状态变量是离散的,

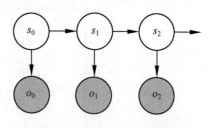

图 2.7　隐马尔可夫模型

则该模型称为隐马尔可夫模型(HMM)。如果状态变量是连续的并且条件分布是线性高斯分布,则该模型称为线性动态系统(Linear Dynamic System)。

扩展后的飞机模型是线性动态系统的一个例子,其在 t 时刻的真实状态由向量 $(h_t, \dot{h}_t)$ 表示。观测量是含噪声的高度量测,垂直速率不能直接观测。t 时刻的观测被建模为线性高斯分布,即

$$p(o_t \mid s_t) = \mathcal{N}(o_t \mid [1 \quad 0]s_t, \Sigma) \tag{2.21}$$

式中,协方差矩阵 Σ 在这种情况下是单元素矩阵,控制测量噪声。

包括多个状态变量的静态时间模型可以使用动态贝叶斯网络来紧凑地表示。动态贝叶斯网络由两个贝叶斯网络组成:一个表示初始分布;另一个表示转移分布。转移分布由具有两个部分的贝叶斯网络表示:第一部分表示时间 t 处的变量;第二部分表示时间 $t+1$ 处的变量。图 2.8 所示为一个具有四个状态变量的动态贝叶斯网络。

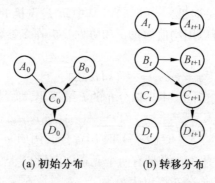

(a) 初始分布　　(b) 转移分布

图 2.8　具有四个状态变量的动态贝叶斯网络

2.2 推 理

2.1 节解释了如何表示概率分布,本节讨论如何使用这些概率表示来进行推理。当给定与一组已观测变量相关的值时,推理用来确定一个或多个未观测变量的分布。例如,假设要使用 2.1.4 节中介绍的卫星的贝叶斯网络来推断分布 $P(B|d^1,c^1)$。在这种情况下,B 是查询变量,D 和 C 是证据变量,S 和 E 是隐藏变量,贝叶斯网络中的查询、证据和隐藏变量如图 2.9 所示。本节将在讨论几个有用的推理实例后解释如何利用贝叶斯网络的内在结构进行有效的推理。

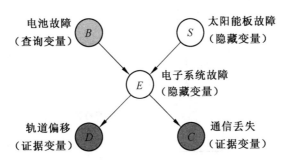

图 2.9 贝叶斯网络中的查询、证据和隐藏变量

2.2.1 用推理实现分类

推理可以用于分类任务,通过给定的一组观测值或特征来推断类别。例如,假设想要通过雷达航迹的属性来确定目标是鸟还是飞机,可以通过跟踪期间对速度和航向变化量的量测来确定是鸟还是飞机。大多数飞机的速度比大多数鸟类快,但二者的速度有一些重叠,特别对一些较小的、性能比较差的飞机而言。与机动的飞机相反,迁移的鸟类倾向于保持它们的航向。

在分类任务中经常使用的简单概率模型是朴素贝叶斯模型,使用朴素贝叶斯网络进行类别推断如图 2.10 所示。图 2.11 所示为一种使用圆形框实现的朴素贝叶斯网络的紧凑表示。框底部的 $i=1:n$ 表示变量的下标 i 从 1 到 n 重复。在朴素贝叶斯模型中,类 C 是查询变量,可观测的特征 $o_1,\cdots,o_n$ 是证据变量。简洁起见,本书偶尔会在下标中使用冒号。例如,$o_{1:n}$ 是 $o_1,\cdots,o_n$ 的紧凑表示。朴素贝叶斯模型称为朴素,因为它假设给定类的证据变量之间具有条件独立性。使用在 2.1.5 节中介绍的符号,可以说对于所有的 $i\neq j$,$(O_i \perp O_j | C)$。当然,如果这些条件独立假设不成立,那么有必要在观测的特征里添

加必要的有向边缘(Necessary Directed Edges)。

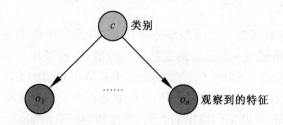

图2.10 使用朴素贝叶斯网络进行类别推断

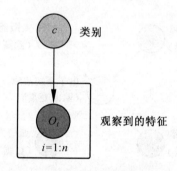

图2.11 朴素贝叶斯网络的紧凑表示

在朴素贝叶斯模型中,必须指定先验$P(C)$和类-条件分布$P(O_i|C)$。在雷达目标分类问题中,先验是在没有任何关于航迹信息的情况下,认为一个目标是鸟

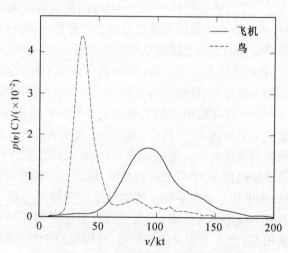

图2.12 给定目标类别的空速概率密度

或飞机的概率。图 2.12 所示为给定目标类别的空速概率密度。

在朴素贝叶斯模型中,可以在式(2.11)中应用链式法则来推断在朴素贝叶斯模型中的联合分布,即

$$P(c, o_{1:n}) = P(c) \prod_{i=1}^{n} P(o_i \mid c) \tag{2.22}$$

而在分类任务中,真正想要的是条件概率 $P(c \mid o_1, \cdots, o_n)$。从式(2.1)中条件概率的定义可得

$$P(c \mid o_{1:n}) = \frac{P(c, o_{1:n})}{P(o_{1:n})} \tag{2.23}$$

可以容易地使用式(2.2)中的联合分布和全概率定理计算分母,即

$$P(o_{1:n}) = \sum_c P(c, o_{1:n}) \tag{2.24}$$

式(2.23)中的分母不是关于 c 的函数,可以被视为常数。因此,式(2.23)可以写成

$$P(c \mid o_{1:n}) = \chi P(c, o_{1:n}) \tag{2.25}$$

式中,χ 是归一化常数,使得 $\sum_c P(c \mid o_{1:n}) = 1$。我们经常忽略 χ,并简写为

$$P(c \mid o_{1:n}) \propto P(c, o_{1:n}) \tag{2.26}$$

式中,符号"$\propto$"用于表示左侧与右侧成正比。例如,假设从链式法则中确定

$$P(\text{bird}, \text{slow}, \text{little heading fluctuation}) = 0.03 \tag{2.27}$$

$$P(\text{aircraft}, \text{slow}, \text{little heading fluctuation}) = 0.01 \tag{2.28}$$

当然,这些概率的和不等于 1。如果想在给定证据的前提下确定目标是一只鸟的概率,可进行如下计算,即

$$P(\text{bird} \mid \text{slow}, \text{little heading fluctuation}) = \frac{0.03}{0.03 + 0.01} = 0.75 \tag{2.29}$$

通过模型并应用概率定理,已经确定目标是一只鸟的概率是 0.75,是一架飞机的概率是 0.25。但对于许多应用,必须选择一个特定的类。确定分类的常见方式是选择具有最高后验概率的类,也就是在考虑证据后选择具有最高概率的类别。然而,选择一个类别实际上是一个决策问题,往往应该考虑错误分类的后果。例如,如果为了航空交通管制,要让分类器滤波掉那些不是飞机的目标,那么可以接受偶尔让几只鸟和其他杂波航迹通过滤波器。然而,我们希望避免滤波掉任何真正的飞机目标,因为这可能导致碰撞。在这种情况下,如果后验概率接近于 1,才认定某航迹属于一只鸟。决策问题将在第 3 章中讨论。

2.2.2 时间模型中的推理

许多重要的应用,如语音识别、飞机跟踪和密码分析等,都涉及在时间模型中进行推理。四个常见推理任务如下。

① 滤波: $P(s_t \mid o_{0:t})$。

② 预测: $P(s_{t'} \mid o_{0:t})$,$t' > t$。

③ 平滑: $P(s_{t'} \mid o_{0:t})$,$t' < t$。

④ 最似然解释(Most Likely Explanation): $\arg\max\limits_{s_{0:t}} P(s_{0:t} \mid o_{0:t})$。

上面的任务使用图 2.7 所示的隐马尔可夫的结构和符号,变量 t 表示当前时间。

为了说明时间模型中的推理,将重点关注在具有离散状态和已观测变量的隐马尔可夫模型下的滤波问题。按照贝叶斯准则,有

$$P(s_t \mid o_{0:t}) \propto P(o_t \mid s_t, o_{0:t-1}) P(s_t \mid o_{0:t-1}) \qquad (2.30)$$

隐马尔可夫模型的贝叶斯网络的结构允许做出条件独立假设($o_t \perp o_{0:t-1} \mid s_t$),这意味着式(2.30)中的 $P(o_t \mid s_t, o_{0:t-1}) = P(o_t \mid s_t)$。重写式(2.30)并应用全概率定理到第二项,将得到

$$P(s_t \mid o_{0:t}) \propto P(o_t \mid s_t) \sum_{s_{t-1}} P(s_t, s_{t-1} \mid o_{0:t-1}) \qquad (2.31)$$

将条件概率应用于 $P(s_t, s_{t-1} \mid o_{0:t-1})$ 中,将得到

$$P(s_t \mid o_{0:t}) \propto P(o_t \mid s_t) \sum_{s_{t-1}} P(s_t \mid s_{t-1}, o_{0:t-1}) P(s_{t-1} \mid o_{0:t-1}) \qquad (2.32)$$

模型的上述结构具有($s_t \perp o_{0:t-1} \mid s_{t-1}$),因此可以简化式(2.32)为

$$P(s_t \mid o_{0:t}) \propto P(o_t \mid s_t) \sum_{s_{t-1}} P(s_t \mid s_{t-1}) P(s_{t-1} \mid o_{0:t-1}) \qquad (2.33)$$

式中,$P(o_t \mid s_t)$ 和 $P(s_t \mid s_{t-1})$ 可以直接从模型中得知。右侧的概率 $P(s_{t-1} \mid o_{0:t-1})$ 表明了状态分布随着时间和新观测的进展而递归地更新。算法 2.1 给出了递归贝叶斯估计是如何进行的。在 t 时刻的后验状态分布表示为 b_t。为减少下标的数量,算法 2.1 假设状态转移分布 $P(s_t \mid s_{t-1})$ 和观测分布 $P(o_t \mid s_t)$ 是静止的,也就是说,它们不随时间变化。

算法 2.1　用归并排序求逆序数

1: function 递归贝叶斯估计
2:　　$b_0(s) \leftarrow P(o_0 | s) P(s_0)$ 对所有 s
3:　　正则化 b_0
4:　　for $t \leftarrow 1$ to ∞ do
5:　　　　$b_t(s) \leftarrow P(o_t | s) \sum_{s'} P(s | s') b_{t-1}(s')$ 对所有 s
6:　　　　正则化 b_t
7:　　end for
8: end function

如果观测值是连续的而不是离散的,则 $P(o|s)$ 将是概率密度而不是概率值。如果状态是连续的而不是离散的,则状态转移分布和 b 变成概率密度函数,并且上述算法中第 5 行的求和变为积分,这通常难以精确计算。

假定状态转换和观测的分布是线性高斯的,这就变成了可以精确实现的线性动态系统中的滤波过程。如果 b_{t-1} 表示为正态分布,那么可以证明第 5 行上的积分使后验 b_t 是高斯的。众所周知,卡尔曼滤波器是用于线性动态系统的滤波器,它通过适当地更新 b_t 的均值和协方差来实现滤波。

2.2.3　精确推理

重新回顾图 2.9 中的网络,并尝试准确地推断 $P(b^1 | d^1, c^1)$。通过条件概率的定义可知

$$P(b^1 | d^1, c^1) = \frac{P(b^1, d^1, c^1)}{P(d^1, c^1)} \qquad (2.34)$$

这里关注分子,因为计算过程也可以应用于计算分母。按照全概率定理,有

$$P(b^1, d^1, c^1) = \sum_s \sum_e P(b^1, s, e, d^1, c^1) \qquad (2.35)$$

对隐藏变量的求和过程称为边缘化。由链式法则,有

$$P(b^1, d^1, c^1) = \sum_s \sum_e P(b^1) P(s) P(e | b_1, s) P(d^1 | e) P(c^1 | e) \qquad (2.36)$$

精确推理麻烦在于必须对隐藏变量求和。在式(2.36)中,只需要对两个变量求和,但对于更大的网络,这种求和方式是不可行的。虽然对于许多贝叶斯网络,可以利用模型的结构进行有效推断,但是随着隐藏变量的增多,求和项呈指数级增长。

下面介绍一个通过特定网络表示实现高效推理的极端例子。假设有一个带有二进制变量 $X_1,\cdots,X_n$ 的贝叶斯网络,并且网络中没有箭头。要计算以下内容,即

$$P(x_1^0) = \sum_{x_2}\cdots\sum_{x_n} P(x_1^0)P(x_2)\cdots P(x_n) \tag{2.37}$$

这里有 2^{n-1} 项,每项由 n 个因子的乘积组成。当然,这里没有必要应用链式法则来获得联合分布,然后应用全概率定理来对隐藏变量求和。直接从指定 $P(X_1)$ 的表中就可以得到概率 $P(x_1^0)$。

一些不同的方法可以在更复杂的贝叶斯网络中进行有效推理。其中一种称为变量消除的方法,它依次消除隐藏变量。下面通过计算图 2.9 中贝叶斯网络的分布 $P(B\mid d^1,c^1)$ 来说明变量消除算法。与网络中的节点相关联的条件概率分布可以表示为

$$T_1(B),T_2(S),T_3(E,B,S),T_4(D,E),T_5(C,E) \tag{2.38}$$

D 和 C 是已观测变量,最后两个表替换为 $T_6(E)$ 和 $T_7(E)$,只保留其中 $D=1$ 和 $C=1$ 的行。然后继续按顺序消除隐藏的变量。可以使用不同的策略来选择消除的顺序,但在这个例子中,使用的顺序是先 E 后 S。为了消除 E,收集所有涉及 E 的表,即

$$T_3(E,B,S),T_6(E),T_7(E) \tag{2.39}$$

然后,从这些表的乘积中对 E 求和以得到新表,即

$$T_8(B,S) = \sum_e T_3(e,B,S)T_6(e)T_7(e) \tag{2.40}$$

可以丢弃 T_3、T_6、T_7,因为需要的所有信息包含在 T_8 里。现在,消除 S。收集所有剩余表中涉及 S 的表,并在这些表的乘积中对 S 求和,即

$$T_9(B) = \sum_s T_2(s)T_8(B,s) \tag{2.41}$$

丢弃 T_2 和 T_8,现在剩下 $T_1(B)$ 和 $T_9(B)$。必须对这两个表的乘积进行归一化处理,得到 $P(B\mid d^1,c^1)$。算法 2.2 概述了对贝叶斯网络 B、一组查询变量 α 和一组观测值 o 的变量消除算法。对于许多网络,变量消除允许在与网络尺寸呈线性的时间内进行推理,但在最坏的情况下,它具有指数时间复杂性。影响网络计算量的是变量消除的顺序。事实证明,选择最优消除顺序会变成一个 NP-hard 问题,这意味着在最坏的情况下这个问题不能在多项式时间内被解决(2.2.4 节)。即使找到最优消除顺序,变量消除可能仍然需要指数级的计算量。变量消除的启发式方法一般是尽量减少第 6 行中生成中间表里涉及的变量的数量。

算法2.2　贝叶斯网络中的变量消除

```
1: function 变量消除(B, α, o)
2:    Γ ← B 中节点的条件概率表的集合
3:    去掉 Γ 中与 o 不一致的行
4:    for t ← 1 to n do
5:        Γ' ← Γ 中所有包含 X_i 的表
6:        T ← Γ' 中的各表对 X_i 求和后的乘积
7:        从 Γ 中去除 Γ' 并加入 T
8:    end for
9:    T ← Γ 中剩余表的乘积
10:   P(α|o) ← 正则化 T
11:   return P(α|o)
12: end function
```

一种称为置信度传播(Belief Propagation)的推理方法通过在网络中传播"消息"而工作。置信传播需要线性时间,只有在网络没有无向循环的条件下,它才能给出确切的答案。如果网络具有无向循环,则可以通过使用联合树算法将多个变量组合成单个节点从而将其转换为树。在最终的网络中,如果被强制组合到任何一个节点的变量很少,则推理可以高效地进行。

2.2.4 精确推理的复杂性

解决某些问题的难度可以归入某些复杂性类别。本书中经常出现的重要类别如下。

(1) P。可以在多项式时间内求解的问题。

(2) NP。问题的解可以在多项式时间中得到验证。

(3) NP-hard。问题至少和 NP 中最难解决的问题一样难。

(4) NP-complete。既是 NP-hard 又是 NP 的问题。

这些复杂性类别的形式化定义相当复杂。一般认为 P ≠ NP,但它没有被证明,并且仍然是数学中最重要的开放问题之一。事实上,现代密码学正是依赖于没有用于求解 NP-hard 的有效(即多项式时间)算法这一事实。如图2.13所示为在假设 P ≠ NP 的情况下复杂

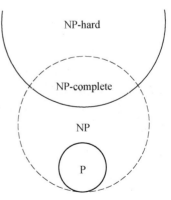

图2.13　在假设 P ≠ NP 的情况下复杂性类别之间的关系

性类别之间的关系。

证明特定问题 Q 是 NP-hard 的常见方法是提出一个从一个已知的 NP-complete 问题 Q′ 到一个实例 Q 的多项式变换。通过使用称为 3SAT 的 NP-complete 问题,可以证明在贝叶斯网络中的推理是 NP-hard 问题。3SAT 问题是已知的第一个 NP-complete 问题,它涉及测定布尔表达式是否是可满足的。布尔表达式由包含 n 个布尔变量 $x_1,\cdots,x_n$ 的结合($\wedge$)、析取($\vee$)和否定($\neg$)组成。一个文字是一个变量 x_i 或其否定 $\neg\ x_i$。一个 3SAT 子句是至多包括三个文字的析取,如 $x_3 \vee \neg\ x_5 \vee x_6$。一个 3SAT 表达式是如下 3SAT 子句的结合,即

$$F(x_1,x_2,x_3,x_4) = (x_1 \vee x_2 \vee x_3) \wedge (\neg\ x_1 \vee \neg\ x_2 \vee x_3) \wedge (x_2 \vee \neg\ x_3 \vee x_4) \qquad (2.42)$$

3SAT 中面临的挑战问题是为变量进行真值分配从而使表达式成立是否是可能的。式(2.42) 中,有

$$F(\text{true},\text{false},\text{false},\text{true}) = \text{true} \qquad (2.43)$$

因此,式(2.42) 是可满足的。尽管对于一些 3SAT 问题,可以容易地找到可满足的分配,但是有时很难只是通过快速检验来解决问题。一种确定一个可满足的分配是否存在的方法是枚举所有变量中第二可能为真值的量。虽然确定一个可满足的真值分配是否存在是困难的,但是在线性时间内是可以验证一个真值分配是否可满足的。

从任意 3SAT 问题构造贝叶斯网络都是很容易的。图 2.13 是式(2.42) 的贝叶斯网络表示,变量用 $X_{1,4}$ 表示,子句用 $C_{1,3}$ 表示。变量的分布是均匀的,表示从句的节点具有和父节点一样的参与变量,因为这是一个 3SAT 问题,每个从句节点都有三个父节点。每个从句节点将概率 0 分配给不满足从句的分配,将概率 1 分配给所有满足的分配。如果它们全部的父节点是真的,则剩下的节点将概率 1 分配给真。当且仅当 $P(y^1) > 0$ 时,原始 3SAT 问题是可满足的。因此,在贝叶斯网络中的推理至少与 3SAT 一样困难。

之所以去努力证明在贝叶斯网络中的推理是 NP-hard 问题,是为了避免浪费时间去寻找一种适用于所有贝叶斯网络的高效、精确的推理算法。因此,过去几十年的研究集中在近似推理方法上,这是接下来要讨论的内容。

2.2.5 近似推理

近似推理的最简单的方法之一是对由贝叶斯网络表示的联合分布进行采样。第一步要在贝叶斯网络中找到节点的拓扑排序。非循环有向图中节点的拓扑排序是有序列表,因此如果存在边缘 $A \rightarrow B$,则列表中 A 在 B 之前。例如,

图 2.9 中网络的拓扑排序是 B、S、E、D、C。拓扑排序总是存在的,但它可能不是唯一的。图 2.9 中网络的另一种拓扑排序为 S、B、E、C、D。算法 2.3 提供了一种用于找到图 G 的拓扑排序的算法。

算法 2.3　拓扑排序

1：function 拓扑顺序(G)
2：　$n \leftarrow G$ 中的点数
3：　$L \leftarrow$ 空列表
4：　for $i \leftarrow 1$ to n do
5：　　$X \leftarrow$ 任意不在 L 中但其父节点在 L 中的节点
6：　　将 X 加到 L 的末尾
7：　end for
8：　return L
9：end function

一旦有了一个拓扑排序,就可以开始对条件概率分布采样。假设拓扑排序产生排序 $X_{1:n}$。算法 2.4 展示如何从贝叶斯网络 B 采样。在第 4 行,在 X_i 的父节点已经被赋值的情况下,从与 X_i 有关的条件分布中抽取一个样本。因为 $X_{1:n}$ 是一个拓扑排序,可知所有的父节点 X_i 已经被实例化,允许进行这种采样。

算法 2.4　从贝叶斯网络中直接采样

1：function 直接采样(B)
2：　$X_{1:n} \leftarrow$ 对 B 中节点的拓扑排序
3：　for $i \leftarrow 1$ to n do
4：　　$X_i \leftarrow$ 从 $P(X_i \mid pa_{x_i})$ 取一随机采样在 L 中的节点
5：　end for
6：　return $x_{1:n}$
7：end function

从贝叶斯网络中的直接采样见表 2.4,显示了来自图 2.9 中的网络的十个随机样本。我们对推理 $P(b^1 \mid d^1, c^1)$ 有兴趣。十个样本中只有两个(在表中指出)是与观测值 d^1 和 c^1 一致的。一个样本的 $B = 1$,另一个样本的 $B = 0$。从这些样本中可以推断 $P(b^1 \mid d^1, c^1) = 0.5$。当然,为准确地估计 $P(b^1 \mid d^1, c^1)$,希望使用不止两个样本。

表 2.4　从贝叶斯网络中的直接采样

B	S	E	D	C	
0	0	1	1	0	
0	0	0	0	0	
1	0	1	0	0	
1	0	1	1	1	←
0	0	0	0	0	
0	0	0	1	0	
0	0	0	0	1	
0	1	1	1	1	←
0	0	0	0	0	
0	0	0	1	0	

直接采样的问题是可能浪费很多时间在生成与观测结果不一致的样本上,特别是在观测结果不可能出现的情况下。另一种方法称为似然加权,它产生与观测结果一致的加权样本。我们由拓扑顺序开始并有序地从条件分布中抽样。似然加权中唯一不同的是如何处理已观测变量。我们不是从条件分布中采样得到它们的值,而是将变量分配给它们的观测值,并适当调整样本的权重。样本的权重只是可观测节点的条件概率的乘积。算法 2.5 总结了贝叶斯网络 B 和观测 $o_{1:n}$ 的这个处理过程。如果 o_i 没有被观测到,则 $o_i \leftarrow$ NIL。

算法 2.5　贝叶斯网络的似然权重采样

1：function 似然权重采样$(B, o_{1:n})$
2：　　$X_{1:n} \leftarrow$ 对 B 中节点的拓扑排序
3：　　$w \leftarrow 1$
4：　　for $i \leftarrow 1$ to n do
5：　　　　if o_i = NIL then
6：　　　　　　$x_i \leftarrow$ 从 $P(X_i | pa_{x_i})$ 中的随机采样
7：　　　　else
8：　　　　　　$x_i \leftarrow o_i$
9：　　　　　　$w \leftarrow w \times P(x_i | pa_{x_i})$
10：　　　end if
11：　end for
12：　return $(x_{1:n}, w)$
13：end function

从贝叶斯网络中的似然加权采样见表2.5,给出了来自图2.9网络的五个似然加权样本。对$P(B)$、$P(S)$和$P(E|B,S)$采样,就像在直接采样中做的一样。当涉及D和C时,分配$D=1$和$C=1$。如果样本有$E=1$,那么权重为$P(d^1|e^1)P(c^1|e^1)$;否则,权重为$P(d^1|e^0)P(c^1|e^0)$。若假设

$$P(d^1|e^1)P(c^1|e^1) = 0.95 \tag{2.44}$$

$$P(d^1|e^0)P(c^1|e^0) = 0.01 \tag{2.45}$$

那么可以从表2.5中的样本近似得到

$$P(b^1|d^1,c^1) \approx \frac{0.95}{0.95 + 0.95 + 0.01 + 0.01 + 0.95} = 0.331 \tag{2.46}$$

表2.5 从贝叶斯网络中的似然加权采样

B	S	E	D	C	权值
1	0	1	1	1	$P(d^1|e^1)P(c^1|e^1)$
0	1	1	1	1	$P(d^1|e^1)P(c^1|e^1)$
0	0	0	1	1	$P(d^1|e^0)P(c^1|e^0)$
0	0	0	1	1	$P(d^1|e^0)P(c^1|e^0)$
0	0	1	1	1	$P(d^1|e^1)P(c^1|e^1)$

虽然似然加权使得所有样本都与观测结果一致,但是它仍可能造成浪费。考虑如图2.14所示的简单的化学物质检测贝叶斯网络,假设检测到一种感兴趣的化学物质,想要推断$P(c^1|d^1)$。因为这个网络很小,所以可以使用贝叶斯准则很精确地计算出这个概率,即

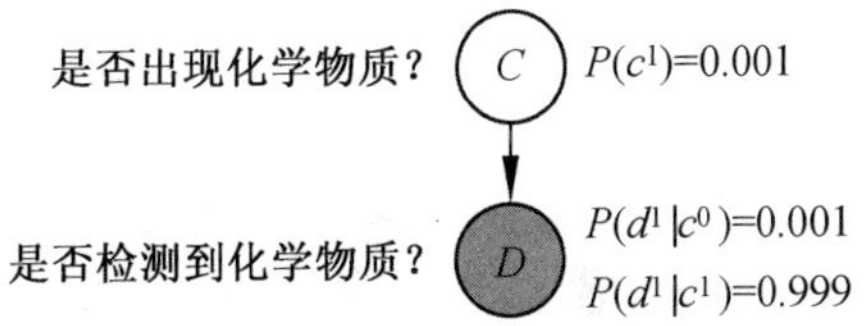

图2.14 简单的化学物质检测贝叶斯网络

$$\begin{aligned} P(b^1|d^1) &\approx \frac{P(d^1|c^1)P(c^1)}{P(d^1|c^1)P(c^1) + P(d^1|c^0)P(c^0)} \\ &= \frac{0.999 \times 0.001}{0.999 \times 0.001 + 0.001 \times 0.999} \\ &= 0.5 \end{aligned} \tag{2.47}$$

如果使用似然加权,则99.9%的样本将具有$C=0$,权重为0.001。直到得到$C=1$的具有0.999的相关权重样本之前,对$P(c^1|d^1)$的估计将为0。

另一种方法是使用吉布斯抽样,这是一种马尔可夫链蒙特卡罗技术。与迄今讨论的其他采样方法不同,由这种方法产生的样本不是独立的。下一个样本依赖于当前样本的概率,因此样本序列形成了马尔可夫链。可以证明,在

极限且对未观测变量给出观测值的情况下,样本可以从联合分布中精确得出。

初始样本可以随机生成,将已观测变量设置为它们的观测值。算法 2.6 概述了在给定贝叶斯网络 B 和观测值 $o_{1:n}$ 下,如何从现有样本 $x_{1:n}$ 生成一个新的样本 $x'_{1:n}$。与直接采样不同,可以对网络中的节点使用任何排序,这个排序不一定是一种拓扑排序。在给定这个排序及其他变量的值的条件下,一次更新一个变量的样本。从 $P(X_i | x'_{1:n\setminus i})$ 中抽样来生成 x'_i 的值,其中 $x'_{1:n\setminus i}$ 表示除 X_i 之外的所有其他变量的值。可以使用算法 2.7 计算贝叶斯网络 B 的分布 $P(X_i | x'_{1:n\setminus i})$。因为只需要考虑变量 X_i 的马尔可夫毯,所以可以有效地完成该计算(2.1.5 节)。

算法 2.6 贝叶斯网络的吉布斯采样

1: function 吉布斯采样$(B, o_{1:n}, x_{1:n})$
2:    $X_{1:n} \leftarrow B$ 中节点的一种顺序
3:    $x'_{1:n} \leftarrow x_{1:n}$
4:    for $i \leftarrow 1$ to n do
5:      if o_i = NIL then
6:        $x'_i \leftarrow$ 从 $P(X_i | x'_{1:n\setminus i})$ 中随机采样
7:      else
8:        $x'_i \leftarrow o_i$
9:      end if
10:   end for
11:   return $x'_{1:n}$
12: end function

算法 2.7 给定其他节点的观察值时某一节点的分布

1: function 节点分布$(B, X_i, x_{1:n\setminus i})$
2:    $\Gamma \leftarrow B$ 中所有包括 X_i 的条件概率表
3:    移除 Γ 中所有与 $x_{1:n\setminus i}$ 不一致的行
4:    $T \leftarrow \Gamma$ 中剩余表的乘积
5:    $P(X_i | x_{1:n\setminus i}) \leftarrow$ 正则化 T
6:    return $P(X_i | x_{1:n\setminus i})$
7: end function

贝叶斯网络的采样方法如图 2.15 所示,比较了使用直接抽样、似然加权和吉布斯抽样的 $P(c^1|d^1)$ 估计的收敛性。直接抽样达到收敛花费的时间最长。因为样本与要观测值不一致,所以直接抽样曲线中有一段估计值不改变的长周期。似然加权抽样在该实例中更快地收敛。$C=1$ 的样本出现时,估计产生尖峰,然后逐渐减少。在这个例子中,吉布斯抽样快速收敛到真值 0.5。

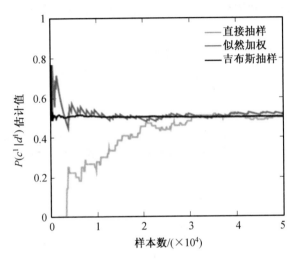

图 2.15 贝叶斯网络的采样方法

如前所述,与其他马尔可夫链蒙特卡罗方法一样,吉布斯抽样可以从理想分布产生样本。实践中,收敛到稳定状态分布之前,必须运行一段时间吉布斯,这段时期称为修炼期。在修炼期产生的样本通常被丢弃。另外,由于样本之间的潜在相关性,因此通常要通过仅保存每组的第 k 个数据来为样本瘦身。

其他近似推理方法不涉及生成样本。例如,一种称为循环置信传播的置信传播形式可以用在无向循环网络中的近似推理。虽然不能保证是准确的,但是循环置信传播在实践中往往效果良好,正在成为贝叶斯网络中最流行的近似推理方法之一。

2.3 参数学习

至此,假设概率模型的参数和结构是已知的。本节讨论从数据中学习模型参数的问题。

2.3.1 最大似然参数学习

假设随机变量 C 表示航班是否会导致空中碰撞,这时对估计 $P(C)$ 的分布感兴趣。因为 C 是 0 或 1,所以只需估计参数 $\theta = P(c^1)$。我们想做的是从数据 D 中推断 θ。我们有一个跨越十年的历史数据库,可知有 n 次航班和 m 次空中碰撞。当然,在给定数据 D 的情况下,对 θ 的良好估计是 m/n。这个估计对应最大似然估计,即

$$\hat{\theta} = \arg\max_{\theta} P(D \mid \theta) \tag{2.48}$$

n 次航班中有 m 次空中碰撞的概率由二项式分布给出,即

$$P(D \mid \theta) = \frac{n!}{m!(n-m)!}\theta^m(1-\theta)^{n-m} \propto \theta^m(1-\theta)^{n-m} \tag{2.49}$$

对 θ 的最大似然估计是使式(2.49)最大化的 θ 值。最大化式(2.49)等价于最大化似然的对数,通常称为对数似然并且通常表示为 $\ell(\theta)$,则有

$$\ell(\theta) \propto \ln[\theta^m(1-\theta)^{n-m}] = m\ln\theta + (n-m)\ln(1-\theta) \tag{2.50}$$

可以通过把 ℓ 的一阶导数置为 0 的常规方法来找出函数的最大值,然后求解 θ。导数为

$$\frac{\partial \ell(\theta)}{\partial \theta} = \frac{m}{\theta} - \frac{n-m}{1-\theta} \tag{2.51}$$

设导数为 0,求 θ,有

$$\frac{m}{\hat{\theta}} = \frac{n-m}{1-\hat{\theta}} = 0 \tag{2.52}$$

在几步代数运算之后,可以看到 $\hat{\theta} = m/n$。

对假定有 k 个值的变量 X 进行最大似然估计是很直接的。如果 $m_{1:k}$ 是 k 个不同值的观测计数,则对 $P(x^i \mid m_{1:k})$ 的最大似然估计为

$$\hat{\theta}_i = \frac{m_i}{\sum_{j=1}^{k} m_j} \tag{2.53}$$

最大似然估计也可以应用于连续分布。假设有 n 个飞机航迹的空速量测 $v_{1:n}$,可用于生成如图 2.12 所示的类-条件分布。虽然其概率密度明显不是精确的高斯分布,但是可以使用参数的最大似然估计来拟合得到这些数据的高斯模型。对数似然的均值 μ 和方差 σ^2 为

$$\ell(\mu, \sigma^2) \propto -n\ln\sigma - \frac{\sum_i (v_i - \mu)^2}{2\sigma^2}$$

还是可以将导数设置为 0 来求解参数的最大似然估计,即

$$\frac{\partial \ell(\mu,\sigma^2)}{\partial \mu} = \frac{\sum_i (v_i - \hat{\mu})}{\hat{\sigma}^2} = 0 \tag{2.54}$$

$$\frac{\partial \ell(\mu,\sigma^2)}{\partial \sigma} = -\frac{n}{\hat{\sigma}} + \frac{\sum_i (v_i - \hat{\mu})}{\hat{\sigma}^3} = 0 \tag{2.55}$$

经过一些代数运算,得到

$$\hat{\mu} = \frac{\sum_i v_i}{n} \tag{2.56}$$

$$\hat{\sigma}^2 = \frac{\sum_i (v_i - \hat{\mu})^2}{n} \tag{2.57}$$

图 2.16 所示为具有最大似然估计 $\hat{\mu} = 100.2$ kt 和 $\hat{\sigma} = 31$ kt 的高斯分布。图 2.12 中给出的"真实"分布用于比较。这里,高斯分布是真实分布的近似。

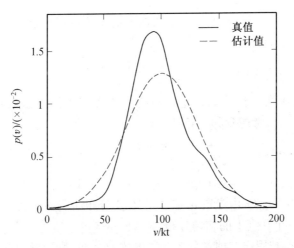

图 2.16　具有最大似然估计 $\hat{\mu} = 100.2$ kt 和 $\hat{\sigma} = 31$ kt 的高斯分布

2.3.2　贝叶斯参数学习

虽然最大似然估计可能对于许多应用是足够的,但是当数据量有限时,它具有一些严重的缺点。例如,假设航空安全数据库仅限于过去一周的事件,并且发现没有发生空中碰撞事件。如果 θ 是飞行导致空中碰撞的概率,则其最大似然估计将是 $\hat{\theta} = 0$。除非先前的假设是所有航班都是安全的,或者所有航班都发生了碰撞,否则相信空中碰撞不会发生不是一个合理的结论。

参数学习的贝叶斯方法涉及对 θ 的后验估计,这可以被视为是在贝叶斯网络中的推理。例如,图 2.17 所示为对碰撞概率估计问题的表示,其中如果第 i 次飞行导致碰撞,则已观测变量 o_i 为 1,否则为 0。假设已观测变量间彼此是条件独立的,必须指定 $p(\theta)$ 和 $P(o_i|\theta)$。如果想使用一个均匀先验分布,那么可以设定密度 $p(\theta) = 1$,$P(o_i^1|\theta) = \theta$。

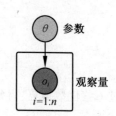

图 2.17 对碰撞概率估计问题的表示

可以使用在贝叶斯网络中进行推理的标准方法。这里,假设一个均匀先验分布为

$$p(\theta|o_{1:n}) \propto p(\theta, o_{1:n}) = p(\theta)\prod_{i=1}^{n} P(o_i|\theta) = \prod_{i=1}^{n} P(o_i|\theta)$$
$$= \prod_{i=1}^{n} \theta^{o_i}(1-\theta)^{1-o_i} = \theta^m(1-\theta)^{n-m} \quad (2.58)$$

后验正比于 $\theta^m(1-\theta)^{n-m}$,其中 m 是数据中的空中碰撞的次数。为了找到归一化常数,进行积分得

$$\int_0^1 \theta^m(1-\theta)^{n-m}d\theta = \frac{\Gamma(m+1)\Gamma(n-m+1)}{\Gamma(n+2)} \quad (2.59)$$

式中,Γ 是伽马函数。伽马函数是阶乘的一个实值泛化。如果 n 是整数,则 $\Gamma(n) = (n-1)!$。考虑到归一化,则有

$$p(\theta|o_{1:n}) = \frac{\Gamma(n+2)}{\Gamma(m+1)\Gamma(n-m+1)}\theta^m(1-\theta)^{n-m}$$
$$= \text{Beta}(\theta|m+1, n-m+1) \quad (2.60)$$

β 分布 $\text{Beta}(\alpha,\beta)$ 由参数 α 和 β 定义,β 分布曲线如图 2.18 所示。分布 $\text{Beta}(1,1)$ 对应于 0 到 1 的均匀分布。

如果 β 分布被用作二项式分布参数的先验分布,则后验也是 β 分布。特别地,如果先验由 $\text{Beta}(\alpha,\beta)$ 给出,并且观测 o_i,那么:如果 $o_i = 1$,则得到 $\text{Beta}(\alpha+1,\beta)$;如果 $o_i = 0$,则得到 $\text{Beta}(\alpha,\beta+1)$。因此,如果从 $\text{Beta}(\alpha,\beta)$ 给定的先验出发,并且数据表明 n 个航班中有 m 次碰撞,那么后验概率将由 $\text{Beta}(\alpha+m,\beta+n-m)$ 给出。先前的 α 和 β 参数有时称为伪计数,对它们的处理方式类似于对后验概率中的两个输出结果类的观测计数的处理方式,尽管伪计数不一定是整数。

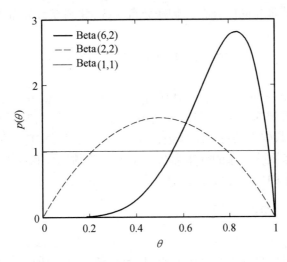

图 2.18 β 分布曲线

原则上,选择先验应该在不知道用于计算后验的数据知识的情况下完成的。均匀先验在实践中工作良好,但如果有专业知识,那么它可以被编入到先验。例如,假设有一个略微弯曲的硬币,想要估计 θ,即硬币落地时头朝上的概率。在通过翻转硬币收集任何数据之前,将从一个置信开始,θ 可能在 0.5 左右。可以使用 Beta(2,2)(图 2.18)来代替均匀的先验,而不是 Beta(1,1),因为 Beta(2,2) 给 0.5 附近的值更大的权重。如果对接近 0.5 的估计值更有信心,那么可以通过增加伪计数来减少先验的方差。先验 Beta(10,10) 比 Beta(2,2) 有更高的尖峰。然而,总体来说,先验的重要性随着用于计算后验的数据量而减少。如果观测到 n 次反面和 m 次正面,那么若扔了成千上万次的硬币,则 Beta($1+m, 1+n-m$) 和 Beta($10+m, 10+n-m$) 之间的差异可以忽略不计。

狄利克雷分布是 β 分布的泛化,它可以用于估计离散分布的参数。假设 X 是取 1 到 n 整数值的离散随机变量。定义参数分布为 $\theta_{1:n}$,其中 $P(x^i) = \theta_i$。当然,参数必须总和为 1,因此只有前 $n-1$ 个参数是独立的。狄利克雷分布可以用来表示先验分布和后验分布,并由 $\alpha_{1:n}$ 参数化。密度为

$$\mathrm{Dir}(\theta_{1:n} \mid \alpha_{1:n}) = \frac{\Gamma(\alpha_0)}{\prod_{i=1}^{n} \Gamma(\alpha_i)} \prod_{i=1}^{n} \theta_i^{\alpha_i - 1} \qquad (2.61)$$

式中,α_0 表示参数 $\alpha_{1:n}$ 的和。如果 $n=2$,那么显然式(2.61)符合 β 分布。

通常使用均匀先验,即所有的狄利克雷参数 $\alpha_{1:n}$ 被置为 1。对称狄利克雷

分布是所有参数都相同的分布。与 β 分布一样,狄利克雷分布中的参数通常称为伪计数。

如果先验的 $\theta_{1:n}$ 由 $\mathrm{Dir}(\alpha_{1:n})$ 给出,并且存在 m_i 次 $X = i$ 的观测,那么后验概率为

$$p(\theta_{1:n} \mid \alpha_{1:n}, m_{1:n}) = \mathrm{Dir}(\theta_{1:n} \mid \alpha_1 + m_1, \cdots, \alpha_n + m_n) \quad (2.62)$$

正如已经看到的,对于二进制和离散随机变量来说,贝叶斯参数估计简单又直接,通过对数据中的各种结果进行简单地计数即可实现。贝叶斯准则可用于推断任何参数化分布的分布参数。根据先验的选择和参数分布的形式,计算参数空间上的后验也可以通过解析方法实现。

2.3.3 非参数学习

前两个部分,假设概率模型是固定的形式,并且从数据中学习一组固定的参数。另一种方法是基于非参数方法,其中参数数量随数据量而变化。核密度估计是最常见的非参数方法之一。

给定观测 $\theta_{1:n}$,那么核密度估计可将其密度表示为

$$p(x) = \frac{1}{n} \sum_{i=1}^{n} K(x - o_i) \quad (2.63)$$

式中,K 是核函数,一般积分为 1。内核函数用于将更大的密度分配给可观测的数据点附近的值。核函数通常是对称的,$K(x) = K(-x)$。常用的核函数是零均值高斯分布。当高斯函数用作核函数时,标准差通常称为带宽。高斯核密度是平滑的,不像之前讨论的分段均匀分布,如图 2.1 所示。更大的带宽通常导致更平滑的密度。贝叶斯方法可以基于数据来选择适当的带宽。

2.4 结构学习

2.3 节假设贝叶斯网络是已知先验的,本节讨论从数据中学习结构的方法。最大似然法学习贝叶斯网络的结构是通过寻找使 $P(G \mid D)$ 最大的图结构 G 实现的,其中 D 代表可用信息。首先解释如何基于 $P(G \mid D)$ 计算贝叶斯网络得分(Bayesian Struture Scoring),然后解释如何搜索网络空间来得到最高分网络。与贝叶斯网络推理一样,对于一般图形结构和输入数据,学习贝叶斯网络结构是 NP-hard 问题。

2.4.1 贝叶斯网络得分

在讨论如何计算 $P(G \mid D)$ 之前,需要引入一些符号。尽管这种情况不常

见,但还是假定贝叶斯网络 $X_{1:n}$ 中所有 n 个变量都是离散的。用 r_i 代表 X_i 的实例(Instantiations)的数目,用 q_i 代表 X_i 父节点们的实例的数目。如果 X_i 没有父节点,那么 $q_i = 1$。X_i 的父节点的第 j 个实例记为 π_{ij}。

通过上述条件可知,现在在贝叶斯网络中有 $\sum_{i=1}^{n} r_i q_i$ 个参数,每个参数记为 θ_{ijk},定义为

$$P(X_i = k \mid \pi_{ij}) = \theta_{ijk} \tag{2.64}$$

尽管有 $\sum_{i=1}^{n} r_i q_i$ 个参数,但只有 $\sum_{i=1}^{n} (r_i - 1) q_i$ 个是相互独立的,用 θ 代表所有参数,用 m_{ijk} 代表数据库 D 中在 π_{ij} 情况下的 $X_i = k$ 的个数,其似然为

$$P(D \mid \theta, G) = \prod_{i=1}^{n} \prod_{j=1}^{q_i} \prod_{k=1}^{r_i} \theta_{ijk}^{m_{ijk}} \tag{2.65}$$

贝叶斯网络参数的先验参数 θ 可以被分解,有 $\theta_{ij} = (\theta_{ij1}, \cdots, \theta_{ijr})$,那么

$$p(\theta \mid G) = \prod_{i=1}^{n} \prod_{j=1}^{q_i} p(\theta_{ij}) \tag{2.66}$$

对先验 $p(\theta_{ij})$,在一些弱假设的情况下,可以视为式(2.61)中的狄利克雷分布。给定 X_i 第 j 个关联实例时,X_i 的分布由狄利克雷函数 $\text{Dir}(\alpha_{ij1}, \cdots, \alpha_{ij2})$ 给出。用贝叶斯法则和全概率定理计算 $P(G \mid D)$,有

$$P(G \mid D) \propto P(G) P(D \mid G) = P(G) \int P(D \mid \theta, G) p(\theta \mid G) d\theta \tag{2.67}$$

结果表明,在将式(2.65)和式(2.66)的乘积对 θ 积分后,得到

$$P(G \mid D) = P(G) \prod_{i=1}^{n} \prod_{j=1}^{q_i} \frac{\Gamma(\alpha_{ij0})}{\Gamma(\alpha_{ij0} + m_{ij0})} \prod_{k=1}^{r_i} \frac{\Gamma(\alpha_{ijk} + m_{ijk})}{\Gamma(\alpha_{ijk})} \tag{2.68}$$

式中

$$\alpha_{ij0} = \sum_{k=1}^{r_i} \alpha_{ijk} \tag{2.69}$$

$$m_{ij0} = \sum_{k=1}^{r_i} m_{ijk} \tag{2.70}$$

找到使式(2.79)最大化的 G,即找到使贝叶斯评分最大的 G 值,有

$$\ln P(G \mid D) = \ln P(G) + \sum_{i=1}^{n} \sum_{j=1}^{q_i} \ln\left(\frac{\Gamma(\alpha_{ij0})}{\Gamma(\alpha_{ij0} + m_{ij0})}\right) + \sum_{k=1}^{r_i} \ln\left(\frac{\Gamma(\alpha_{ijk} + m_{ijk})}{\Gamma(\alpha_{ijk})}\right) \tag{2.71}$$

贝叶斯评分在数值计算上更方便,因为将较小数的对数相加在一起比将它们相乘在一起更容易。许多软件库可以以合理的精度直接计算伽玛函数的对数。

尽管在实践中经常使用均匀先验,但是在文献中已经探索了各种不同的图形先验,在使用均匀先验的情况下,可以从式(2.71)中贝叶斯评分的计算中忽略 $\ln P(G)$。贝叶斯评分的有用属性之一是即使其可能具有均匀的图形先验分布,它也能最优的在模型复杂度与可用数据之间找到平衡。

为了说明贝叶斯得分如何平衡模型复杂性,以如图2.19所示的简单贝叶斯网络为例。A 的值微弱地影响 B 的值,C 与其他变量独立。从这个"真实"模型中抽样生成数据 D,然后尝试学习模型结构。存在25种可能的网络结构,包括3种模型,但我们会关注下述模型中分数的变化:

① 真实模型具有 $1+2+1=4$ 个独立参数;
② 完全连接的模型 $A \to B$、$A \to C$、$B \to C$ 具有 $1+2+4=7$ 个独立参数;
③ 完全未连接的模型具有 $1+1+1=3$ 个独立参数。

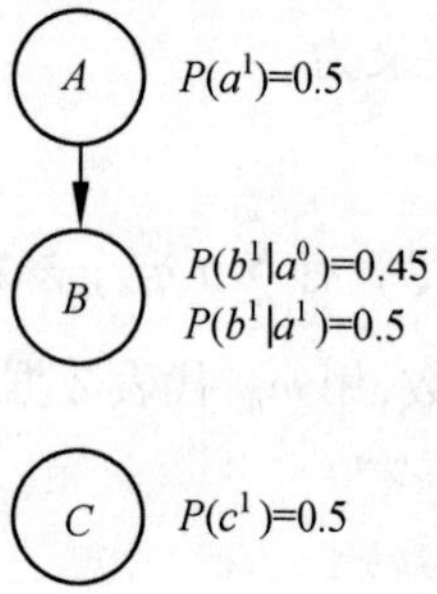

图2.19 简单贝叶斯网络

图2.20所示关联于真实模型的贝叶斯网络分数给出在随数据量增加时,对完全连接和未连接模型的贝叶斯评分与真实模型进行的比较。图中减去真实模型的分数,因此大于0的值表示在给定可用数据的情况下,该模型优于真实模型。当少于5 000个样本时,未连接的模型比真实模型更好。完全连接的模型永远不比真实模型更好,但是它在样本数大约为10 000个时,因为有足够的数据来充分估计其7个独立参数,完全连接的模型开始优于未连接的模型。

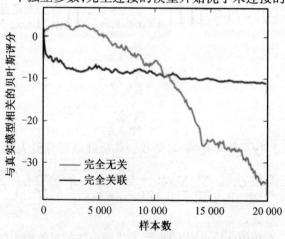

图2.20 关联于真实模型的贝叶斯网络分数

2.4.2 有向图搜索

备选贝叶斯网络结构的空间会超指数地增长。10 个节点时,有 4.2×10^{18} 个可能的有向无环图;20 个节点时,有 2.4×10^{72} 个可能的有向无环图。除具有少量节点的贝叶斯网络之外,不能枚举空间中所有可能结构,以找到最高的分数网络。因此,需要依赖一个搜索策略。幸运的是,搜索是一个普遍的问题,并且多年来已经研究出了各种各样的不同的通用搜索算法。

最常见的搜索策略之一是 K2(命名为 K2,因为它是由一个称为 Kutató 的系统演化而来)。搜索(算法 2.8)在多项式时间运行,但不能保证找到全局最优的网络结构。它可以使用任何计分函数 f,但它通常与贝叶斯评分一起使用,因为它能够平衡模型的复杂度与可用数据量。K2 从无向边缘图开始,然后在假定的变量排序上迭代,以最大程度地增加得分的方式贪婪地向节点添加父节点。K2 通常对任何一个节点的父节点数施加上限以减少所需的计算。原始 K2 算法假定对于所有 i、j 和 k,狄利克雷先验参数 $\alpha_{ijk} = 1$,但是原则上可以使用任何先验参数分布。

算法 2.8　K2 有向无环图的空间搜索

1: function K2 搜索(f)
2:　　$X_{1:n} \leftarrow$ 节点顺序
3:　　$G' \leftarrow$ 含有节点 $X_{1:n}$ 的图但不含箭头
4:　　for $i \leftarrow 1$ to n do
5:　　　repeat
6:　　　　$G \leftarrow G'$
7:　　　　在图 G' 中对节点 X_i 添加父节点以最小化 $f(G')$
8:　　　until $f(G') \leq f(G)$
9:　　end for
10:　return G
11: end function

一般搜索策略是局部搜索,其有时称为爬山法或梯度上升法,这将在算法 2.9 中概述。从初始图 G_0 开始,然后移动到最高得分的邻点。图的邻域由只有一个基本图操作的图组成,其中基本图操作包括:

① 如果 A 和 B 之间的边不存在,则引入 $A \rightarrow B$;
② 如果 $A \rightarrow B$,将从 A 到 B 的边移除;
③ 如果 $A \rightarrow B$,则反转边的方向以获得 $A \leftarrow B$。

算法 2.9 有向无环图的局部搜索

```
1: function 有向无环图的局部搜索(f, G_0)
2:     G' ← G_0
3:     repeat
4:         G ← G'
5:         Γ ← G 的领域
6:         G' ← arg max_{G' ∈ Γ} f(G')
7:     until f(G') ≤ f(G)
8:     return G
9: end function
```

当然,对特定的图,并非所有操作都可能,而且将循环引入图的操作是无效的。当图得分不高于其邻近图得分时,搜索停止。

局部搜索可能陷入局部最优的困局,阻止其找到全局最优网络结构。现在已经有用于解决局部最优的各种策略,包括如下方法。

① 随机重启。一旦找到局部最优,在搜索空间中的随机点重新开始搜索。

② 模拟退火。搜索不总是移动到邻域最佳点,而是可以根据一些随机搜索策略来访问邻域不太适合的点。随着搜索的进行,根据某种进度表适当减少这种探索的随机性。这种方法称为模拟退火,因为它的灵感来自冶金退火。

③ 禁忌搜索。这种方法对在空间中已经搜索过的点建立禁忌表。这种搜索算法避免了在禁忌表中的邻域点。

④ 遗传算法。程序从搜索空间中表示为二进制字符串的初始随机点群开始。当搜索有向图的空间时,字符串中的一位表示两个节点之间是否存在箭头。群体中个体的泛指速率与它们的得分成正比。被选择繁殖的个体通过遗传交叉随机地进行字符串重组。遗传交叉包括在两个随机选择的个体间选择交叉点,然后在该点之后交换字符串。通过随机翻转字符串中的位,突变也被随机地引入到群体中。进化的过程持续到找到搜索空间中令人满意的点为止。

⑤ 文化基因算法。这种方法有时称为遗传局部搜索,它是遗传算法与局部搜索的组合。在基因重组后,对个体进行局部搜索。

一些搜索策略在某些数据集上可能比其他搜索策略更好,但是一般来说,找到全局最优仍然是 NP-hard。然而,许多应用不需要全局最优的网络结构。局部最优结构通常是可接受的。

2.4.3 马尔可夫等价类

如前所述,贝叶斯网络的结构是对一组条件独立假设进行编码。当试图学习贝叶斯网络的结构时,一个重要发现是两个不同的图可以对相同的独立假设进行编码。作为一个简单的例子,考虑双变量网络 $A \rightarrow B$,该网络包含与 $A \leftarrow B$ 相同的独立假设。仅仅在数据的基础上很难分辨 A 和 B 之间边缘的方向。

如果它们对相同的条件独立假设集合进行编码,则两个图都是马尔可夫等价的。可以证明,当且仅当它们具有相同的边缘而不考虑方向和相同的 v 结构时,两个图是马尔可夫等价的。马尔可夫等价类是包含所有彼此间马尔可夫等价的有向无环图的集合。

一般来说,属于同一马尔可夫等价类的两个结构可以给出不同的分数。然而,如果贝叶斯评分与狄利克雷先验一起使用,使得对于所有 i 都有 $x = \sum_{j} \sum_{k} \alpha_{ijk}$,则两个马尔可夫等价结构被分配有相同的分数,这样的先验称为 BDe。当 $\alpha_{ijk} = x/(q_i r_i)$ 时,这种特殊情况称为 BDeu 先验。虽然通常使用的均匀先验 $\alpha_{ijk} = 1$ 不总能使同一等价类中的结构被分配到相同的分数,但是这些分数通常相当接近。给同一类中所有结构分配相同的分数的评分函数称为评分等效。

2.4.4 部分有向图搜索

马尔可夫等价类可以表示为部分有向图,有时称为基本图或有向无环图模式。部分有向图可以包含有向边和无向边。具有马尔可夫等价类的部分有向图的实例如图 2.21(a) 所示。当且仅当 G 具有与 G' 相同的边缘而不考虑方向且具有相同的 v 结构时,有向无环图 G 属于由部分有向图 G' 编码的马尔可夫等价类。图 2.21(b)(c) 是与图 2.21(a) 呈等价类的例子。图 2.21(d) 不属于该等价类。

与搜索有向无环图空间不同,可以搜索由部分有向图表示的马尔可夫等价类空间。马尔可夫等价类的空间小于有向无环图的空间,因此可以更有效地进行搜索。可以使用 2.4.2 节中提出的任何一般搜索策略。如果使用局部搜索的形式,那么需要定义能定义图邻域的局部图操作,例如:

① 如果 A 和 B 之间的边缘不存在,则添加 $A - B$ 或 $A \rightarrow B$;
② 如果 $A - B$ 或 $A \rightarrow B$,则删除 A 和 B 之间的边;
③ 如果 $A \rightarrow B$,则反转边缘的方向以获得 $A \leftarrow B$;
④ 如果 $A - B - C$,则添加 $A \rightarrow B \leftarrow C$。

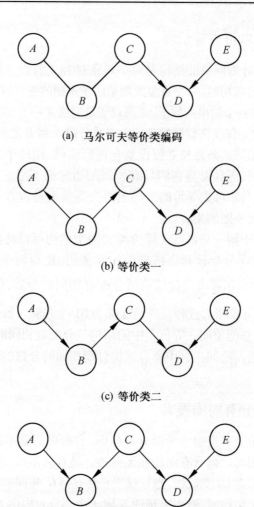

(a) 马尔可夫等价类编码

(b) 等价类一

(c) 等价类二

(d) 有向无环图

图 2.21　马尔可夫等价经典案例

贝叶斯评分是针对有向无环图定义的。要对部分有向图进行评分，需要生成其马尔可夫等价类的成员，并计算其分数。从部分有向图生成一个成员可以通过不引入新 v 结构的方式来将无向边转换为有向边。

2.5　小　　结

① 由于实际或理论上的限制，信息的不完整或无法预测未来事件会导致不确定性。

② 在建立鲁棒决策系统时,恰当地考虑不确定性是很重要的。
③ 贝叶斯网络能简洁地表示变量的分布。
④ 网络结构可以对条件独立假设进行编码。
⑤ 贝叶斯网络是对各种模型进行编码的灵活表示方法。
⑥ 利用网络结构可以有效地进行概率推理。
⑦ 贝叶斯和最大似然方法可用于推断模型参数和结构。

2.6 扩展阅读

处理概率模型最棒的方法之一是 Koller 和 Friedman 的 *Probabilistic Graphical Models:Principles and Techniques*[2]。Barber 还提供了概率模型及其在贝叶斯推理和机器学习中的应用的概述[3]。Russell 和 Norvig 在其流行的人工智能方面的著作 *Artificial Intelligence:A Modern Approach*[4] 中使用了贝叶斯网络。

概率理论的基础在 *Probability Theory:The Logic of Science by Jaynes*[1] 中有详细讨论。Fishburn 对主观概率的公理体系进行了综述[5],Dupré 和 Tipler 给出了更新的公理体系[6],Bertsekas 和 Tsitsiklis 的教科书提供了对概率的全面介绍[7]。

几本教材讨论了贝叶斯网络中的推理和其他种类的概率图形模型,如马尔可夫随机场和因子图[2-4,8-10]。这些书讨论了一些推理方法,包括置信传播和2.2节中提到的联合树算法。Kim 和 Pearl 介绍了在多树中精确推理的消息传递算法[11]。Cooper 证明了在贝叶斯网络中的推理是 NP-hard 的[12]。

关于贝叶斯网络结构和参数学习的概述可以参考 *Probabilistic Graphical Models:Principles and Techniques*[2] 和 *Learning Bayesian Networks*[13],如文中所述,学习最优网络结构是 NP-hard 的[14-15]。Cooper 和 Herskovits 开发了在算法 2.8 中介绍的 K2 搜索算法,Chickering[17] 讨论了部分有向图的搜索空间,Heckerman、Geiger 和 Chickering 说明了 BDe 先验会导致任何两个马尔可夫等价结构相同的贝叶斯评分[18],BDeu 先验则最初由 Buntine[19] 提出。

参考文献

1. E. T. Jaynes, Probability Theory: The Logic of Science. New York: Cambridge University Press, 2003.

2. D. Koller and N. Friedman, Probabilistic Graphical Models: Principles

and Techniques. Cambridge, MA: MIT Press, 2009.

3. D. Barber, Bayesian Reasoning and Machine Learning. New York: Cambridge University Press, 2012.

4. S. Russell and P. Norvig, Artificial Intelligence: A Modern Approach, 3rd ed. Upper Saddle River, NJ: Pearson, 2010.

5. P. C. Fishburn, "The Axioms of Subjective Probability," Statistical Science, vol. 1, no. 3, pp. 335-345, 1986. doi:10.1214/ss/1177013611.

6. M. J. Dupré and F. J. Tipler, "New Axioms for Rigorous Bayesian Probability," Bayesian Analysis, vol. 4, no. 3, pp. 599-606, 2009. doi:10.1214/09-BA422.

7. D. P. Bertsekas and J. N. Tsitsiklis, Introduction to Probability. Belmont, MA: Athena Scientific, 2002.

8. F. V. Jensen and T. D. Nielsen, Bayesian Networks and Decision Graphs, 2nd ed. New York: Springer, 2007.

9. D. J. C. MacKay, Information Theory, Inference and Learning Algorithms. New York: Cambridge University Press, 2003.

10. C. M. Bishop, Pattern Recognition and Machine Learning. New York: Springer, 2006.

11. J. H. Kim and J. Pearl, "A Computational Model for Combined Causal and Diagnostic Reasoning in Inference Systems," in International Joint Conference on Artificial Intelligence (IJCAI), 1983.

12. G. F. Cooper, "The Computational Complexity of Probabilistic Inference Using Bayesian Belief Networks," Artificial Intelligence, vol. 42, no. 2-3, pp. 393-405, 1990. doi:10.1016/0004-3702(90)90060-D.

13. R. E. Neapolitan, Learning Bayesian Networks. Upper Saddle River, NJ: Prentice Hall, 2003.

14. D. M. Chickering, "Learning Bayesian Networks Is NP-Complete," in Learning from Data: Artificial Intelligence and Statistics V, D. Fisher and H. -J. Lenz, eds., New York: Springer, 1996.

15. D. M. Chickering, D. Heckerman, and C. Meek, "Large-Sample Learning of Bayesian Networks Is NP-Hard," Journal of Machine Learning Research, vol. 5, pp. 1287-1330, 2004.

16. G. F. Cooper and E. Herskovits, "A Bayesian Method for the Induction of Probabilistic Networks from Data," Machine Learning, vol. 4, no.

9,pp. 309-347,1992. doi:10.1007/BF00994110.

17. D. M. Chickering, "Learning Equivalence Classes of Bayesian-Network Structures,"Journal of Machine Learning Research,vol. 2,pp. 445-498,2002.

18. D. Heckerman,D. Geiger,and D. M. Chickering,"Learning Bayesian Networks:The Combination of Knowledge and Statistical Data," Machine Learning,vol. 20,no. 3,pp. 197-243,1995. doi:10.1007/BF00994016.

19. W. L. Buntine, "Theory Refinement on Bayesian Networks," in Conference on Uncertainty in Artificial Intelligence (UAI),1991.

第 3 章 决策问题

第 2 章关注不确定性问题,包括如何建立不确定性的概率模型,并使用这些模型进行推理。本章重点介绍如何使用概率模型和效用函数做出理性决策,重点关注单步决策,而序贯决策问题将在第 4 章讨论。首先介绍效用理论基础,并说明它如何成为理性的不确定条件下的决策基础。然后是如何将效用理论与第 2 章中介绍的概率图模型结合起来形成决策网络。因为许多重要的决策问题涉及与其他智能体的交互,所以本书也将简要讨论博弈论模型。

3.1 效用理论

第 2 章的开头讨论了比较两个不同语句置信程度的必要性。本章需要比较两个不同输出结果可取程度的能力,使用以下运算符来表示偏好:
① $A > B$ 表示比起 B 更偏好 A;
② $A \sim B$ 表示对 A 和 B 有相同的偏好程度;
③ $A \geqslant B$ 表示比起 B 更喜欢 A 或对 A 和 B 有相同的偏好程度。

正如置信可以是主观的,偏好也是一样。

除了比较事件,偏好操作符可以用于比较偏好对不确定结果的影响。彩票是与结果集合关联的概率集合。例如,如果 $S_{1:n}$ 是一组结果,$p_{1:n}$ 是与它们关联的概率,则具有这些结果和概率的彩票记为

$$[S_1:p_1;\cdots;S_n:p_n] \tag{3.1}$$

本节将讨论如何从关于偏好的假设集合中得到用实数度量的效用。从这个效用函数中,有可能对理性的不确定条件下的决策究竟意味着什么进行解释。

3.1.1 对理性偏好的约束

正如对置信施加了一系列约束,则将对偏好施加一些约束。这些约束有时称为冯·诺依曼 - 莫根斯坦公理,以约翰·冯·诺依曼和奥斯卡·莫根斯坦为名,他们在 20 世纪 40 年代制定了这些公理的变体。

① 完整性。只能属于如下情况之一：$A > B$、$B > A$ 或 $A \sim B$。
② 传递性。如果 $A \succeq B$ 且 $B \succeq C$，则 $A \succeq C$。
③ 连续性。如果 $A \succeq C \succeq B$，则存在概率 p，使得 $[A:p;B:1-p] \sim C$。
④ 独立性。如果 $A \succeq B$，则对任何 C 和概率 p 都存在 $[A:p;C:1-p] > [B:p;C:1-p]$。

这些约束是关于理性偏好的，它们没有说出人类的偏好。事实上，有证据可以表明人类不是很理性（3.1.7 节）。本书的目标是从计算角度来理解理性决策，构建实用的系统，延伸这些理论来理解人类的决策只是次要的兴趣。

3.1.2 效用函数

正如对不同语句的置信度比较施加的约束使得用实数量测概率变成了可能，对理性偏好的约束也可以使用实数衡量效用。从对理性偏好的约束中，存在实数效用函数 U：

① 当且仅当 $A > B$ 时，$U(A) > U(B)$。
② 当且仅当 $A \sim B$ 时，$U(A) = U(B)$。

效用函数对仿射变换是唯一的。换句话说，对于任何常数 $m > 0$ 和 b，当且仅当由 U' 导出的偏好与 U 相同时，有 $U'(S) = mU(S) + B$。效用就像温度，可以使用开尔文、摄氏或者华氏温度来比较温度，这些温度表示都是彼此的仿射变换。

从理性偏好的约束中可以看出，彩票的效用为

$$U([S_1:p_1;\cdots;S_n:p_n]) = \sum_{i=1}^{n} p_i U(S_i) \tag{3.2}$$

假设正在建立一个防撞系统，飞机遭遇的结果由系统是否发出警报（A）和是否发生碰撞（C）来定义。因为 A 和 C 都是二进制的，所以有四种可能的结果。只要偏好是理性的，就可以用四个参数在可能的彩票空间上写出效用函数 $U(a^0,c^0)$、$U(a^1,c^0)$、$U(a^0,c^1)$ 和 $U(a^1,u^1)$。例如

$$U([a^0,c^0:0.5;a^1,c^0:0.3;a^0,c^1:0.1;a^1,c^1:0.1]) \tag{3.3}$$

等价于

$$0.5U(a^0,c^0) + 0.3U(a^1,c^0) + 0.1U(a^0,c^1) + 0.1U(a^1,c^1) \tag{3.4}$$

如果效用函数是有界的，那么可以定义归一化效用函数，其中可能的最佳结果被赋值为效用 1，可能的最坏结果的效用被赋值为 0。同时，根据需要可按比例缩放和转化其他每一个结果的效用。

3.1.3 最大期望效率原理

我们感兴趣的问题是如何能够在对世界所处状态拥有不完美知识的情况下做出理性决策。假设有一个概率模型 $P(s'|o,a)$，它表示在观测到 o 并采取动作 a 后，世界的状态变成 s' 的概率。有一个效用函数 $U(s')$，它是对不同结果的偏好。在给定观测 o 下，采取动作 a 的期望效用定义为

$$EU(a|o) = \sum_{s'} P(s'|a,o) U(s') \tag{3.5}$$

根据最大期望效用原理，理性智能体应该选择最大化预期效用的动作，即

$$a^* = \arg\max_a EU(a|o) \tag{3.6}$$

因为对设计理性智能体感兴趣，所以式(3.6)在本书中起至关重要的作用。

3.1.4 效用引出(启发)

在构建决策系统或决策支持系统时，从一个人或一组人来推理效用函数通常是有帮助的，这种方法称为效用引出或偏好引出。具体来说，有一种方法是将最坏结果 $S_\perp$ 的效用固定为 0，将最佳结果 $S_\top$ 的效用固定为 1。只要结果的效用是有限的，可以转换和按比例缩放效用而无须改变偏好。如果想要确定结果 S 的效用，那么需要确定概率 p，使得 $S \sim [S_\top:p;S_\perp:1-p]$，由此得出 $U(S) = p$。

在防撞的例子中，最好的情况是不发出警报和没有发生碰撞，因此设定 $U(a^0,c^0) = 1$。最糟糕的情况是发出警报并发生了碰撞，因此设定 $U(a^0,c^0) = 0$。定义彩票概率 $L(p)$ 为 $[a^0,c^0:p;a^1,c^1:1-p]$。为了确定 $U(a^1,c^0)$，需要找到 p，使得 $(a^1,c^0) \sim L(p)$；类似地，为了确定 $U(a^0,c^1)$，需要找到 p，使得 $(a^0,c^1) \sim L(p)$。

3.1.5 货币的效用

使用货币价值来推断效用函数可能会很吸引人。例如，当建立用于预防野火的决策系统时，自然会考虑根据火灾所能造成的财产损失和部署灭火措施所需要消耗的资金来定义效用函数。然而，众所周知，在经济学中，货币的效用通常不是线性的。如果效用和货币之间存在线性关系，那么就应该最大化预期货币价值。保险业不会去试图最大化预期货币价值，因为保险单的预期货币价值通常是负值。

可以使用 3.1.4 节中的引出过程来确定货币的效用。当然，不同的人会

给出不同的效用函数,但函数一般遵循图3.1所示的货币应用曲线。对于少量的资金来说,曲线大致是线性的,如100美元是50美元的两倍;对于较大的资金来说,这种关系通常被视为对数。曲线的扁平化是十分正常的。

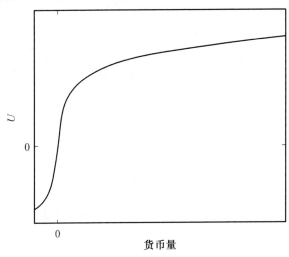

图3.1　货币应用曲线

当讨论货币效用函数时,经常使用以下三个术语。为了说明清楚,假设A表示被给予50美元,B表示50%的机会赢得100美元。

① 风险中立。效用函数是线性的。在50美元和50%的机会赢得100美元之间没有偏好($A \sim B$)。

② 寻求风险。效用函数是向上凹的。倾向于有50%的机会赢得100美元($A < B$)。

③ 风险规避。效用函数是向下凹的。倾向被给予50美元($A > B$)。

在构建决策系统的过程中,用货币价值来启发效用函数的构建是有效的。然而,货币和效用之间潜在的非线性关系是重要而不可忽视的。

3.1.6　多变量效用函数

防撞效用函数(3.1.4节)依赖于两个二进制变量:是否存在警报和是否存在碰撞。必须在这两个变量的所有可能的赋值组合上定义效用。如果有n个二进制变量,那么必须在效用函数中指定2^n个参数。如果能够归一化效用函数,那么至少一个参数是0、至少一个参数是1。可以通过变量之间不同形式的独立性来简洁地表示效用函数,就像贝叶斯网络表示联合概率分布那样。

在对偏好结构做出某些假设后,可以通过使用单变量效用函数的和来表示多变量效用函数。如果有 n 个变量 $X_{1:n}$,那么可以有

$$U(x_{1:n}) = \sum_{i=1}^{n} U(x_i) \tag{3.7}$$

假设所有变量都是二进制的,那么只需要 $2n$ 个参数来表示效用函数,即

$$U(x_1^0), U(x_1^1), \cdots, U(x_n^0), U(x_n^1) \tag{3.8}$$

为了说明效用函数的加性分解的价值,将在防撞实例中额外添加两个变量。

① 加速(S)。表示防撞系统是否指示飞行员加速(或增加)爬升或下降。

② 转向(R)。表示防撞系统是否指示飞行员改变方向(从上至下或从下至上)。

如果没有使用包含 A、C、S 和 R 的偏好结构,那么将需要 $2^4 = 16$ 个参数。通过加性分解,只需要八个参数。

虽然通常将效用归一化到 0 ~ 1,但是使用不同的方案来构建效用函数可能更自然。在防撞问题中,根据警报、碰撞、加速和转向的成本来构建效用函数是很容易的。如果没有警报、碰撞、加速或转向,则没有成本。换句话说,$U(a^0)$、$U(c^0)$、$U(s^0)$ 和 $U(r^0)$ 都等于 0。成本最高的结果是碰撞,因此设 $U(c^1) = -1$,并将这个结果进行归一化。警报对总成本的贡献是最低的,转向成本比加速更高,因为它对飞行员来说更具破坏性。根据假设并固定 $U(c^1) = -1$,只需要三个自由参数来定义效用函数。

如式(3.7)所示,许多问题的效用函数不能被加性地分解成单个变量的效用函数。假设防撞函数是在 3 个二进制变量上定义的:入侵者是否水平接近(H)、入侵者是否垂直接近(V)以及系统是否警告(A)。只有 h^1 和 v^1 都存在时才会碰撞,威胁才真正存在。因此,不能假定这些变量是独立的,从而加性地分解效用函数。但是,可以给出 $U(h,v,A) = U(h,v) + U(A)$。

可以在图表中显式地使用加性分解,效用函数的加性分解如图 3.2 所示。效用节点用菱形表示。效用节点的父节点是不确定性节点,不确定性节点代表着效用节点所依赖的变量。如果效用节点的父节点是离散的,则该节点的效用函数可以用表格表示。如果效用节点的父节点是连续的,则任意实值函数都可能被用来表示效用。如果图具有多个效用节点,那么将它们的值相加可以得到总体效用值。

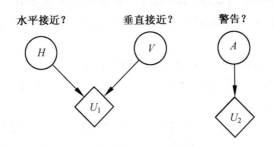

图 3.2 效用函数的加性分解

3.1.7 不合理的分析

决策理论是规范性的理论,是约定俗成的,而不是描述性的理论,它不能用来预测人类行为。人的判断和偏好往往不遵循 3.1.1 节中概述的理性规则。即使人类专家也可能具有不一致的偏好,这在设计一个试图最大化期望效用的决策支持系统时可能会引发问题。

Tvetsky 和 Kahneman 利用大学生们在课堂上的问卷研究了大学生的偏好,他们调查了学生如何应对流行病的问题。学生们在以下两个结果之间的选择将会揭示他们的偏好。

A:100% 的几率丧失 75 人的生命。

B:80% 的几率丧失 100 人的生命。

大部分学生选的是 B 而不是 A。由式(3.2)可知

$$U(损失75) < 0.8U(损失100) \qquad (3.9)$$

然后要求他们在以下两个结果之间进行选择。

C:10% 的几率丧失 75 人的生命。

D:8% 的几率丧失 100 人的生命。

大部分学生选的是 C 而不是 D。因此

$$0.1U(损失75) > 0.08U(损失100)$$

两边同乘 10 得到

$$U(损失75) > 0.8U(损失100) \qquad (3.10)$$

显然,式(3.9)和式(3.10)相矛盾。我们没有假设 $U(损失75)$ 和 $U(损失100)$ 的实际价值,甚至没有假设失去 100 条生命比失去 75 条生命更糟。因为式(3.2)严格遵守 3.1.1 节中的冯·诺依曼-莫根斯坦公理,所以至少违反一个公理,即使许多选择 B 和 C 的人也认为公理是合理的。

Tversky 和 Kahneman 的实验表明,确定性往往夸大了与仅仅可能发生的

损失相关的损失。他们发现，这种确定性效应对收益也适用。比起大得多的可能获得的大收益，确定的较小增益通常更可取，这一现象在某种程度上严重违反了理性公理。

Tversky 和 Kahneman 还使用假设的情景展示了框架效应（Framing Effect），其中流行病将会杀死 600 人。他们给学生以下两个结果。

E：将拯救 200 人。

F：1/3 的几率使 600 人将被拯救，2/3 的几率没有人会被救。

大多数学生会选择 E 而不是 F。然后要求他们对如下的情况进行选择。

G：400 人将死亡。

H：1/3 的几率没有人会死，2/3 的几率 600 人会死。

大多数学生选择 H 而不是 G，即使 E 等价于 G，F 等价于 H。这种不一致是由问题的构造形式造成的。

许多其他认知偏差可能会导致与效用理论所规划的目标的偏离。当试图通过人类专家来建立决策支持系统及其效用函数时，必须特别小心。虽然决策支持系统的建议是理性的，但它们不能充分地反映某些情况下人类的偏好。

3.2 决策网络

可以将第 2 章中介绍的贝叶斯网络的概念扩展到包含动作和效用的决策网络。决策网络由三种类型的节点组成：

① 机会节点对应于随机变量（由圆圈表示）；

② 智能体对应于决策（由正方形表示）；

③ 效用节点对应于加性的效用组成成分（由菱形表示）。

有三种有向边缘：

① 条件边缘指向机会节点，该机会节点中的不确定性由其所有父节点决定；

② 信息边缘指向智能体，该节点所代表的决策是在知道其父节点的值的情况下做出的（这些边缘通常用虚线绘制，为了简单起见，有时从图中省略）；

③ 功能边缘指向效用节点，表示该效用节点的效用值由其父节点的结果决定。

决策网络有时称为影响图（Influence Diagrams）。与贝叶斯网络一样，决策网络不能有循环。在计算效用函数的最优化决策时，决策网络能够充分利用问题的结构。本章重点讨论单次决策问题，即决策同步进行。第 4 章将重点讨论序贯决策的问题。

图3.3所示为诊断测试决策网络和效用函数。在这个网络中,有一组来自诊断的结果可以表明特定的疾病是否存在。需要根据已知的诊断测试来决定是否治疗。效用是关于是否治疗以及疾病是否实际存在的函数。本节会一直对本实例进行讨论。

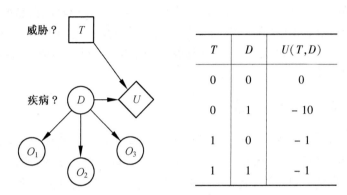

图3.3 诊断测试决策网络和效用函数

3.2.1 评估决策网络

如3.1.3节所述,对给定o的期望效用a为

$$EU(a|o) = \sum_{s'} P(s'|a,o)U(s') \tag{3.11}$$

式中,s'表示决策网络中节点的一个实例。可以使用这个公式为图3.3中决策网络计算治病的预期效用。现在,假设只有第一次诊断测试的结果,并且结果为良性。如果想在图中将关于第一次诊断测试的知识明确地表示出来,那么将画出一个从O_1到T的信息边缘,则有

$$EU(t^1|o_1^1) = \sum_{o_3}\sum_{o_2}\sum_{d} P(d,o_2,o_3|t^1,o_1^1)U(t^1,d,o_1^1,o_2,o_3) \tag{3.12}$$

可以使用贝叶斯网络的链式法则和条件概率的定义来计算$P(d,o_2,o_3|t^1,o_1)$。因为效用节点仅取决于疾病是否存在以及是否治疗它,则可以将$U(t^1,d,o_1,o_2,o_3)$简化为$U(t^1,d)$。因此

$$EU(t^1|o_1^1) = \sum_{d} P(d|t^1,o_1^1)U(t^1,d) \tag{3.13}$$

3.1节中介绍的任何精确或近似的推理方法都可用于评估$P(d|t^1,o_1^1)$。为了决定是否应用治疗,计算$EU(t^1|o_1^1)$和$EU(t^0|o_1^1)$以做出可获得最高预期效用的决定。

为了评估一般的单次决策网络,首先实例化动作节点和可观测的机会节点,然后应用任意推理算法来计算出效用节点的父节点的后验概率。不再对式(3.11)中的所有变量的实例求和,而是对效用节点的父节点的实例求和。最优决策是决策网络实例化后能提供最高期望效用的决策。

多年来,已经开发了多种方法来使评估决策网络更高效。一种方法涉及从决策网络中移除动作和机会节点,它们没有那些通过条件、信息或功能边缘定义的子节点,如在图3.3中,可以删除没有子节点的O_2和O_3。不能删除O_1,因为我们把它看作已观测节点,这样就有一个从O_1到T的信息边缘(虽然它没有被明确地绘制出来)。

3.2.2 信息的价值

假设对于图3.3中的决策网络,只观测到o_1^1。由于只有一个鉴定结果为阳性,因此可以做出不治疗的决定。然而,对实际存在的疾病没有进行治疗的风险是存在的,所以进行额外的诊断测试以降低其风险可能是有益的。通过计算信息的价值,可以决定进行哪种诊断测试。

在计算信息的价值时,在给定观测o的情况下,最佳动作能得出的期望效用用$EU^*(o)$来表示。给定o时,变量O'的信息价值是

$$\text{VOI}(O'|o) = \left(\sum_{o'} P(o'|o) EU^*(o,o')\right) - EU^*(o) \quad (3.14)$$

换句话说,变量的信息价值是观测该变量后所导致的期望效用的增加值。如果对变量的观测会带来不同的最优决策,期望效用才会增加。如果观测的新变量O'对动作选择不会产生任何影响,则对于所有的o',都有$EU^*(o,o') = EU^*(o)$,在这种情况下,式(3.14)等于0。如果治疗疾病的最优决策是不考虑诊断测试的结果,那么观测测试结果的价值为0。

信息的价值只反映了进行观测后期望效用的增加量。进行特定观测可能会产生额外的成本。一些诊断测试可能花费并不多,如测体温;另一些诊断测试是十分昂贵并会导致创伤,如腰椎穿刺。通过腰椎穿刺获得的信息的价值要远大于测体温,但是应当考虑测试的成本。

信息价值度量是用于选择观测对象时经常使用的重要度量标准。有时,信息价值度量用于确定适当的观测顺序。在每次观测之后度量剩余的未可观测变量的信息价值,然后观测具有最大信息价值的未观测变量。如果进行不同观测存在相应的成本,观测某个变量时,从信息的价值中减去这些成本,该过程直到观测更多变量也不会产生益处为止。然后选择最佳动作。这种对观测量的贪婪选择只是启发式的,并且可能不代表真正最佳的观测序列。后面

的章节会引入序贯决策技术来确定观测顺序的最佳选择。

3.2.3 建立决策网络

决策网络是构建决策支持系统的强大结构。目前为止,已经讨论了构建决策网络的关键要素,以及如何使用它们作出最优的单次决策。下面简要讨论创建决策网络的过程。

第一步是确定备选动作空间。对于机载防撞系统,动作可以是爬升、下降或什么也不做。在一些问题中,可能希望将动作空间分解为多个决策变量。在可以进行水平和垂直机动的防撞系统中,一个决策变量可以决定是上升还是下降,另一个变量则可以决定是左转还是右转。

下一步是确定与问题相关的可观测和未可观测变量。如果在防撞系统上装有电光传感器,那么可以观测到与另一飞行器的相对角度,该角度测量将对应于可观测的机会节点之一。入侵飞机的真实位置与问题相关,但是不能直接被观测到,因此它在网络中用未观测变量表示。

然后要确定各种机会和智能体之间的关系。确定这些关系可以通过使用专家判断来实现,或者是2.4节中讨论的从数据中学习的方法,或者二者的组合。通常,从一个节点到另一个节点的因果关系通过箭头的方向来反映。

一旦确定了机会节点和智能体的关系,就选择模型来表示条件概率分布。对于离散节点,可以选择用表格表示;对于连续节点,可以选择参数模型,如线性高斯模型。这些模型的参数可以由专家指定或通过使用2.3节中介绍的技术从数据中估计。

引入效用节点并从相关的机会和智能体添加功能连接,可以从人类专家的偏好确定效用节点的参数(3.1.4节);还可以调整参数,使决策网络的最佳决策与人类专家的决策相匹配。

决策网络应由专家验证和完善。对于给定决策场景,决策网络可以用于确定最优动作,可以将它与专家推荐的动作进行比较。通常,对决策网络具有信心之前,需要在许多决策场景下进行检验。

如果决策网络和专家的决策不一致,可以检查决策网络以确定为什么选择该特定动作。一些情况下,仔细地检查模型后可能会修改条件概率、修改变量之间的关系、改变效用节点中的参数或者将新的变量引入到模型中。有时,进一步研究会使专家改变他们对动作的选择,可能需要进行多次迭代开发来找到适当的决策网络。

3.3 博弈问题

本章着重于用假定的环境模型做出理性决策。到目前为止,只要概率模型能捕获其他智能体行为的影响,本章介绍的方法就可以应用于包含其他智能体的环境。然而,在许多情况下没有其他智能体行为的概率模型,但有这些智能体效用的模型。在这种情况下做出决策是博弈论的课题,这是本节将简要讨论的内容。

3.3.1 主导策略均衡

囚徒困境是博弈论中最著名的问题之一。有两个智能体是囚犯,正在被单独审讯,每个人都能选择作证来检举另一个人。如果一个人作证,另一个人不作证,那么作证的人将被释放,另一人将被处以 10 年监禁;如果两个人都作证,那么他们都会被处以 5 年监禁;如果两个人都拒绝作证,那么他们都将被处以 1 年监禁。

两个智能体在囚徒困境中的效用如图 3.4 所示。效用矩阵中的第一个分量与智能体 1 相关联,第二个分量与智能体 2 相关联。假设效用矩阵是两个智能体之间的共享知识。在不知道另一个智能体动作的情况下,两个智能体必须同时选择其动作。

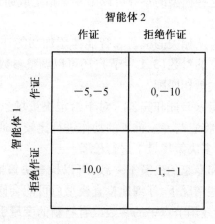

图 3.4 两个智能体在囚徒困境中的效用

在如囚徒困境的博弈论中,智能体在博弈中选择的策略可以是:

① 纯策略,确定性地选择动作;

② 混合策略,依照概率选择动作。

当然,纯策略只是混合策略的一种特殊情况,即以概率1被分配给某个动作。如果将概率为0.7的混合策略指定给囚徒困境,那么可以用之前彩票的记法来写,即

$$[作证:0.7;不作证:0.3]$$

混合策略的效用可以通过纯策略的效用来描述,即

$$U([a_1:p_1;\cdots;a_n:p_n]) = \sum_{i=1}^{n} p_i U(a_i) \quad (3.15)$$

智能体 i 的策略表示为 s_i。策略组合 $s_{1:n}$ 是所有 n 个智能体的策略分配。除智能体 i 外,所有智能体的策略组合写成 s_{-i}。智能体 i 对指定策略组合 $s_{1:n}$ 的效用写成 $U_i(s_{1:n})$ 或 $U_i(s_i, s_{-i})$。

智能体 i 对策略组合 s_{-i} 的最佳响应写作策略 s_i^*,对所有 s_i 满足 $U_i(s_i^*, s_{-i}) \geq U_i(s_i, s_{-i})$。一般来说,给定 s_{-i} 可能存在多个不同的最佳响应。在一些博弈中,可能存在对所有 s_{-i} 而言都是最佳响应的 s_i,在这种情况下,s_i 称为主导策略。例如,在囚徒困境中,无论智能体 2 作证或未作证,智能体 1 都最好选择作证。因此,作证是智能体 1 的主导策略,因为博弈是对称的,作证也是智能体 2 的主导策略。当所有智能体都有主导策略时,它们的主导策略的组合称为优势策略均衡。

我们对囚徒困境有很大的兴趣,因为它表明每个人都做出最佳响应可能会让所有智能体都得到次最佳的结果。优势策略均衡导致两个囚徒作证而被处以 5 年监禁。但是,如果他们都拒绝作证,那么他们都只会得到 1 年的监禁。

3.3.2 纳什均衡

假设在碰撞航向上有两架飞机。为了避免碰撞,每架飞机的飞行员必须在爬升或下降之间选择一个。如果飞行员都选择相同的机动方式,那么两个飞行员之间会发生碰撞,其效应为 -4。因为爬升比下降需要更多的燃料,所以任何决定爬升的飞行员都会受到 -1 的额外惩罚。避免碰撞的博弈过程如图 3.5 所示。

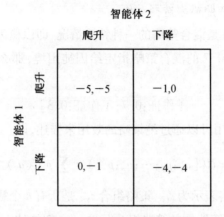

图 3.5 避免碰撞的博弈过程

在防撞博弈中,不存在优势策略均衡。特定飞行员的最佳响应取决于另一飞行员的决定。用纳什均衡替代均衡概念,即如果没有智能体可以通过策略的切换而受益,则该策略组合处于纳什均衡,此时假定其他智能体遵守这一策略组合。换句话说,如果 s_i 是所有智能体 i 对其 s_{-i} 的最佳响应,则 $s_{1:n}$ 是纳什均衡。

在防撞博弈中有两个纯策略纳什均衡,即(爬升,下降)和(下降,爬升)。已经证明每个博弈都至少有一个纳什均衡,这之中可能包括或可能不包括纯策略。已知没有用于寻找一般博弈的纳什均衡的多项式时间内算法,虽然寻找纳什均衡的算法的复杂性不是 NP – complete(而是属于称为 PPAD 的复杂度类型)。

3.3.3 行为博弈理论

当建立一个必须与人类交互的决策系统时,纳什均衡并不总是有帮助的。人类通常不遵循纳什均衡策略。首先,如果博弈中存在许多不同的均衡,可能不清楚采用哪个均衡。对于只有一个均衡的博弈,由于认知的局限性,因此人们可能很难去计算出纳什均衡,即使人类可以计算出纳什均衡,他们也会怀疑他们的对手是否会进行这个计算。

有一个旨在模拟人类的行为博弈理论领域。尽管存在许多不同的行为模型,但 logit k – 级模型(有时称为量子 k 级模型)最近开始流行,并且在实践中工作良好。logit k – 级模型对人类提出了如下假设:

① 当犯错成本较低时,更容易犯错;
② 有限的策略展望深度(如"我认为你认为我认为……")。

模型定义为:
① 精度参数 $\lambda \geq 0$,控制对效用差异的敏感性(0 是不敏感的);
② 深度参数 $k > 0$,控制理性的深度。

在 logit k – 级模型中,0 级智能体等可能性地选择动作。一级智能体假定对手采用 0 级策略并根据 logit 分布选择动作,即

$$P(a_i) \propto e^{\lambda U_i(a_i, s_{-i})} \tag{3.16}$$

式中,s_{-i} 表示假定的其他智能体的策略组合。k 级智能体假设其他智能体采用 $k-1$ 级策略,并根据式(3.16)选择他们自己的动作。参数 k 和 λ 可以通过使用前一章中讨论的技术通过数据学习获得。

为了说明 logit k – 级模型,将使用旅行者困境难题。在这个博弈中,一家航空公司失去两个旅客两个相同的手提箱。航空公司要求旅行者写下他们的行李箱的价值,可以为 2 ~ 100 美元。如果两个旅行者都写下相同的值,那么他们都得到那个相应的钱。出价较低的旅行者将得到他出价加 2 美元的金额。出价较高的旅行者将得到他出价减 2 美元的金额。换句话说,效用函数为

$$U_i(a_i, a_{-i}) = \begin{cases} a_i, & a_i = a_{-i} \\ a_i + 2, & a_i < a_{-i} \\ a_{-i} - 2, & \text{其他} \end{cases} \tag{3.17}$$

大多数人倾向于在 97 ~ 100 美元之间出价。然而,有点违反直觉的是,有一个独特的纳什均衡中,双方出价只有 2 美元。

图 3.6 所示为 logit k – 级模型中 λ 和 k 取不同值时的策略。0 级智能体等可能性选择动作;1 级智能体的出价集中于高价,精度参数控制着出价范围的宽度。随着 k 增加,$\lambda = 0.3$ 和 $\lambda = 0.5$ 的策略之间的差异变得不明显。人类行为用 logit 2 – 级模型来建模效果很好。可见,这种人类行为模型比纳什均衡更好。

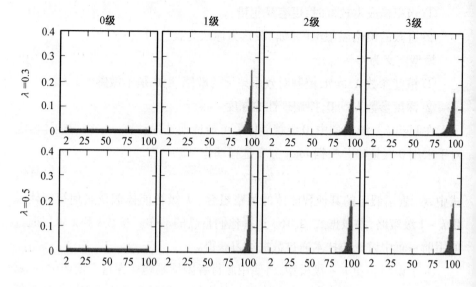

图 3.6 logit k - 级模型中 λ 和 k 取不同值时的策略

3.4 小　　结

① 理性的决策需要结合概率和效用理论。
② 效用函数来自于对理性偏好的约束。
③ 理性决策是使期望效用最大化的决策。
④ 可以基于人类推理的效用函数建立理性决策系统。
⑤ 人类并不总是理性的。
⑥ 决策网络能间接地表示决策问题。
⑦ 在涉及多个智能体的决策中,行为博弈理论是非常有用的。

3.5 扩展阅读

期望效用理论由伯努利在 1793 年[2] 提出。3.1.1 节中提出的理性决策的公理基于 Neumann 和 Morgenstern 的经典文章 *Theory of Games and Economic Behavior*[3]。Neumann 和 Morgenstern 证明的这些公理使得效用函数得以存在,并建立了最大期望效用原理的基础[3]。Schoemaker 提供了效用理论的发展概述[4],Fishburn深入研究了这个领域[5]。Russell和Norvig讨论了最大期望效用原理在人工智能领域中的重要性[6]。

Farquhar研究了多种效用启发方法[7]。Markowitz讨论了货币的效用[8]。Keeney和Raia在 *Decisions with Multiple Objectives:Preferences and Value Tradeoffs* 中概述了多属性效用理论[9],讨论了偏好结构的一些假设及其允许使用的某些效用函数的分解方式,包括在3.1.6节中讨论的加性分解。

3.1.7节中,非理性偏好的例子来自Kahneman和Tversky[1]。Kahneman和Tversky对预期效用理论进行了批判,并引入了一个称为前景理论的替代模型,该模型似乎更符合人类行为[10]。Kahneman和Tversky最近出版的几本书讨论了人类的非理性,包括 *Predictably Irrational:The Hidden Forces That Shape Our Decisions*[11] 和 *How We Decide*[12]。

Jensen和Nielsen的著作 *Bayesian Networks and Decision Graphs* 讨论了决策网络。Shachter的早期论文提供了用于评估决策网络的算法[14-15]。霍华德介绍了量化信息价值的概念[16],该概念已经应用于决策网络[17-18]。

博弈论是一个广阔的领域,有几本标准的入门书籍[19-21]。Koller和Milch将决策网络扩展到博弈论的背景下[22]。Daskalakis、Goldberg和Papadimitriou讨论了计算纳什均衡的复杂性[23]。Camerer概述了行为博弈论[24]。Wright和Leyton-Brown讨论了行为博弈论,并展示了如何从关于人类行为的实验数据中提取参数[25-26]。

参考文献

1. A. Tversky and D. Kahneman, "The Framing of Decisions and the Psychology of Choice," Science, vol. 211, no. 4481, pp. 453-458, 1981. doi:10.1126/science.7455683.

2. D. Bernoulli, "Exposition of a New Theory on the Measurement of Risk," Econometrica, vol. 22, no. 1, pp. 23-36, 1954. doi:10.2307/1909829.

3. J. V. Neumann and O. Morgenstern, Theory of Games and Economic Behavior, 3rd ed. Princeton, NJ: Princeton University Press, 1953.

4. P. J. H. Schoemaker, "The Expected Utility Model: Its Variants, Purposes, Evidenceand Limitations," Journal of Economic Literature, vol. 20,

no. 2, pp. 529-563, 1982.

5. P. C. Fishburn, "Utility Theory," Management Science, vol. 14, no. 5, pp. 335-378, 1968.

6. S. Russell and P. Norvig, Artificial Intelligence: A Modern Approach, 3rd ed. Upper Saddle River, NJ: Pearson, 2010.

7. P. H. Farquhar, "Utility Assessment Methods," Management Science, vol. 30, no. 11, pp. 1283-1300, 1984.

8. H. Markowitz, "The Utility of Wealth," Journal of Political Economy, vol. 60, no. 2, pp. 151-158, 1952.

9. R. L. Keeney and H. Raiffa, Decisions with Multiple Objectives: Preferences and Value Tradeoffs. New York: Cambridge University Press, 1993.

10. D. Kahneman and A. Tversky, "Prospect Theory: An Analysis of Decision Under Risk," Econometrica, vol. 47, no. 2, pp. 263-292, 1979. doi: 10.2307/1914185.

11. D. Ariely, Predictably Irrational: The Hidden Forces That Shape Our Decisions. New York: Harper, 2008.

12. J. Lehrer, How We Decide. New York: Houghton Mifflin, 2009.

13. F. V. Jensen and T. D. Nielsen, Bayesian Networks and Decision Graphs, 2nd ed. New York: Springer, 2007.

14. R. D. Shachter, "Evaluating Influence Diagrams," Operations Research, vol. 34, no. 6, pp. 871-882, 1986.

15. ——, "Probabilistic Inference and Influence Diagrams," Operations Research, vol. 36, no. 4, pp. 589-604, 1988.

16. R. A. Howard, "Information Value Theory," IEEE Transactions on Systems Science and Cybernetics, vol. 2, no. 1, pp. 22-26, 1966. doi: 10.1109/TSSC.1966.300074.

17. S. L. Dittmer and F. V. Jensen, "Myopic Value of Information in Influence Diagrams," in Conference on Uncertainty in Artificial Intelligence (UAI), 1997.

18. R. D. Shachter, "Efficient Value of Information Computation," in Conference on Uncertainty in Artificial Intelligence (UAI), 1999.

19. R. B. Myerson, Game Theory: Analysis of Conflict. Cambridge, MA: Harvard Uni-versity Press, 1997.

20. Y. Shoham and K. Leyton-Brown, Multiagent Systems: Algorithmic,

Game Theoretic, and Logical Foundations. New York: Cambridge University Press, 2009.

21. D. Fudenberg and J. Tirole, Game Theory. Cambridge, MA: MIT Press, 1991.

22. D. Koller and B. Milch, "Multi-Agent Influence Diagrams for Representing and Solving Games," Games and Economic Behavior, vol. 45, no. 1, pp. 181-221, 2003. doi:10.1016/S0899-8256(02)00544-4.

23. C. Daskalakis, P. W. Goldberg, and C. H. Papadimitriou, "The Complexity of Computing a Nash Equilibrium," Communications of the ACM, vol. 52, no. 2, pp. 89-97, 2009. doi:10.1145/1461928.1461951.

24. C. F. Camerer, Behavioral Game Theory: Experiments in Strategic Interaction. Prince-ton, NJ: Princeton University Press, 2003.

25. J. R. Wright and K. Leyton-Brown, "Behavioral Game Theoretic Models: A Bayesian Framework for Parameter Analysis," in International Conference on Au-tonomous Agents and Multiagent Systems (AAMAS), 2012.

26. J. R. Wright and K. Leyton-Brown, "Beyond Equilibrium: Predicting Human Behavior in Normal Form Games," in AAAI Conference on Artificial Intelligence(AAAI), 2010.

第 4 章 序贯问题

第 3 章讨论了如何进行单次决策,但是很多重要问题需要决策者做出一系列决策。序贯决策问题中最大期望奖励原理仍然适用,但需要综合考虑未来动作和观测序列来进行最佳决策。本章将讨论随机环境中的序贯决策问题。

4.1 构 想

本章将重点关注序贯决策问题的一般性公式,这些公式假定模型是已知的并且环境是完全可观测的。接下来的两章中将放宽这一假设。

4.1.1 马尔可夫的决策过程

在马尔可夫决策过程(MDP)中,智能体根据可观测状态 s_t 在时刻 t 选择动作 a_t,然后智能体获得奖励 r_t。根据智能体当前的状态和选择的动作,可以得出下一状态出现的概率。下一状态仅取决于当前状态和动作,而不取决于任何更早些时候的状态或动作,称为马尔可夫假设。

可以使用如图 4.1(a) 所示的决策网络来表示 MDP,其中应有从 $A_{0:t-1}$ 和 $S_{0:t}$ 到 A_t 的箭头(图中未示出)。效用函数被分解为奖励 $R_{0:t}$。

我们将专注于稳定 MDP,这里 $P(S_{t+1} | S_t, A_t)$ 和 $P(R_t | A_t, S_t)$ 不随时间变化。稳定 MDP 可以通过如图 4.1(b) 所示的动态决策图来简洁地表示。状态转移函数 $T(s' | s, a)$ 表示执行动作 a 后,从状态 s 转移到 s' 的概率。奖励函数 $R(s, a)$ 表示在状态 s 下执行动作 a 时所能收到的奖励。假设奖励函数是关于 s 和 a 的确定函数,但没必要一定如此。

飞机防撞的问题可以表示为 MDP。状态表示飞机与入侵飞机的相对位置与速度,动作则指飞机爬升、下降或者保持原状态等。与其他飞机碰撞时会收到较大的负奖励,爬升或下降会收到较小的负奖励。

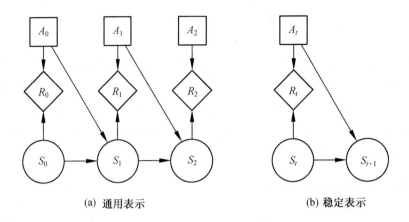

(a) 通用表示 (b) 稳定表示

图 4.1　马尔可夫决策过程的决策图

4.1.2　效用函数和奖励

MDP 中的奖励被视为加性分解效用函数的组成部分（3.1.6 节）。在长度为 n 的有限范围问题中，效用函数可以简单地写作一连串奖励 $r_{0:n-1}$ 的相加，即

$$\sum_{t=0}^{n-1} r_t \tag{4.1}$$

在无限范围问题中，因为决策的数量是无限的，所以奖励的总和无界。假设在一个步长内，策略 A 获得 1 份奖励，而策略 B 获得 100 份奖励。直觉上，智能体应该更喜欢策略 B，但是二者都会给出无限大的期望效用。

在无限决策问题中，可以通过几种方法来以单步奖励定义效用。一种方法是使用大小在 0～1 的折扣因子 γ，效用为

$$\sum_{t=0}^{\infty} \gamma^t r_t \tag{4.2}$$

只要 $0 \leqslant \gamma < 1$ 且奖励是有限值，那么效用就是有限的。折扣因子使得当前的奖励比将来的奖励更有价值，这一概念也出现在经济学中。

另一种在无限决策问题中定义效用的方法来自下式给出的平均奖励，即

$$\lim_{n \to \infty} \frac{1}{n} \sum_{t=0}^{n-1} r_t \tag{4.3}$$

本书着重优化无限范围内的折扣奖励。

4.2 动态规划

最佳策略可以通过使用称为动态规划的计算方法来得到。虽然将重点放在针对 MDP 的动态规划算法上,但动态规划是一种适用于其他问题的通用技术。例如,动态规划可以用于计算斐波那契序列,找到两个序列的最长公共子序列,并且可以用于在隐马尔可夫模型中找到最可能的状态序列。一般来说,比起直接计算最佳策略,用动态规划求解 MDP 更有效率。

4.2.1 策略和效用

在给定过去的状态和动作情况下,在 MDP 中使用策略选择动作。给定历史 $h_t = (s_{0:t}, a_{0:t-1})$ 后,时间 t 选择的动作写为 $\pi_t(h_t)$。因为未来的状态序列和奖励仅取决于当前状态和动作(正如图 4.1(a) 所示的条件独立假设),可以仅关注仅取决于当前状态的策略。

在无限范围 MDP 中,如果状态转换和奖励是确定不变的,那么进一步地可以将注意集中在固定策略上。将固定策略 π 在状态 s 下选择的动作写为 $\pi(s)$,而不写出时间下标。然而,在有限范围问题中,根据剩余多少时间来选择不同的动作可能是有效的。例如,当打篮球时,除非距离比赛结束只剩下几秒钟的时间,否则半场投篮不是个好策略。

从状态 s 执行策略 π 的期望效用表示为 $U^\pi(s)$。在 MDP 的语境中,U^π 通常称为价值函数。最优策略 π^* 是对于所有状态 s 都使期望效用最大化的策略,即

$$\pi^*(s) = \arg\max_\pi U^\pi(s) \tag{4.4}$$

根据模型的不同,可能有多个策略是最佳的。

4.2.2 策略评估

计算执行某策略能获得的期望效用的过程称为策略评估。可以使用动态规划来评估 t 个步骤下策略 π 的效用。如果根本不执行策略,则 $U_0^\pi(s) = 0$;如果只执行一步策略,则 $U_1^\pi = R(s, \pi(s))$,该期望奖励仅与第一步动作相关。

假设知道执行 $t-1$ 步后 π 的效用,计算执行 t 步后 π 的效用可以用下式计算,即

$$U_t^\pi(s) = R(s,\pi(s)) + \gamma \sum_{s'} T(s'|s,\pi(s)) U_{t-1}^\pi(s') \tag{4.5}$$

式中,γ 是折扣因子,如果不需要折扣,则可以将折扣因子设为 1。

算法 4.1 给出了如何迭代地计算出任意步范围(如 n 步)策略的期望效用。

算法 4.1　策略迭代评估

1: function 策略迭代评估(π, n)
2:　$U_0^\pi(s) \leftarrow$ 对所有状态 s
3:　for $t \leftarrow 1$ to n do
4:　　$U_t(s) \leftarrow R(s,\pi(s)) + \gamma \sum_{s'} T(s'|s,\pi(s)) U_{t-1}^\pi(s')$ 对所有状态 s
5:　end for
6:　return U_n
7: end function

对带有折扣奖励的无限范围 MDP 问题,即

$$U^\pi(s) = R(s,\pi(s)) + \gamma \sum_{s'} T(s'|s,\pi(s)) U^\pi(s') \tag{4.6}$$

可以对迭代策略估计进行足够多次迭代来计算出 U^π。一种替代方案是求解由 n 个线性方程组成的系统,其中 n 是状态数。可以用矩阵来表示方程组,即

$$U^\pi = R^\pi + \gamma T^\pi U^\pi \tag{4.7}$$

式中,U^π 和 R^π 是由 n 维向量表示的效用和奖励函数;$n \times n$ 维矩阵 T^π 为状态转换概率。由第 i 个状态转换到第 j 个状态的概率用 T_{ij}^π 表示。

由以下公式,可以很容易地求解出 U^π,即

$$U^\pi - \gamma T^\pi U^\pi = R^\pi \tag{4.8}$$

$$(I - \gamma T^\pi) U^\pi = R^\pi \tag{4.9}$$

$$U^\pi = (I - \gamma T^\pi)^{-1} R^\pi \tag{4.10}$$

以这种方式求解 U^π 需要时间复杂度为 $O(n^3)$。

4.2.3　策略迭代

想要计算出最优策略 π^*,可以将策略评估用在如算法 4.2 所述的名为策略迭代的通用过程中。策略迭代从任意策略 π_0 开始,并根据以下两个步骤迭代。

① 策略评估。给定当前策略 π_k，计算 U^{π_k}。

② 策略改进。使用 U^{π_k} 和第 5 行中的等式计算新策略。

当 U^{π_k} 没有提升时，算法终止。因为每一步都会带来改进，并且策略空间是有限的，所以算法最终会给出最优解。

算法 4.2　策略迭代

```
1: function 策略迭代(π₀)
2:     k ← 0
3:     repeat
4:         计算出 U^πk
5:         πi_{k+1}(s) = arg max_a (R(s,a) + γ Σ_{s'} T(s'|s,a) U^πk(s'))
6:         k ← k + 1
7:     until π_k = π_{k-1}
8:     return π_k
9: end function
```

策略迭代有许多变体，其中修正的策略迭代方法仅对策略进行少量迭代来近似估计 U^{π_k}，而不是精确地计算出效用函数。

4.2.4　价值迭代

策略迭代的替代方法是价值迭代（算法 4.3），因为它简单且易于实现，所以经常使用。首先，计算无折扣的、范围为 n 的最优价值函数 U_n。如果 $n=0$，那么对于所有 s，$U_0(s) = 0$。可以以这个值为基础递归地计算 U_n，即

$$U_n(s) = \max_a \left(R(s,a) + \sum_{s'} T(s'|s,a) U_{n-1}(s') \right) \tag{4.11}$$

可以证明，对于折扣为 γ 的无限范围问题，最优策略的价值满足贝尔曼方程，即

$$U^*(s) = \max_a \left(R(s,a) + \gamma \sum_{s'} T(s'|s,a) U^*(s') \right) \tag{4.12}$$

最佳价值函数 U^* 出现在方程的两侧。可以通过式（4.12）迭代地更新 U^* 的估计值来近似地得到 U^*。一旦知道 U^*，就可以通过下式提取一个最优策略，即

$$\pi(s) \leftarrow \arg \max_a \left(R(s,a) + \gamma \sum_{s'} T(s'|s,a) U^*(s') \right) \tag{4.13}$$

算法 4.3 价值迭代

1: function 价值迭代(π_0)
2:   $k \leftarrow 0$
3:   $U_0(s) \leftarrow 0$ 对所有状态 s
4:   repeat
5:     $U_{k+1}(s) = \max_a (R(s,a) + \gamma \sum_{s'} T(s'|s,a) U_k(s'))$ 对所有状态 s
6:     $k \leftarrow k + 1$
7:   until 收敛
8:   return U_k
9: end function

算法 4.3 中 U_0 被初始化为 0，但是可以证明，价值迭代对于任意有界初始值都收敛(即对于所有 s，$|U_0(s)| < \infty$)。为了加速收敛，通常将预测的最佳价值函数作为效用函数的初始值。

通常当 $\|U_k - U_{k-1}\| < \delta$ 时，算法 4.3 中的循环终止。在这种情况下，$\|\cdot\|$ 表示最大范数，其中 $\|U\| = \max_s |U(s)|$。$\|U_k - U_{k-1}\|$ 称为贝尔曼残差。

如果想要确保在所有状态下对价值函数的估计在 U^* 的 ε 范围内，那么应该选择 δ 为 $\varepsilon(1-\gamma)/\gamma$。当 γ 接近 1 时，终止门限变小，意味着收敛较慢。一般来说，未来奖励折扣得越少，迭代所需的次数越多。

如果知道 $\|U_k - U^*\| < \varepsilon$，那么可以约束从 U_k 提取的策略的策略损失。如果提取的策略是 π，则策略损失为 $\|U^\pi - U^*\|$。可以证明 $\|U_k - U^*\| < \varepsilon$，意味着策略损失小于 $2\varepsilon\gamma/(1-\gamma)$。

4.2.5 网格世界的例子

为了说明价值迭代，将使用 10×10 的网格世界问题举例。网格中的每个单元格表示 MDP 中的一个状态，可用的操作包括上、下、左、右，这些动作的效果是随机的。以 0.7 的概率在指定方向上移动一步，以 0.1 的概率在其他三个方向之一移动一步。如果碰到网格的外边界，就不再移动。

撞到网格的边界则收到代价 1，其中有四个单元格，在进入时会收到奖励：

① (8,9) 的奖励为 +10；
② (3,8) 的奖励为 +3；
③ (5,4) 的奖励为 -5；
④ (8,4) 的奖励为 -10。

用矩阵的方式来指定坐标，其中第一坐标值表示从顶部开始的第几行，并且第二坐标值表示从左边开始的第几列。+10 和 +3 的奖励单元为终止单元,到达该点之后就不会收到额外的奖励。

图 4.2(a) 所示为折扣因子为 0.9 的第一轮价值迭代的结果。在第一轮之后,价值函数为最大预期即时奖励,即 $\max_{a} R(s,a)$。灰色指针代表由式(4.13)所确定的各单元的最佳动作。对内部单元而言,所有动作都是最佳的。对于与边界相邻的单元,最佳动作是远离边界的方向。

图 4.2(b) 所示为第二轮迭代的结果。具有非零奖励的状态,其价值保持不变,但是价值被传递到了相邻单元。单元格的价值为经两个步长传递之后折扣奖励的期望。因此,离终止单元的距离超过一步的单元或与边界邻接的单元具有零值。距离终止单元一步内的单元已经更新了它们的最佳动作,以获得正奖励并远离负奖励。

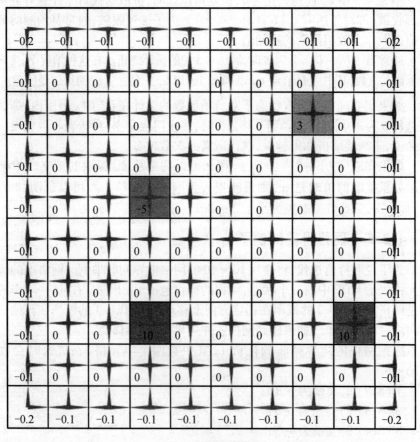

(a) 第 1 次搜索

图 4.2 $\gamma = 0.9$ 时的值迭代结果(第 1、2 次搜索)

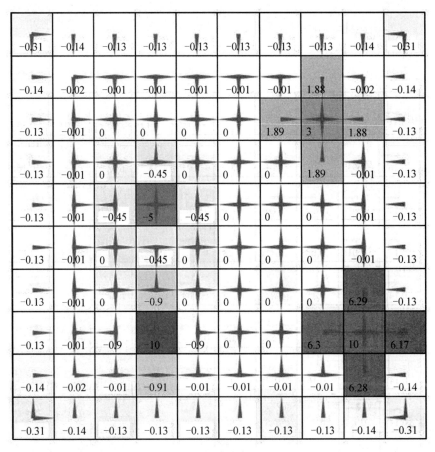

(b) 第2次搜索

续图 4.2

图 4.3(a) 和 4.3(b) 所示分别为三轮和四轮迭代后的价值函数和策略。与 +3 和 +10 单元相关的价值在网格上向四周传递。随着价值在整个网格中进一步传递,对于各个不同单元来说,最优动作的可选择方向越来越少。

图 4.4(a) 和 4.4(b) 所示为 $\gamma=0.9$ 和 $\gamma=0.5$ 时价值函数和策略的收敛值。当 $\gamma=0.9$ 时,网格左侧的单元格还会具有正值;当 $\gamma=0.5$ 时,折扣后的奖励变小得更快,+3 和 +10 奖励不会传播得太远。单元(4,8)的策略差异也可以看出更小的折扣奖励所能造成的差异。单元(4,8)在 0.5 的折扣下,最好的策略是直接前往 +3 单元格,而在折扣 0.9 时,最好的策略是前往 +10 单元格。

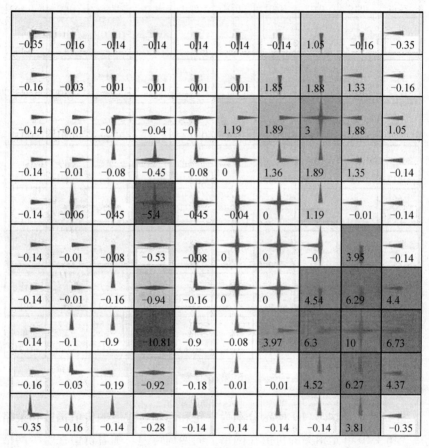

(a) 第3次搜索

图4.3 $\gamma = 0.9$ 时的值迭代结果(第3、4次搜索)

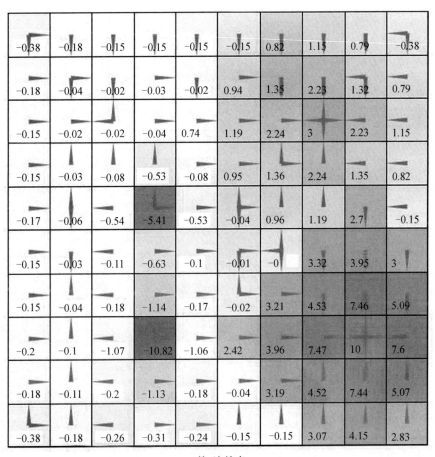

(b) 第4次搜索

续图 4.3

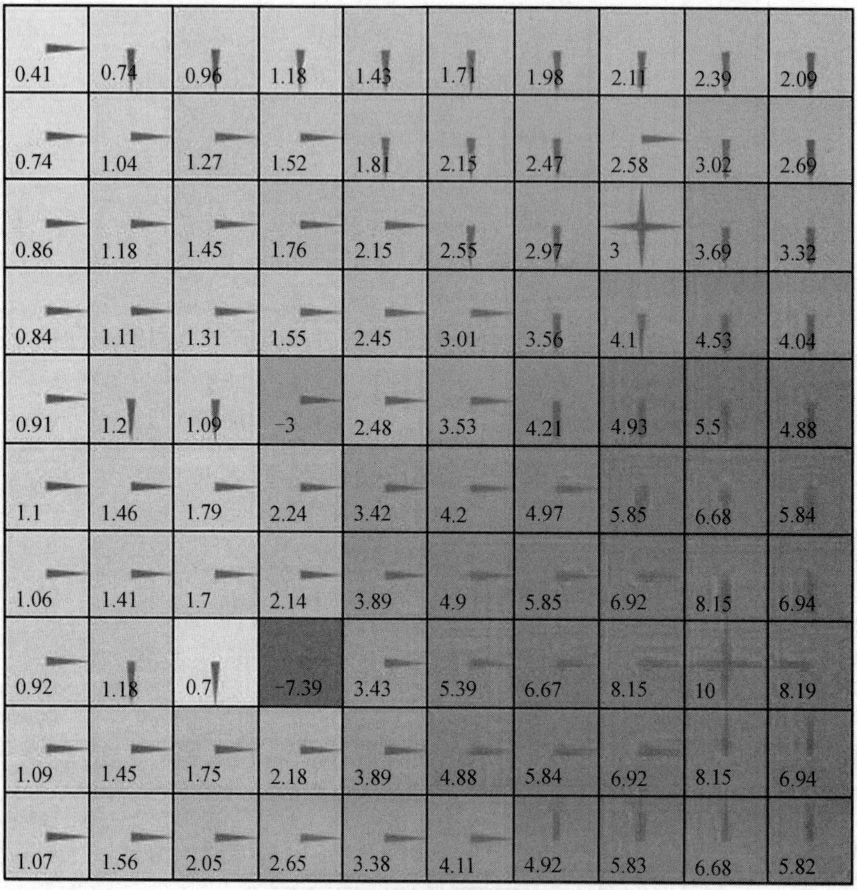

0.41	0.74	0.96	1.18	1.43	1.71	1.98	2.11	2.39	2.09
0.74	1.04	1.27	1.52	1.81	2.15	2.47	2.58	3.02	2.69
0.86	1.18	1.45	1.76	2.15	2.55	2.97	3	3.69	3.32
0.84	1.11	1.31	1.55	2.45	3.01	3.56	4.1	4.53	4.04
0.91	1.2	1.09	−3	2.48	3.53	4.21	4.93	5.5	4.88
1.1	1.46	1.79	2.24	3.42	4.2	4.97	5.85	6.68	5.84
1.06	1.41	1.7	2.14	3.89	4.9	5.85	6.92	8.15	6.94
0.92	1.18	0.7	−7.39	3.43	5.39	6.67	8.15	10	8.19
1.09	1.45	1.75	2.18	3.89	4.88	5.84	6.92	8.15	6.94
1.07	1.56	2.05	2.65	3.38	4.11	4.92	5.83	6.68	5.82

(a) $\gamma=0.9$

图 4.4　收敛时的值迭代

-0.28	-0.13	-0.12	-0.11	-0.09	-0.04	0.08	0.31	0.07	-0.19
-0.13	-0.01	0	0.02	0.07	0.18	0.46	1.11	0.45	0.07
-0.12	-0	0.01	0.04	0.15	0.42	1.12	3	1.11	0.31
-0.12	-0.01	-0.02	-0.24	0.05	0.19	0.47	1.12	0.48	0.09
-0.13	-0.02	-0.27	-5.12	-0.23	0.08	0.2	0.46	0.54	0.13
-0.12	-0.01	-0.04	-0.28	0.02	0.11	0.28	0.65	1.39	0.53
-0.12	-0.02	-0.06	-0.51	0.05	0.26	0.64	1.55	3.72	1.49
-0.13	-0.04	-0.53	-10.19	-0.33	0.5	1.39	3.72	10	3.74
-0.14	-0.03	-0.07	-0.51	0.04	0.25	0.63	1.55	3.72	1.49
-0.28	-0.14	-0.15	-0.18	-0.1	-0.01	0.16	0.54	1.32	0.43

(b) $\gamma=0.5$

续图 4.4

4.2.6 异步价值迭代

基于每次迭代中所有状态的 U_k，4.2.4 节中的价值迭代算法可以计算出 U_{k+1}。在异步价值迭代中，每次迭代只更新状态的一部分。可以证明，只要价值函数对每个状态的更新都接近无限次，该价值函数就保证收敛到最优价值函数。

高斯－塞德尔价值迭代是异步价值迭代的一种类型，它按状态的某种顺序进行搜索，并用以下公式进行更新，即

$$U_n(s) \leftarrow \max_a \left(R(s,a) + \gamma \sum_{s'} T(s' \mid s,a) U(s') \right) \tag{4.14}$$

因为在高斯－塞德尔值迭代中价值是在特定时刻更新的，所以只需要在内存中保留状态的价值的一个副本，而不是两个。此外，取决于所选择的顺序，高斯－塞德尔可以比标准价值迭代更快地收敛。

4.2.7 闭合和开环规划

使用模型在序贯问题中选择动作的过程称为规划。一般有如下两种规划方法。

① 闭环规划将未来的状态信息考虑在内。本章讨论的动态规划算法就属于这一类。它们需要制定一个反应规划（或策略），可以随着时间的推移对动作的不同结果做出反应。

② 开环计划不需要考虑未来的状态信息。许多路径规划算法都属于此类，它们会建立一系列静态的动作序列。

闭环规划的优点可以用图 4.5 所示开环规划的次优性实例来说明。其中共有 9 个状态，从状态 s_0 开始。有两个决策步骤，必须决定上升（黑色箭头）还是下降（灰色箭头）。动作的效果是确定的，但是如果从 s_0 上升，则有一半的可能在状态 s_1，有一半的可能在状态 s_2。在状态 s_4 和 s_6 会获得 30 的奖励，在状态 7 和 8 则会获得奖励 20。

这里正好有四个开环规划：（上，上）、（上，下）、（下，上）和（下，下）。在这个简单的例子中，计算出它们的期望效用是很容易的：

① $U(上,上) = 0.5 \times 30 + 0.5 \times 0 = 15$；
② $U(上,下) = 0.5 \times 0 + 0.5 \times 30 = 15$；
③ $U(下,上) = 20$；
④ $U(下,下) = 20$。

根据这套开环规划，最好选择从 s_0 下降，因为期望奖励越多越好。

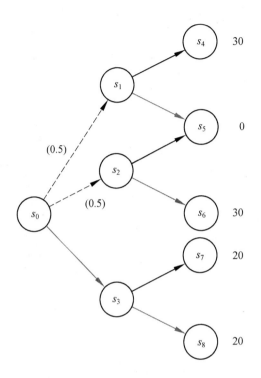

图 4.5　开环规划的次优性实例

相反,对闭环规划,可以根据第一个动作的结果来作出下一个决定。如果选择从 s_0 上升,那么之后选择下降还是上升,取决于处在 s_1 还是 s_2 状态,从而保证有可能获得 30 的奖励。

在动作影响不确定的序贯问题中,闭环规划可以提供比开环规划更显著的益处。然而,在某些领域,状态空间的大小可能使闭环规划方法变得不可行,如价值迭代。虽然在原理上开环规划算法不是最佳的,但仍可以提供令人满意的效果。这里有许多开环规划算法,但是本书将在不牺牲对未来信息利用能力的情况下重点讨论大规模问题的闭环方法和途径。

4.3　结构化表示

本章前面描述的动态规划算法假设状态空间是离散的。如果状态空间由 n 个二进制变量确定,那么离散状态有 2^n 个。离散状态的指数增长限制了算法解决问题的能力,如价值迭代和策略迭代仅能应用于状态有限的问题。本节将讨论如何利用其结构来解决高维问题。

4.3.1 可分解马尔可夫决策过程

可分解马尔可夫决策过程使用动态决策网络简洁地表示转换和奖励函数。动作、奖励和状态各自可以被分解成多个节点。图4.6所示为具有两个决策变量(A 和 F)、三个状态变量(B、D 和 G)和两个奖励变量(C 和 E)的可分解 MDP 问题的例子。

可以使用决策树来简洁地表示条件概率分布和奖励函数。例如,图4.7(a)中以表格形式示出的条件概率分布 $P(G_{t+1} | D_t, F_t, G_t)$ 可以使用图4.7(b)中的决策树来表示。

比起决策树,使用决策图可以获得额外的效率。在决策树中,所有节点(除根之外)都只有一个父节点,但是决策图中的

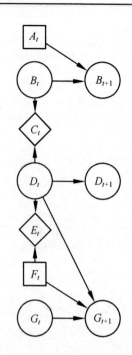

图4.6 可分解 MDP 问题的例子

节点可以有多个父节点。图4.8 所示为决策树和与其等效的决策图,当结果为假时,表示为从节点开始的虚线。决策图不像决策树那样需要四个叶节点,而只需要两个叶节点。

D_t	F_t	G_t	$P(g_{t+1}^1 | D_t, F_t, G_t)$
1	1	1	1.0
1	1	0	1.0
1	0	1	1.0
1	0	0	1.0
0	1	1	0.8
0	1	0	0.0
0	0	1	0.0
0	0	0	0.0

(a) 表格形式

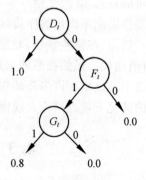

(b) 决策树形式

图4.7 条件分布作为决策树

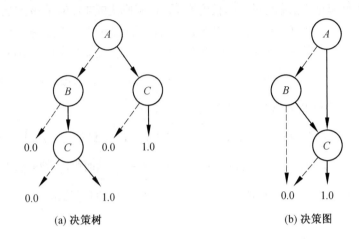

图 4.8 决策树和与其等效的决策图

4.3.2 结构化动态规划

有几种动态规划算法可用于找出分解 MDP 的策略,如结构化价值迭代和结构化策略迭代的算法,这些算法仅在决策树的叶节点上执行更新,而不是对所有状态进行更新。为提高效率,这些算法使用聚集状态法以及加性分解价值和奖励函数的方法。最终的策略表示为一个决策树,其中内部根节点为对应状态变量的样本值,叶节点代表动作。

4.4 线性表示

到目前为止,本章介绍的方法都要求问题是离散的。当然,可以把一个原本连续的问题离散化,但是如果状态或动作空间很大,这个方法就不可行了。对于满足某些标准的连续状态和动作空间问题,本节介绍一种精确地找出最佳策略的方法。该方法可以解决如下条件的问题。

(1) 动态变化是线性高斯的。状态转换函数具有以下形式,即

$$T(z|s,a) = \mathcal{N}(z|T_s s + T_a a, \Sigma) \tag{4.15}$$

式中,T_s 和 T_a 是基于 s 和 a 来确定下一状态 z 的均值的矩阵;Σ 是用于控制动态变化中噪声的协方差矩阵。

(2) 奖励是二次的。奖励函数具有以下形式,即

$$R(s,a) = s^T R_s s + a^T R_a a \tag{4.16}$$

式中,$R_s = R_s^T \leqslant 0; R_a = R_a^T < 0$。

为简单起见,假设该问题的长度有限,且奖励无折扣,但是该方法也可以推广到平均奖励和有折扣的无限范围问题。通过将求和换为积分,并且将 $T(s'|s,a)$ 用概率密度来表示,可以将式(4.11)泛化到连续状态空间,即

$$U_n(s) = \max_a \left(R(s,a) + \int T(z|s,a) U_{n-1}(z) dz \right) \quad (4.17)$$

根据对 T 和 R 的假设,可以重写式(4.17)为

$$U_n(s) = \max_a \left(s^T R_s s + a^T R_a a + \int \mathcal{N}(z|T_s s + T_a a, \Sigma) U_{n-1}(z) dz \right) \quad (4.18)$$

通过归纳法可以证明,$U_n(s)$ 可以写成 $s^T V_n s + q_n$,从而可以重写式(4.18)为

$$U_n(s) = \max_a \left(s^T R_s s + a^T R_a a + \int \mathcal{N}(z|T_s s + T_a a, \Sigma)(z^T V_{n-1} z + q_{n-1}) dz \right)$$

$$(4.19)$$

通过简化,得到

$$U_n(s) = q_{n-1} + s^T R_s s + \max_a \left(a^T R_a a + \int \mathcal{N}(z|T_s s + T_a a, \Sigma) z^T V_{n-1} z dz \right)$$

$$(4.20)$$

上面方程中的积分值为

$$\text{Tr}(\Sigma V_{n-1}) + (T_s s + T_a a)^T V_{n-1}(T_s s + T_a a) \quad (4.21)$$

式中,Tr 代表矩阵的迹,它表示矩阵主对角线的元素的和。现在有

$$U_n(s) = q_{n-1} + s^T R_s s + \text{Tr}(\Sigma V_{n-1}) + \max_a (a^T R_a a + (T_s s + T_a a)^T V_{n-1}(T_s s + T_a a))$$

$$(4.22)$$

为了最大化式(4.22)的后一项,可以通过计算 a 的导数并将其设为 0 来求出此时的 a 值,即

$$2a^T R_a + 2(T_s s + T_a a)^T V_{n-1} T_a \quad (4.23)$$

$$a = -(T_a^T V_{n-1} T_a + R_a)^{-1} T_a^T V_{n-1} T_s s \quad (4.24)$$

将式(4.24)代入式(4.22)并简化,得到 $U_n(s) = s^T V_n s + q_n$,并且有

$$V_n = T_s^T V_{n-1} T_s - T_s^T V_{n-1} T_a (T_a^T T_a + R_a)^{-1} T_s^T V_{n-1} T_s + R_s \quad (4.25)$$

$$q_n = q_{n-1} + \text{Tr}(\Sigma V_{n-1}) \quad (4.26)$$

为了计算对任意 n 步的 V_n 和 q_n,首先设 $V_0 = 0$ 和 $q_0 = 0$,并使用上述方程进行迭代。一旦知道 V_{n-1} 和 q_{n-1},就可以得到 n 步的最优策略,即

$$\pi_n(s) = -(T_a^T V_{n-1} T_a + R_a)^{-1} T_a^T V_{n-1} T_s \quad (4.27)$$

有趣的是,虽然最优奖励受噪声影响,但是 $\pi_n(s)$ 与噪声协方差 Σ 无关。一个线性、在变化中没有噪声且其代价为二次形式的系统在控制论中称为线性二次型调节器,并且学术界对此已经有了深入的研究。

4.5 近似动态规划

近似动态规划用于为大空间或连续空间问题寻找近似最优策略。近似动态规划是与强化学习共享研究思想的一个活跃的研究领域。强化学习中,在模型未知的情况下,尽可能快地获得尽可能多的奖励。许多强化学习的算法(下一章节讨论)可以直接应用于近似动态规划。本节关注几个局部和全局近似策略,以便有效地寻找已知模型的价值函数和策略。

4.5.1 局部近似

局部近似基于彼此接近的状态具有相同价值这一假设。如果知道一组状态 $s_{1:n}$ 的价值,那么可以使用下式来获得任意状态的近似价值,即

$$U(s) = \sum_{i=1}^{n} \lambda_i \beta_i(s) = \lambda^T \beta(s) \qquad (4.28)$$

式中,$\beta_{1:n}$ 是权重函数,使得 $\sum_{i=1}^{n} \beta_i(s) = 1$;$\lambda_i$ 是 s_i 状态的价值。一般来说,$\beta_i(s)$ 应当给与 s_i 相近的状态分配更大的权重。权重函数通常称为核函数。

算法4.4给出了如何通过迭代更新 λ 来计算最优价值函数的近似值的方法,循环会持续到收敛为止。一旦已知近似价值函数,就可以以如下方式提取近似最优策略,即

$$\pi(s) \leftarrow \arg\max_a \left(R(s,a) + \gamma \sum_{s'} T(s'|s,a) \lambda^T \beta(s') \right) \qquad (4.29)$$

算法4.4 局部近似价值迭代

1: function 局部近似价值迭代
2:    $\lambda \leftarrow 0$
3:    loop
4:       for $i \leftarrow 1$ to n do
5:          $u_i \leftarrow \max_a [R(s_i,a) + \gamma \sum_{s'} T(s'|s_i,a) \lambda^T \beta(s')]$
6:       end for
7:       $\lambda \leftarrow u$
8:    end loop
9:    return λ
10: end function

一种简单的局部近似的方法称为最近邻方法,它将所有权重分配到最接近的离散状态,从而得到一个分段常值函数。可以使用 k 近邻法来实现更平滑的近似,将权重 $1/k$ 分配给离 s 最近的 k 个离散状态中的每一个。

如果定义了一个近邻函数 $N(s)$,它从 $s_{1,n}$ 返回一组状态,那么可以使用线性插值方法。如果状态空间是一维的并且 $N(s) = \{s_1, s_2\}$,那么内插值为

$$U(s) = \lambda_1 \underbrace{\left(1 - \frac{s - s_1}{s_2 - s_1}\right)}_{\beta_1(s)} + \lambda_2 \underbrace{\left(1 - \frac{s_2 - s}{s_2 - s_1}\right)}_{\beta_2(s)} \qquad (4.30)$$

式(4.30)可以推广到 d 维状态空间,在二维情况下称为双线性插值,在任意维数情况下称为多线性插值。

如果状态空间已经使用多维网格离散化并且网格顶点对应于离散状态,则 $N(s)$ 可以定义为包围 s 的矩形单元的顶点集合。在 d 维中,可以有多达 2^d 个近邻。

图 4.9 所示为二维状态空间网格离散化的例子。为了确定状态 s 的内插值(在图中显示为黑色圆圈),先看 $N(s) = \{s_{12}, s_{13}, s_{17}, s_{18}\}$ 中的离散状态(如图中白色圆圈所示)。使用图中与离散状态相邻的价值和权重,可以计算 s 的值为

$$\begin{aligned} U(s) &= \lambda_{12}\beta_{12}(s) + \lambda_{13}\beta_{13}(s) + \lambda_{17}\beta_{17}(s) + \lambda_{18}\beta_{18}(s) \\ &= 3.9 \times 0.64 + 0.5 \times 0.16 + 1.8 \times 0.16 + 2.2 \times 0.04 \\ &= 2.952 \end{aligned} \qquad (4.31)$$

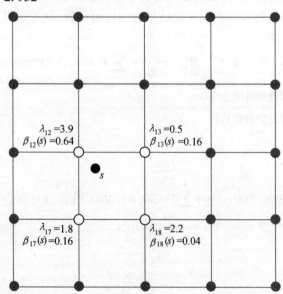

图 4.9 二维状态空间网格离散化的例子

当问题的维度较高时,可能无法在包围矩形单元的 2^d 个顶点上进行内插。另一种方法是使用单形插值法。在单形插值法中,矩形单元被分解为 $d!$ 个多维三角形,称为单形。我们不是使用矩形单元进行插值,而是使用顶点多达 $d+1$ 的单形进行插值。因此,内插的单形的数量不随状态空间的维数线性增加,而是呈指数增加。然而,在网格分辨率相同时,矩形插值估计的质量更高,可以提供更好的策略。图 4.10 所示为一个二维矩形内插和单形内插的例子。

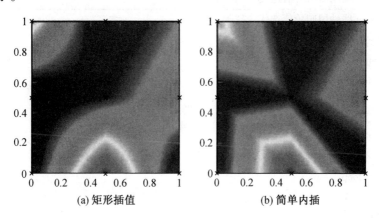

(a) 矩形插值　　　　　(b) 简单内插

图 4.10　一个二维矩形内插和单形内插的例子(见彩图)

4.5.2　全局近似

全局近似使用一组固定的参数 $\lambda_{1:m}$ 在整个状态空间 $\mathcal{S}$ 内对价值函数进行近似。线性回归是全局近似最常用的方法之一。定义一组基函数 $\beta_{1:m}$,其中 $\beta_i:\mathcal{S}\to\mathbf{R}$,有时这些基函数称为特征。对 $U(s)$ 的近似可由参数和基函数的线性组合来表示,即

$$U(s) = \sum_{i=1}^{n}\lambda_i\beta_i(s) = \lambda^\mathrm{T}\beta(s) \tag{4.32}$$

上面的近似值具有与式(4.28)相同的形式,但是解释是不同的。参数 $\lambda_{1:m}$ 不对应于离散状态的价值,基函数 $\beta_{1:m}$ 也不一定与距离度量相关,但它们的和应为 1。

算法 4.5 给出了如何将线性回归算法结合到价值迭代中。该算法与算法 4.4 几乎相同,除了第 7 行。调用 $\lambda_{1:m}\leftarrow$ 回归函数 $(\beta,s_{1:n},u_{1:n})$,而不是像局部近似那样简单地分配 $\lambda\leftarrow\mu$。回归算法使用基函数 β 计算出 λ,进而求出目

标点 $s_{1:n}$ 处目标价值 $u_{1:n}$ 最佳近似值。最小化平方误差和是一个常见的回归目标，即

$$\sum_{i=1}^{n}(\lambda^T\beta(s_i)-u_i)^2 \quad (4.33)$$

线性最小二乘回归可以通过简单矩阵运算来计算出能使平方误差和最小的 λ，还有包括各种各样的经过深入研究的线性和非线性的回归方法。

算法 4.5　线性回归价值迭代

1: function 线性回归价值迭代
2:　$\lambda \leftarrow 0$
3:　loop
4:　　for $i \leftarrow 1$ to n do
5:　　　$u_i \leftarrow \max_{a}[R(s_i,a)+\gamma\sum_{s'}(s'|s_i,a)\lambda^T\beta(s')]$
6:　　end for
7:　　$\lambda_{1:m} \leftarrow$ 回归函数$(\beta,s_{1:n},u_{1:n})$
8:　end loop
9:　return λ
10: end function

图 4.11 所示为价值函数的近似，通过使用不同的基函数来比较线性插值和线性回归。为了简单起见，该图假设状态空间为一维，并且状态 1:10 均匀分布。通过动态规划获得的目标值 $u_{1:10}$ 绘制在图中。

图 4.11(a) 给出线性插值结果，其产生一个近似价值函数，它处在状态 $s_{1:10}$ 与 $u_{1:10}$ 匹配。当然，该线性插值需要 10 个参数。

图 4.11(b) 给出了具有基函数 $\beta_1(s)=1$ 和 $\beta_2(s)=s$ 的线性最小二乘回归的结果。在这种情况下，$\lambda_1=4.53,\lambda_2=0.07$，这意味着 $U(s)$ 近似为 $4.53+0.07s$。虽然这个 λ 使得目标值对于给定的两个基函数的平方误差和最小，但是该图显示出得到的近似值函数不是特别准确。

图 4.11(c) 显示添加额外的基函数 $\beta_3(s)=s^2$ 的结果。近似价值函数在状态空间上是二次的，添加这个额外的基函数并改变 λ_1 和 λ_2 值。与线性情况相比，二次函数在 $s_{1:n}$ 下的平方误差和小得多。

图 4.11(d) 添加了一个额外的立方基函数 $\beta_4(s)=s^3$，进一步改善了近似效果。这个例子中的所有基函数都是多项式，但是可以容易地添加其他基函

数,如 $\sin(s)$ 和 e^s。在已知状态的情况下,添加其他基函数通常可以提高匹配目标价值函数的能力,但是过多的基函数可能会导致价值函数对其他未给出状态的近似效果较差。遵循一定原则可为回归问题选择一组合适的基函数。

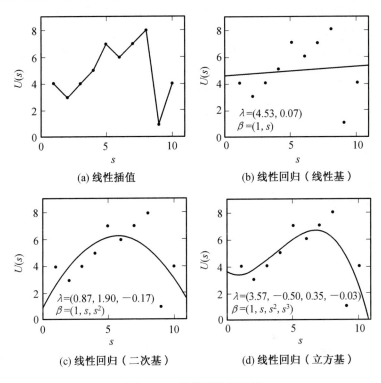

图 4.11　价值函数的近似

4.6　在线方法

　　本章介绍的所有方法都涉及离线地使用整个状态空间来计算策略,即在环境中执行前就制定好策略。虽然通过分解表达和价值函数近似可以将动态规划扩展到维度更高的状态空间,但是在整个状态空间上计算和表示策略依然是棘手的。本节讨论在线方法,这种方法只对当前状态可达到的状态的价值进行计算。因为可达到的状态空间可以比整个状态空间小几个数量级,所以用在线方法选择最优(或者近似最优)动作时可以显著减少算法所需的存储空间和计算量。

4.6.1 前向搜索

前向搜索(算法4.6)是一个简单的在线动作选择方法,该算法从一定初始状态s_0向前搜索到某个范围(或深度)d。前向搜索函数Select Action(s,d)返回最优动作a^*及其值v^*。伪代码使用$A(s)$表示状态s时的备选动作,其可能是全动作空间A的子集。在执行动作a之后,可以直接从s转移到的状态的集合,表示为$S(s,a)$,其可能是全状态空间S的一个小子集。

算法4.6 前向搜索

1: function 选择动作(s,d)
2:   if $d = 0$ then
3:     return (NIL, 0)
4:   end if
5:   $(a^*, v^*) \leftarrow (\text{NIL}, -\infty)$
6:   for $a \in A(s)$ do
7:     $v \leftarrow R(s,a)$
8:     for $s' \in S(s,a)$ do
9:       $(a', v') \leftarrow$ 选择动作$(s', d-1)$
10:      $v \leftarrow v + \gamma T(s'|s,a) v'$
11:    end for
12:    if $v > v^*$ then
13:      $(a^*, v^*) \leftarrow (a, v)$
14:    end if
15: end for
16: return (a^*, v^*)
17: end function

算法4.6迭代所有可能的动作和动作所对应的下一个状态,并递归地调用自身直到达到期望的深度。调用树具有深度d,最坏情况下产生的分支数量为$|S| \times |A|$,并遵循深度优先策略。计算复杂度是$O((|S| \times |A|)^d)$。

4.6.2 分支定界搜索

分支定界搜索(算法4.7)是前向搜索的扩展,它使用价值函数的上下界来对搜索树进行部分修剪。该算法假定先验知识可用,容易得到价值函数的下界$\underline{U}(s)$和动作价值函数的上界$\overline{U}(s,a)$。除第3行中使用的下界和第7行中使用的剪枝外,剩余伪代码与算法4.6相同。对Select Action(s,d)的调用会返回要执行的动作和价值函数的下界。

算法4.7　分支定界搜索

```
1: function 选择动作(s,d)
2:   if d = 0 then
3:     return (NIL, U(s))
4:   end if
5:   (a*, v*) ← (NIL, -∞)
6:   for a ∈ A(s) do
7:     if U̅(s,a) < v* then
8:       return (a*, v*)
9:     end if
10:    v ← R(s,a)
11:    for s' ∈ S(s,a) do
12:      (a', v') ← 选择动作(s', d-1)
13:      v ← v + γT(s'|s,a)v'
14:    end for
15:    if v > v* then
16:      (a*, v*) ← (a, v)
17:    end if
18:  end for
19:  return (a*, v*)
20: end function
```

在第6行中进行的迭代操作的顺序很重要。为了剪枝,动作必须按照价值的上界值进行降序排列。换句话说,如果要在动作 a_j 之前求动作 a_i 的价值,则 $U(s,a_i) \geq U(s,a_j)$。上下限越接近,对搜索空间的修改的幅度就越大,从而更多地减少计算时间。然而,在最坏的情况下,计算复杂度仍与前向搜索相同。

4.6.3　稀疏采样

采样方法可以用来避免前向和分支定界搜索在最坏情况下产生的指数复杂度。虽然这些方法不能保证会产生最优的动作,但是大多数情况下它们可以产生近似最优动作,并且在实践中运行良好。稀疏采样是其中最简单的方法之一(算法4.8)。

算法4.8 稀疏采样

```
1: function 选择动作(s,d)
2:    if d = 0 then
3:        return (NIL,0)
4:    end if
5:    (a*,v*) ← (NIL, -∞)
6:    for a ∈ A(s) do
7:        v ← 0
8:        for i ← 1 to n do
9:            (s',r) ~ G(s,a)
10:           (a',v') ← 选择动作(s',d-1)
11:           v ← v + (r + γv')/n
12:       end for
13:       if v > v* then
14:           (a*,v*) ← (a,v)
15:       end if
16:   end for
17:   return (a*,v*)
18: end function
```

稀疏采样使用生成模型 G 来产生下一状态的样本 s' 和奖励 r。使用生成模型的一个优点是,比起明确的概率表示,从复杂的多维分布中抽取随机样本的代码更容易实现。正如算法第9行所描述的 $(s',r) \sim G(s,a)$,所有关于状态转移和奖励的信息都由 G 表示,不直接使用状态转移概率 $T(s'|s,a)$ 和预期奖励函数 $R(s,a)$。

除了迭代 n 个样本而不是 $S(s,a)$ 中的所有状态外,稀疏采样与前向搜索相似。每次迭代产生 $r + γv'$ 的一个样本,其中 r 来自生成模型, v' 来自对 Select Action$(s',d-1)$ 的递归调用。这些 $r + γv'$ 的样本被平均以估计 $Q(s,a)$ 的值。运行时间复杂度 $O((n \times |A|)^d)$ 仍然呈指数增长,但是与状态空间的大小无关。

4.6.4 蒙特卡罗树搜索

蒙特卡罗树搜索是近年来最成功的基于采样的在线方法之一。算法4.9是采用蒙特卡罗树搜索的树置信上限区间算法(UCT)。与稀疏采样相反,蒙特卡罗树搜索的复杂性不呈指数增长。在稀疏采样中,使用生成模型。

算法4.9　蒙特卡罗树搜索

```
 1: function 选择动作(s,d)
 2:   loop
 3:     仿真(s,d,π₀)
 4:   return arg max Q(s,a)
           a
 5:   end loop
 6: end function
 7: function 仿真(s,d,π₀)
 8:   if d = 0 then
 9:     return 0
10:   end if
11:   if s ∉ T then
12:     for a ∈ A(s) do
13:       N(s,a),Q(s,a) ← (N₀(s,a),Q₀(s,a))
14:     end for
15:     T = T ∪ {s}
16:     return 推出(s,d,π₀)
17:   end if
18:   a ← arg max Q(s,a) + c√(log N(s)/N(s,a))
             a
19:   (s',r) ~ G(s,a)
20:   q ← r + γ 仿真(s',d-1,π₀)
21:   N(s,a) ← N(s,a) + 1
22:   Q(s,a) ← Q(s,a) + (q - Q(s,a))/N(s,a)
23:   return q
24: end function
```

为了更新对状态 - 动作价值函数 $Q(s,a)$ 的估计,该算法需要从当前状态运行多次仿真。每次仿真都包含以下三个阶段。

① 搜索。如果当前仿真的状态在状态集 T(初始为空) 中,则进入搜索阶段;否则,进入扩展阶段。在搜索阶段,为搜索中曾经访问和尝试过的状态和动作更新 $Q(s,a)$ 的值,记录从状态 $N(s,a)$ 中采取动作的次数。在搜索期间,执行使下式最大化的动作,即

$$Q(s,a) + c\sqrt{\frac{\ln N(s)}{N(s,a)}} \qquad (4.34)$$

式中,$N(s) = a\, N(s,a)$;c 是控制搜索中的探索次数的参数(探索将在第5章深

入讨论)。第二项是搜索奖励,鼓励选择那些没有经常尝试的动作。

② 扩展。一旦到达不在集合 T 中的状态,就要遍历这个状态下所有可用的行为,并分别用 $N_0(s,a)$ 和 $Q_0(s,a)$ 初始化 $N(s,a)$ 和 $Q(s,a)$。函数 N_0 和 Q_0 可以基于已有的专业知识,如果没有可用的初始值,那么它们可以都初始化为 0,然后将当前状态添加到集合 T 中。

③ 首次发布(Rollout)。在扩展阶段之后,只需根据一些首次发布(或默认)策略 π_0 来选择动作,直到达到所需的深度为止(算法 4.10)。通常,首次发布的策略是随机的,因此执行的动作也是由策略抽样得到 $a \sim \pi_0(s)$。首次发布策略不一定要接近最优,但是这是专家让搜索的方向更好的一种方式。期望价值返回后要用在搜索中更新 $Q(s,a)$ 的值。

算法 4.10　走子评估

1: function 走子(s, d, π_0)
2:　if $d = 0$ then
3:　　return 0
4:　end if
5:　$a \sim \pi_0(s)$
6:　$(s', r) \sim G(s, a)$
7:　return $r + \gamma$ 走子$(s', d - 1, \pi_0)$
8: end function

满足某些停止标准时仿真就会停止,通常进行固定次数的迭代后就会停止。然后,执行使 $Q(s,a)$ 最大化的动作。一旦该动作执行完成,就可以重新运行蒙特卡罗树搜索以选择下一个动作。继续使用在先前步骤中计算得到的 $N(s,a)$ 和 $Q(s,a)$ 的值是很常见的。

4.7　直接策略搜索

前面的章节提出了计算或估计价值函数的方法,还有另一种方法是直接搜索策略空间。虽然状态空间的维数可能很高,价值函数很难逼近,但是备选策略的空间的维数可能相对较低,可以更容易地对策略进行直接搜索。

4.7.1　目标函数

假设有一个参数为 λ 的策略。在给定状态 s 下,策略选择动作 a 的概率写为 $\pi_\lambda(a \mid s)$。对于给定初始状态 s,可以估计

$$U^{\pi_\lambda}(s) \approx \frac{1}{n}\sum_{i=1}^{n} u_i \qquad (4.35)$$

式中,u_i 是策略 π_λ 第 i 次执行到一定深度所能得到的价值。

直接策略搜索的目的是找到使下式最大化的参数 λ,即

$$V(\lambda) = \sum_s b(s) U^{\pi_\lambda}(s) \qquad (4.36)$$

式中,$b(s)$ 是初始状态的分布。

可以使用蒙特卡罗仿真和生成模型 G 估计 $V(\lambda)$ 到深度 d,如算法 4.11 所述。

算法 4.11　蒙特卡罗策略评估

1：function 蒙特卡罗策略评估(γ, d)
2：　for $i \leftarrow 1$ to n do
3：　　$s \sim b$
4：　　$u_i \leftarrow$ 走子(s, d, π_γ)
5：　end for
6：　return $(1/n)\sum_{i=1}^{n} u_i$
7：end function

算法 4.11 估计得到的函数 $V(\lambda)$ 是随机函数。给定相同的输入 λ,它可能得到不同的输出。随着样本数量(由 n 和 m 决定)的增加,函数输出值的方差减小。为了找到使 $V(\lambda)$ 最大化的策略的参数,存在许多不同的方法,接着将讨论其中的几个。

4.7.2　局部搜索方法

常见的随机优化方法是局部搜索,也称为爬山法或梯度上升。局部搜索从搜索空间中的单个点开始,然后在搜索空间中进行从邻点到邻点递增式移动,直到收敛。搜索操作假定搜索空间中某点处的随机函数的值表示该点与全局最优值的接近程度。因此,局部搜索通常选择值最大的邻点。

一些局部搜索技术用特定的策略直接估计梯度 $\nabla_\lambda V$,然后在梯度上升最快的方向前进。对于一些特定策略,可以通过数学分析得到梯度。其他局部搜索技术通过对当前搜索点的邻点进行有限次采样来计算邻点的值,然后移动到具有最大价值的邻点。局部搜索很容易就能达到局部最优并且稳定在 $V(\lambda)$。2.4.2 节结尾介绍的模拟退火和一些其他方法可以用来找到全局最优。

4.7.3 交叉熵方法

还有另一类策略搜索方法,其保留策略的分布并根据表现良好的策略来更新分布。一种更新策略分布的方法是交叉熵方法。交叉熵是信息论中的一个概念,是衡量两种分布之间差异的指标。如果分布 p 和 q 是离散的,则交叉熵为

$$H(p,q) = -\sum_x p(x)\ln q(x) \tag{4.37}$$

对于连续分布,求和用积分替换。在直接策略搜索的背景下,只对 λ 的分布感兴趣。这些分布由 θ 参数化,可以是多元函数。

交叉熵方法将初始的 θ、参数 n 和 m 作为输入用以确定要使用的样本数量。该过程由两个阶段组成,重复交替进行直到收敛或满足其他收敛标准。

(1) 抽样。从 $P(\lambda;\theta)$ 中抽取 n 个样本并使用算法4.11评估其性能。按性能降序排列样本,如果 $i < j$,就意味着 $V(\lambda_i) \geq V(\lambda_j)$。

(2) 更新。对前 m 个样本(通常称为精英样本)使用最小化交叉熵方法来更新 θ,其归纳为

$$\theta \leftarrow \arg\max_\theta \sum_{j=1}^{m} \ln P(\lambda_j \mid \theta) \tag{4.38}$$

新的 θ 正好对应于 m 个最佳表现样本的最大似然估计。进一步的解释可以在本章的参考文献中找到。

算法4.12概述了整个过程。初始分布参数 θ、样本数目 n 和最佳样本数目 m 是这个过程的输入参数。为避免搜索过分集中在局部最优,初始 θ 应当是对 λ 的宽泛的分布。样本和最佳样本的数量取决于问题本身。

算法4.12 交叉熵策略搜索

1: function 交叉熵策略搜索(θ)
2: repeat
3:   for $i \leftarrow 1$ to n do
4:    $\lambda_i \sim P(.;a)$
5:    $v_i \leftarrow$ 蒙特卡罗策略评估(λ_i)
6:   end for
7:   对 $(\lambda_1,\cdots,\lambda_n)$ 按 v_i 降序排列
8:   $\theta \leftarrow \arg\max_\theta \sum_{j=1}^{m} \ln P(\lambda_j \mid \theta)$
9: until 收敛
10: return $\lambda \leftarrow \arg\max P(\lambda \mid \theta)$
11: end function

为说明交叉熵方法,假定策略空间是一维的,交叉熵迭代方法如图 4.12 所示。对于该实例,将假设参数 $\theta = (\mu, \sigma)$ 且 $P(\lambda \mid \theta) = N(\lambda \mid \mu, \sigma * \sigma)$。最初,设 $\theta = (0, 10)$。为了不使曲线太极端,只使用 $n = 20$ 个样本和 $m = 5$ 个最佳样本。通常,对于维度更高的问题,使用多一到两个数量级的样本。

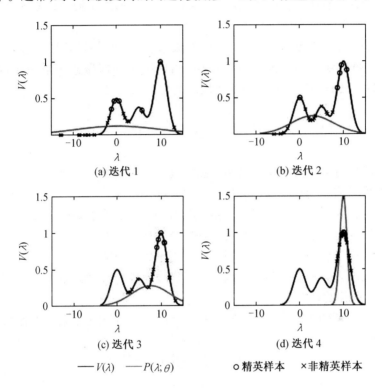

图 4.12　交叉熵迭代方法

图 4.12(a) 给出了对 λ 的初始分布。从这个分布中抽取 20 个样本,其中 5 个最佳样本用圆形表示,其余 15 个样本用十字表示。这 5 个最佳样本用于更新 θ,因为使用高斯分布,更新只是简单地将均值设置为最佳样本集的均值,并将标准差设置为最佳样本集的标准差。更新后的分布如图 4.12(b) 所示,重复该过程。在第三次迭代(图 4.12(c))时,分布向搜索空间中更有前景的区域移动。到第四次迭代(图 4.12(d))时,就发现了全局最优策略。

4.7.4　进化方法

进化搜索方法从生物进化中取得灵感。一种常见的方法是使用遗传算法,由初始的随机种群开始,对代表策略的字符串(通常是二进制)的种群进行演化。通过遗传交叉和突变，字符串以与它们对环境的适应度成比例的速率重新组合来产生新一代。得到令人满意的解决方案后，该过程才会停止。

相关的方法包括遗传规划、演化树的结构以实现对策略的表达。树结构由从终止和非终止的预定集合中选择的符号组成，这种方法允许用比固定比特长度的字符串更灵活的方式来表示策略。交叉通过交换子树来实现，变异通过随机修改子树实现。

遗传算法和遗传规划可以与其他方法相组合，包括局部搜索算法。例如，遗传算法可能演变出令人满意的策略，然后使用局部搜索来进一步改进策略。这种方法称为遗传局部搜索算法或文化基因算法。

4.8 小　　结

① 马尔可夫决策使用转移和奖励函数表示序贯决策问题。
② 可以使用动态规划算法找到最优策略。
③ 具有线性高斯动态和二次代价的连续问题可以通过解析方法来解决。
④ 结构化动态规划可以有效地解决分解马尔可夫过程。
⑤ 大或连续的状态空间问题可以使用函数近似来解决。
⑥ 在线方法不是针对整个状态空间离线地求出最优策略，而是从当前状态中找出最佳的动作。
⑦ 在一些问题中，直接使用随机优化方法可以更容易地搜索策略空间。

4.9 扩展阅读

Richard Bellman 在 1949 年开始了关于序贯决策问题的大量开创性工作[1]，马尔可夫决策过程已经成为模拟这些问题的标准框架[2-5]。4.2.5 节中的网格世界的实例来自 Poole 和 Mackworth 的 *Artificial Intelligence: Foundations of Computational Agents*[6]。与本书相关的网站包含网格世界实例的开源演示。

Boutilier、Dearden 和 Goldszmidt 提出了使用决策树分解 MDP 的结构化迭代和策略迭代算法[7]。如 4.3.2 节所述，使用决策图而不是决策树[7-9] 会更有效率。Guestrinetal 探索了近似线性规划方法分解 MDP[10]。

具有二次代价的线性系统在控制论界已经得到了很好的研究，有许多关于这个主题的书可参考[11-13]。4.4 节介绍了线性二次高斯（LQG）控制问题的一种特殊情况，其中系统的状态是完全已知的。第 6 章将介绍具有不完善状态信息的更传统版本的 LQG。

近似动态规划的概述见 Powell 的 *Approximate Dynamic Programming: Solving the Curses of Dimensionality*[14]。由 Busoniu 等编写的 *Reinforcement Learning and Dynamic Programming Using Function Approximators* 概述了近似方法,并提供了模型已知和未知情况的源代码[15]。解决模型未知的问题称为强化学习,将在第 5 章讨论。强化学习也通常用于解决已知模型的问题,这些模型太复杂或高维以至于无法进行精确的动态规划。

如 4.6 节所述,当状态空间维数过高并且有足够的计算资源用于在执行期间进行规划时,在线方法是适当的。Land 和 Doug 最早提出了离散规划问题的分支界定方法[16],此方法已应用于各种各样的优化问题。稀疏采样由 Kearns、Mansour 和 Ng[17] 提出,可以在线使用的其他方法包括实时动态规划[18] 和 LAO*[19]。

Kocsis 和 Szepesvári 最初在算法 4.9 中将探索奖励引入蒙特卡罗树搜索[20]。自从文章发表并成功应用到围棋领域以来,大量的相关研究工作一直关注于蒙特卡罗树搜索方法[21]。本章所提出算法的一个重要扩展是在搜索的每个步骤中渐进扩展动作和状态[22]。渐进加宽允许算法更好地处理大的或连续的状态或动作空间。

有许多直接搜索策略空间的方法。使用梯度方法的局部搜索算法包括 Williams[23]、Baxter 和 Bartlett[24] 的算法。交叉熵方法[25-26] 已经应用在多种 MDP 策略搜索[27-29]。任何随机优化技术都可以应用于策略搜索。4.7.4 节讨论的进化方法可追溯到 20 世纪 50 年代[30]。遗传算法因 Holland 的研究而变得流行[31]。最近的很多理论工作由 Schmitt 完成[32-33]。Koza 介绍了遗传规划[34]。

参 考 文 献

1. S. Dreyfus,"Richard Bellman on the Birth of Dynamic Programming," Operations Research,vol. 50,no. 1,pp. 48-51,2002.

2. R. E. Bellman,Dynamic Programming. Princeton,NJ:Princeton University Press,1957.

3. D. Bertsekas,Dynamic Programming aced Optimal Control. Belmont, MA:Athena Scientific,2007.

4. M. L. Puterman,Markov Decision Processes:Discrete Stochastic Dynamic Programming. Hoboken,NJ:Wiley,2005.

5. O. Sigaud and O. Buffet,eds. ,Markov Decision Processes in Artificial Intelligence. New York:Wiley,2010.

6. D. L. Poole and A. K. Mackworth,Artificial Intelligence:Foundations of Computational Agents. New York:Cambridge University Press,2010.

7. C. Boutilier,R. Dearden,and M. Goldszmidt, "Stochastic Dynamic Programming with Factored Representations,"Artificial. Intelligence,vol. 121, no. 1-2,pp. 49-107,2000. nor:10. 1016/S0004-3702(00)00033-3.

8. J. Hoey,R. St-Aubin,A. J. Hu,and C. Boutilier, "SPUDD:Stochastic Planning Using Decision Diagrams," in Conference on Uncertainty in Artificial Intelligence (UAI),1999.

9. R. St-Aubin,J. Hoey,and C. Boutilier, "APRICODD:Approximate Policy Construction Using Decision Diagrams," in Advances in Neural Information Processing Systems(NIPS),2000.

10. C. Guestrin,D. Koller,R. Parr,and S. Venkataraman, "Efficient Solution Algorithms for Factored MDP,"Journal of Artificial Intelligence Research,vol. 19,pp. 399-468,2003. Doi:10. 1613/jair. 1000.

11. F L. Lewis,D. L. Vrabie,and V L. Syrmos,Optimal Control,3rd ed. Hoboken,NJ:Wiley,2012.

12. R. F. Stengel,Optimal Control and Estimation. New York:Dover Publications,1994.

13. D. E. Kirk,Optimal Control Theory:An Introduction. Englewood Cliffs,NJ:Prentice-Hall,1970.

14. W B. Powell,Approximate Dynamic Programming:Solving the Curses of Dimensionality,2nd ed. Hoboken,NJ:Wiley,2011.

15. L. Busoniu,R. Babuska,B. De Schutter,and D. Ernst,Reinforcement Learning and Dynamic Programming Using Function Approximators. Boca Raton, FL:CRC Press,2010. 16. A. H. Land and A. G. Doig, "An Automatic Method of Solving Discrete Programming Problems," Econometrica,vol. 28,no. 3,pp. 497-520,1960. Doi:10. 2307/ 1910129.

17. M. J. Kearns,Y Mansour,and A. Y Ng, "A Sparse Sampling Algorithm for Near-Optimal Planning in Large Markov Decision Processes,"Machine Learning,vol. 49,no. 2-3,pp. 193-208,2002. DoI:10. 1023/A:1017932429737.

18. A. G. Barto,S. J. Bradtke,and S. P Singly"Learning to Act Using Real-Time Dynamic Programming,"Artificial. Intelligence,vol. 72,no. 1-2,pp.

81-138,1995. no:10. 1016/0004-3702(94)00011.

19. E. A. Hansen and S. Zilberstein, "LAO * :A Heuristic Search Algorithm That Finds Solutions with Loops,"Artificial Intelligence,vol. 129, no. 1-2,pp. 35-G2,2001. nor:l0. lO1G/S0004-3702(O1)OOlOG0.

20. L. Kocsis and C. Szepesvari,"Bandit Based Monte-Carlo Planning," in European Conference on Machine Learning (ECML),2006.

21. C. B. Browne,E. Powley,D. Whitehouse,S. M. Lucas,PI. Cowling, P. Rohlfshagen,S. Tavener,D. Perez,S. Samothrakis,and S. Colton, "A Survey of Monte Carlo Tree Search Methods,"IEEE Transactions on Computational Intelligence and AI in Games,vol. 4,no. 1,pp. 1-43,2012. Dot:10. 1109/TCIAIG. 2012. 218G810.

22. A. Couetoux,J.-B. Hoock,N. Sokolovska,O. Teytaud,and N. Bonnard, "Continuous Upper Confidence Trees," in Learning and Intelligent Optimization (LION),2011.

23. R. J. Williams,"Simple Statistical Gradient-Following Algorithms for Connectionist Reinforcement Learning,"Machine Learning,vol. 8,pp. 229-256, 1992. nor:10. 1007/BF00992696. 23

24. J. Baxter and PL. Bartlett, "Infinite-Horizon Policy-Gradient Estimation,"Journal Of Artificial Intelligence Research,vol. 15,pp. 319-350, 2001. not:10. 1613/jair. 806.

25. P-T de Boer,D. P Kroese,S. Mannor,and R. Y Rubinstein, "A Tutorial on the Cross-Entropy Method,"Annals of Operations Research,vol. 134,no. 1,pp. 19-67,2005. Doi:10. 1007/s10479-005-5724-z.

26. R. Y. Rubinstein and D. P Kroese,The Cross-Entropy Method.' A Unified Approach to Combinatorial Optimization,Monte-Carlo Simulation,and Machine Learning. New York:Springer,2004.

27. S. Mannor,R. Y Rubinstein,and Y Gat,"The Cross Entropy Method for Fast Policy Search," in International Conference on Machine Learning (ICML),2003.

28. I. Szita and A. Lorincz, "Learning Tetris Using the Noisy Cross-Entropy Method,"Neural Computation,vol. 18,no. 12,pp. 2936-2941, 2006. Doi:10. 1162} neco. 2006. 18. 12. 2936.

29. ——,"Learning to Play Using Low-Complexity Rule-Based Policies: Illustrations Through Ms. Pac-Man,"Journal. of. Artificial. Intelligence

Research, vol. 30, pp. 659-684, 2007. Dot: 10. 1613/jair. 2368.

30. D. B. Fogey ed. , Evolutionary Computation: The Fossil Record. New York: Wiley IEEE Press, 1998.

31. J. H. Holland, Adaptation in Natural and Artificial Systems. Ann Arbor, MI: University of Michigan Press, 1975.

32. L. M. Schmitt, "Theory of Genetic Algorithms," Theoretical Computer Science, vol. 259, no. 1-2, pp. 1-61, 2001. nor: 10. 1016/S0304-3975 (00) 00406-0.

33. ——, "Theory of Genetic Algorithms II: Models for Genetic Operators over the String-Tensor Representation of Populations and Convergence to Global Optima for Arbitrary Fitness Function Under Scaling," Theoretical Computer Science, vol. 310, no. 1-3, pp. 181-231, 2004. Dor: 10. 1016/ S0304-3975 (03) 00393-1.

34. J. R. Koza, Genetic Programming. On the Programming of Computers by Means of Natural Selection. Cambridge, MA: MIT Press, 1992.

第5章 模型的不确定性

第4章讨论了已知转移概率和奖励模型的序贯决策问题。在许多问题中,我们并不完全知道转移概率和奖励,智能体必须通过已有经验来学习如何选择动作。通过观测在不同状态和奖励下选择不同动作的结果,智能体将学会选择最大化长期奖励总和的动作。解决模型的不确定性是强化学习的主题,也是本章的重点。本章将讨论解决模型不确定性所面临的几个挑战。首先,智能体必须仔细权衡对环境的探索与对已有经验中知识的利用;其次,有可能智能体在做出重要决定后很久才会收到相应奖励,因此后续的奖励很有可能需要分配给早先的决定;最后,智能体必须能从有限的经验中总结知识。本节将回顾解决这些挑战的理论和一些关键算法。

5.1 探索和利用

强化学习需要仔细权衡对环境的探索与对知识的利用,其中知识可通过与环境进行交互获得。如果不断探索环境,那么可以建立一个完善的模型,但积累的奖励将会较少。如果不断做出已有知识下最好的决策,而不尝试新的策略,那么就可能会错过改进策略和获得更多奖励的机会。本节介绍在单一状态问题下权衡探索与利用需要面临的挑战。

5.1.1 多臂老虎机问题

早期关于权衡探索和开发的研究主要集中在老虎机问题上,有时称为投币机问题,因为它们通常由拉杆控制,并且一般情况下,它们会赚走赌徒的钱。各种各样的应用中都有该类问题,如临床试验的分配方案和自适应网络路由协议。早在第二次世界大战期间就有人明确地描述了这个问题。事实证明,这类问题极具挑战性。根据彼得·惠特尔(Peter Whittle)的说法:"解决(老虎机问题)的努力分散了盟军分析家的精力,打压了盟军分析家的信心,因此有人建议将问题作为破坏智力的最终武器用在德国人身上(见文献[1]后的讨论内容)。"

文献中提出了许多解决老虎机问题的方法,但是我们将集中讨论适用于 n 个拉杆的投币机的简单方法。拉动拉杆 i 奖励 1 的概率为 θ_i,奖励 0 的概率为 $1-\theta_i$。没有押金,但只能拉动 h 次拉杆。可以将这个问题视为具有单个状态、n 个动作和未知奖励函数 $R(s,a)$ 的 h 阶有限长度的马尔可夫决策过程(第 4 章)。

5.1.2 贝叶斯模型估计

可以使用 2.3.2 节中介绍的贝塔分布来表示拉动拉杆 i 后获胜概率 θ_i 的后验估计,使用均匀分布作为先验分布,服从 $\mathrm{Beta}(1,1)$,只需要记录每个拉杆 i 的胜利数 w_i 和失败数 l_i。θ_i 的后验概率由 $\mathrm{Beta}(w_{i+1}, l_{i+1})$ 给出。由此可以计算出获胜的后验概率,即

$$\rho_i = P(\mathrm{win}_i \mid w_i, l_i) = \int_0^1 \theta \times \mathrm{Beta}(\theta \mid w_i + 1, l_i + 1)\mathrm{d}\theta = \frac{w_i + 1}{w_i + l_i + 2} \tag{5.1}$$

例如,假设有一个双臂老虎机,拉了六次。第一个拉杆有 1 胜 0 负,第二个拉杆有 4 胜 1 负。假设先验是均匀的,那么 θ_1 的后验分布由 $\mathrm{Beta}(2,1)$ 给出,θ_2 的后验分布由 $\mathrm{Beta}(5,2)$ 给出。二者的后验概率分布如图 5.1 所示。

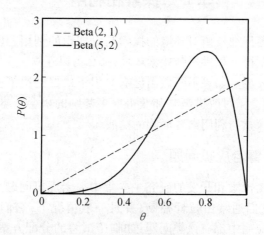

图 5.1 后验概率分布

θ_1 的最大似然估计为 1,θ_2 的最大似然估计为 4/5。如果只想通过最大似然估计来确定下一次拉动哪个拉杆,则为了确保胜利,会拉动第一个拉杆。当然,没有观测到拉动第一个拉杆造成的损失并不意味着损失不会发生。

与赢钱概率的最大似然估计相反,图 5.1 中的贝叶斯后验对 0 和 1 之间的

概率赋非零值。因为观测到拉动两个拉杆后至少有一次赢钱,所以两个拉杆的奖励均为 0 的概率密度为 0。因为观测到了失败,所以在 $\theta_2 = 1$ 处也存在零概率密度。使用式(5.1),可以算出赢钱概率为

$$\rho_1 = \frac{2}{3} = 0.67 \tag{5.2}$$

$$\rho_2 = \frac{5}{7} = 0.71 \tag{5.3}$$

因此,如果只剩一次拉杆机会,最好拉动第二个拉杆。

5.1.3 随机探索策略

文献中已经给出了几种不同的随机探索策略。在最常见的策略 ε - 贪婪算法中,会以一定的概率 ε 随机拉动拉杆;否则,选择 $\max_i \rho_i$。ε 值越大,找到最佳拉杆的速度越快,但是很多次拉动拉杆的机会浪费在拉动次优拉杆上。

有针对性的探索策略会使用以前拉动拉杆收集到的信息。例如,softmax 策略依据 logit 模型(在 3.3.3 节中介绍)拉动拉杆,其中拉动拉杆 i 的概率与 $e^{\lambda \rho_i}$ 成正比。参数 $\lambda \geq 0$ 控制探索的程度,完全随机选择动作时 $\lambda \to 0$,依据贪婪算法选择动作时 $\lambda \to \infty$。另一种方法是使用区间探索,通过其计算 θ_i 的 α% 可信度的区间,并选择拉动概率上界的拉杆。α 值越大,探索的程度就越高。

5.1.4 最优探索策略

计数 $w_1, l_1, \cdots, w_n, l_n$ 表示置信状态,概括了对收益的置信。如 5.1.2 节所讨论的,这 $2n$ 个数可以用于表示关于 $\rho_{1:n}$ 的 n 个连续概率分布。这些置信状态可以被用作表示多臂老虎机问题的 MDP 的状态。可以使用动态规划来确定最优策略 π^*,根据计数来确定拉动哪个拉杆。

使用 $Q^*(w_{1:n}, l_{1:n}, i)$ 表示在拉动拉杆 i 之后可获得的收益,然后选择收益最大的动作。最优效用函数和策略以 Q^* 的形式给出,即

$$U^*(w_1, l_1, \cdots, w_n, l_n) = \max_i Q^*(w_1, l_1, \cdots, w_n, l_n, i) \tag{5.4}$$

$$\pi^*(w_1, l_1, \cdots, w_n, l_n) = \arg\max_i Q^*(w_1, l_1, \cdots, w_n, l_n, i) \tag{5.5}$$

可以将 Q^* 分解成两项,即

$$Q^*(w_1, l_1, \cdots, w_n, l_n, i) = \frac{w_i + 1}{w_i + l_i + 2}(1 + U^*(\cdots, w_i + 1, l_i, \cdots)) + \left(1 - \frac{w_i + 1}{w_i + l_i + 2}\right) U^*(\cdots, w_i, l_i + 1, \cdots) \tag{5.6}$$

式中,第一项代表拉杆 i 赢钱;第二项代表拉杆 i 输钱。值 $(w_{i+1})/(w_i + l_i + 2)$ 是式(5.1)中拉杆 i 赢钱的后验概率。式(5.6)中的第一个 U^* 假设拉动拉杆 i 会赢钱,第二个 U^* 假设拉动拉杆后会输钱。

假设范围为 h,我们可以计算整个置信空间的 Q^*。从 $\sum_i (w_i + l_i) = h$ 这个置信状态开始,当拉动次数没有剩余的情况下,$U^*(w_1, l_1, \cdots, w_n, l_n) = 0$,然后迭代回状态 $\sum_i (w_i + l_i) = h - 1$ 并应用式(5.6)。

虽然这种动态规划是最优的解决方案,但是置信状态的数量以及因此而产生的计算量和存储量随 h 指数增长。可以改进该方法以应用于一个无限长度、具有折扣系数的 MDP 问题,使用吉廷斯索引分配可以有效解决这类问题。分配的索引可以被存储为查找表,在给出了某一拉杆拉动的次数和拉动这个拉杆之后赢钱次数的情况下,该查找表能够分配出标量的索引值。下一次会拉动索引值最大的拉杆。

5.2 基于最大似然模型的方法

现在已经存在多种用于解决多个连续状态问题的强化学习方法。解决具有多个状态的问题比老虎机问题更具挑战性,因为需要计划好以何种方式访问状态以确定它们的价值。有一种强化学习的方法会直接从经验中估计转移和奖励模型。我们会记录转移次数 $N(s, a, s')$ 和奖励总和 $\rho(s, a)$。状态转移和奖励模型的最大似然估计为

$$N(s, a) = \sum_{s'} N(s, a, s') \tag{5.7}$$

$$T(s' \mid s, a) = \frac{N(s, a, s')}{N(s, a)} \tag{5.8}$$

$$R(s, a) = \frac{\rho(s, a)}{N(s, a)} \tag{5.9}$$

如果有关于奖励或转移概率的先验知识,那么可以将 $N(s, a, s')$ 和 $\rho(s, a)$ 初始化为非 0 的特定值。

假设估计得到的模型是正确的,那么就得到 MDP 问题的解。当然,必须应用一些探索策略,如 5.1.3 节中提到的探索策略,以确保能收敛到最佳策略。算法 5.1 概述了基于最大似然模型的强化学习方法。

算法 5.1　基于最大似然模型的强化学习

1：function 基于最大似然模型的强化学习
2：　$t \leftarrow 0$
3：　$s_0 \leftarrow$ 初始状态
4：　初始化 N, p 和 Q
5：　loop
6：　　基于探索策略选择动作 a_t
7：　　观察新状态 s_{t+1} 和奖励 r_t
8：　　$N(s_t, a_t, s_{t+1}) \leftarrow N(s_t, a_t, s_{t+1}) + 1$
9：　　$p(s_t, a_t) \leftarrow p(s_t, a_t) + r_t$
10：　　基于修改后的 T 和 R 的估计对 Q 进行估计
11：　　$t \leftarrow t + 1$
12：　end loop
13：end function

5.2.1　随机更新

虽然可以使用任何动态规划算法来更新算法 5.1 第 10 行中的 Q,但是这个计算开销通常没有必要。Dyna 是一种避免在每个时间步长都对整个 MDP 的 Q 值进行更新的算法。Dyna 在每个当前状态下执行以下更新,即

$$Q(s,a) \leftarrow R(s,a) + \gamma \sum_{s'} T(s'|s,a) \max_{a'} (s',a') \qquad (5.10)$$

式中,R 和 T 是对奖励和转移函数的估计。然后,对一些随机的状态和动作的 Q 值进行更新,这些更新的数量由决策时间的多少来决定。在更新之后,根据 Q 值来选择要执行的操作,可能使用 softmax 或其他探索策略。

5.2.2　优先级更新

一种名叫优先迭代的方法使用优先级队列来帮助识别哪些状态的 Q 值最需要进行更新(算法 5.2)。如果从状态 s 转移到另一状态,那么就根据更新后的转移和奖励模型更新 $U(s)$。然后在前导集中迭代。其中,前导集为 $\text{pred}(s) = \{(s',a') | T(s|s',a') > 0\}$,包括所有使状态直接转移到 s 的状态 - 动作对。由此,s' 的优先级增加到 $T(s|s',a') \times |U(s) - u|$,其中 u 是更新之前 $U(s)$ 的值。因此,$U(s)$ 变化的越多,能转移到 s 的状态的优先级越高,会对

更新队列中优先级最高的状态进行一定次数的迭代,或者直到队列变空为止。

算法 5.2　优先迭代

1: function 优先迭代(s)
2: 　　提高 s 的优先级到 ∞
3: 　　while 优先级队列不为空 do
4: 　　　　$s \leftarrow$ 最高优先级
5: 　　　　更新(s)
6: 　　end while
7: end function
8: function 更新(s)
9: 　　$u \leftarrow U(s)$
10: 　　$U(s) \leftarrow \max_a [R(s,a) + \lambda \sum_{s'} T(s'|s,a) U(s')]$
11: 　　for $(s',a') \in \text{pred}(s)$ do
12: 　　　　$p \leftarrow T(s|s',a') \times |U(s) - u|$
13: 　　　　增加 s' 的权重为 p
14: 　　end loop
15: end function

5.3　基于模型的贝叶斯方法

前一节使用最大似然法对转移概率和奖励进行估计,在条件受限的情况下,可依靠启发式探索策略来找到最优策略。相比之下,贝叶斯方法允许在不依赖启发式算法的情况下有效地权衡探索和利用。本节会将多臂老虎机问题中的公式(在 5.1.4 节中讨论)泛化到一般 MDP 问题中。

5.3.1　问题结构

在贝叶斯强化学习中,指定所有模型参数 θ 的先验分布。这些模型参数包括决定一步奖励分布的参数,但是本章将主要讨论那些控制状态转移概率的参数。如果用 $\mathscr{S}$ 表示状态空间,$\mathscr{A}$ 表示动作空间,那么参数向量 θ 中有 $|\mathscr{S}^2||\mathscr{A}|$ 个分量用于表示转移概率。控制转移概率 $T(s'|s,a)$ 的 θ 记为 $\theta_{(s,a,s')}$。

图 5.2 所示不确定模型的马尔可夫决策过程给出了问题的结构,该网络

是图 4.1(b) 网络的扩展,在图 4.1(b) 中的模型展示了网络能被观测的部分。正如节点中的阴影所示的,能观测到状态,但无法观测到模型参数。通常会假设确切的模型参数是非时变的,即 $\theta_{t+1} = \theta_t$。然而,由于我们会转移到新状态,因此对 θ 的置信度会随时间变化。

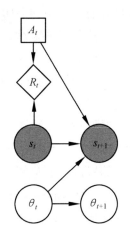

图 5.2　不确定模型的马尔可夫决策过程

5.3.2　模型参数的置信度

我们需要表示对 θ 的先验置信度。而在离散状态空间中,使用狄利克雷分布的乘积就能直接表示出先验分布。给定当前状态 s 和动作 a,单个狄利克雷分布就能表示下一状态的分布。如果 $\theta_{(s,a)}$ 是表示下一状态分布的 $|\mathscr{A}|$ 维向量,则先验分布为

$$\mathrm{Dir}(\theta_{(s,a)} \mid \alpha_{(s,a)}) \tag{5.11}$$

上述的狄利克雷分布由 $\alpha_{(s,a)}$ 中 $|\mathscr{A}|$ 个参数确定。通常使用均匀先验分布,其中 $\alpha(s,a)$ 的所有分量都设为 1,但是如果对状态转换具有先验知识,那么可以采用另外的方式设置这些参数(2.3.2 节中讨论)。

θ 的先验分布为

$$b_0(\theta) = \prod_s \prod_a \mathrm{Dir}(\theta_{(s,a)} \mid \alpha_{(s,a)}) \tag{5.12}$$

上面所示的因式分解通常被用于较小的离散状态空间,但是也可以采用参数化的表达方式以降低维数。

运行 t 步之后,θ 的后验分布为 b_t。假设在最开始的 t 步中观测到采取动作 a 后状态从 s 到 s' 转移了 $m_{(s,a,s')}$ 次,由贝叶斯准则计算出 θ 的后验概率。如果用 $m(s,a)$ 以向量形式表示转移次数,则后验为

$$b_s(\theta) = \prod_s \prod_a \mathrm{Dir}(\theta_{(s,a)} \mid \alpha_{(s,a)} + m_{(s,a)}) \tag{5.13}$$

5.3.3　贝叶斯 - 自适应马尔可夫决策过程

我们将具有未知模型的 MDP 问题视为更高维的已知模型的 MDP 问题。这种维度更高的 MDP 问题称为贝叶斯 - 自适应马尔可夫决策过程,其与第 6 章中讨论的部分可观测的马尔可夫决策过程有一定联系。

贝叶斯-自适应MDP中的状态空间表示为笛卡尔乘积$\mathscr{S}\times\mathscr{B}$，$\mathscr{B}$是由模型参数$\theta$的所有可能置信值组成的空间。虽然$\mathscr{S}$是离散空间的，但是$\mathscr{B}$常常是高维的连续空间。贝叶斯自适应MDP中的状态写作(s,b)，其中s为低级MDP中的状态，b为置信状态。动作空间和奖励函数与低级MDP问题中的完全相同。

贝叶斯-自适应MDP中的转移函数是$T(s',b'|s,b,a)$，它是在执行动作a后由具有置信状态b的s状态转移到具有新的置信状态b'的新状态s'的概率。新的置信状态b'可由5.3.2节中的贝叶斯准则计算得到，该关系表示为关于s、b、a和s'的确定性函数。该函数τ表示为$b'=\tau(s,b,a,s')$。贝叶斯-自适应MDP的转移函数可以被分解为

$$T(s',b'|s,b,a)=\delta_{\tau(s,b,a,s')}(b')P(s'|s,b,a) \tag{5.14}$$

式中，$\delta_x(y)$是克罗内克δ函数，有

$$\delta_x(y)=\begin{cases}1, & x=y\\ 0, & \text{其他}\end{cases} \tag{5.15}$$

计算$P(s'|s,b,a)$需要积分，即

$$P(s'|s,b,a)=\int_\theta b(\theta)P(s'|s,\theta,a)=\int_\theta b(\theta)\theta_{(s,a,s')}\mathrm{d}\theta \tag{5.16}$$

与式(5.1)相似，上述积分可以通过解析方法求得。

5.3.4 解决方法

可以将从4.2.4节中得到的具有已知模型MDP的贝尔曼方程推广到未知模型的MDP问题，即

$$U^*(s,b)=\max_a\left(R(s,a)+\gamma\sum_{s'}P(s'|s,b,a)U^*(s',\tau(s,b,a,s'))\right)$$

$$\tag{5.17}$$

不幸的是，因为b是连续的，所以不能简单地像第4章那样直接使用策略迭代和价值迭代算法。然而，可以使用4.5节的近似方法以及4.6节的在线方法，第6章中将介绍一些能够更好地利用贝叶斯-自适应MDP的结构的方法。

可以使用汤普森采样作为另一种求出置信空间上最优价值函数的方法。它从当前置信抽取一个样本θ，然后假设θ是真实模型。使用动态规划来求出最好的动作，在下一个时间段更新置信，抽样得到一个新的样本，并重新求解

MDP(以得到最优策略)。这种方法的优点是不必设定启发式探索所需的参数。然而,Thompson采样会进行过度的探索,其在每个步骤都重新求解MDP,计算量很大。

5.4 无模型方法

与基于模型的方法相比,无模型强化学习不需要明确地表示出转移和奖励模型。不明确表示模型是有吸引力的,特别是当问题的维度较高时。

5.4.1 增量估计

许多无模型的方法需要对问题中各个状态的折扣回报的期望进行增量估计。假设有一个随机变量x,并且想要从一组样本$x_{1:n}$中估计随机变量x的均值。在得到n个样本之后,有

$$\hat{x}_n = \frac{1}{n} \sum_{i=1}^{n} x_i \qquad (5.18)$$

可以得出

$$\hat{x}_n = \hat{x}_{n-1} + \frac{1}{n}(x_n - \hat{x}_{n-1}) = \hat{x}_{n-1} + \alpha(n)(x_n - \hat{x}_{n-1}) \qquad (5.19)$$

式中,函数$\alpha(n)$为学习率。学习率可以是除$1/n$以外的其他函数,x收敛到均值对学习率有相当宽松的条件。如果学习率是恒定的,这在强化学习应用中是很常见的,那么旧样本的权重以$(1-\alpha)$的速率呈指数衰减。在恒定的学习率下观测到新样本x后,可以使用如下规则更新估计值,即

$$\hat{x} \leftarrow \hat{x} + \alpha(x - \hat{x}) \qquad (5.20)$$

上面的更新规则将在后面的章节中再次出现,它和随机梯度下降相关。更新的多少与得到的样本和先前估计差异成正比。样本和先前估计的差异称为时间差分误差。

5.4.2 Q学习

最流行的无模型强化学习算法之一是Q学习。这个算法的核心在于对贝尔曼方程进行增量估计,有

$$\begin{aligned} Q(s,a) &= R(s,a) + \gamma \sum_{s'} T(s'|s,a) U(s') \\ &= R(s,a) + \gamma \sum_{s'} T(s'|s,a) \max_{a'} Q(s',a') \end{aligned} \qquad (5.21)$$

我们使用可观测的下一个状态s'和奖励r,而不是T和R,从而获得以下增量更新规则,即

$$Q(s,a) \leftarrow Q(s,a) + \alpha(r + \gamma \max_{a'} Q(s',a') - Q(s,a)) \qquad (5.22)$$

算法 5.3 中概述了 Q 学习。与基于模型的方法一样,需要使用一些探索策略来确保 Q 收敛到最优状态 - 动作价值函数。可以将 Q 初始化为非 0 值,这样可以充分利用所拥有的任何关于环境的先验知识。

算法 5.3 Q 学习

1: function Q 学习
2:　$t \leftarrow 0$
3:　$s_0 \leftarrow$ 初始状态
4:　初始化 Q
5:　loop
6:　　基于 Q 的值和某些探索策略选择动作 a_t
7:　　观察新状态 s_{t+1} 和奖励 r_t
8:　　$Q(s_t,a_t) \leftarrow Q(s_t,a_t) + \alpha(r_t + \gamma \max_{a} Q(s_{t+1},a) - Q(s_t,a_t))$
9:　　$t \leftarrow t + 1$
10:　end loop
11: end function

5.4.3　Sarsa 算法

Q 学习的一种替代方案是 Sarsa,它使用 $(s_t,a_t,r_t,s_{t+1},a_{t+1})$ 在每个步骤更新 Q 函数,因此得到了 Sarsa 这个名字。它使用实际采取过的动作来更新 Q,而不像 Q 学习那样遍历所有可能的动作来最大化 Q 函数。

除了第 8 行被替换为下式,Sarsa 算法与算法 5.3 相同,即

$$Q(s_t,a_t) \leftarrow Q(s_t,a_t) + \alpha(r_t + \gamma Q(s_{t+1},a_{t+1}) - Q(s_t,a_t)) \qquad (5.23)$$

通过采用合适的探索策略,a_{t+1} 会收敛到 $\arg\max_{a} Q(s_{t+1},a)$,这正是 Q 学习算法中用于更新 Q 函数的动作。虽然 Q 学习和 Sarsa 都能收敛到最优策略,但是收敛的速度取决于应用。

5.4.4　资格追踪

Q 学习和 Sarsa 的缺点之一是学习的速度可能会非常慢。例如,环境仅拥有一个能提供大额奖励的目标状态,但是其他所有状态的奖励均为零。在环境中进行一些随机探索之后,我们达到最终目标状态。无论是使用 Q 学习还是 Sarsa,都只对紧接在最终目标状态之前的状态进行状态 - 动作价值的更新,这样会使得其他所有最终目标状态之前的状态的值保持为零。为了缓慢

地将非零值传播到状态空间的其余部分,需要进行更多的探索。

可以修改 Q 学习和 Sarsa 算法,以对过去的状态和动作通过资格追踪来分配 Q 值。达到最终目标的奖励会向后传播到那些用于达到最终目标的状态和动作。置信以指数形式衰减,因此更接近最终目标的状态被分配到较大的状态动作值。通常使用 λ 作为指数衰减参数,因此具有资格追踪的 Q 学习和 Sarsa 算法通常称为 $Q(\lambda)$ 和 sarsa(λ)。

算法 5.4 给出了 Sarsa(λ) 的一个版本。记录下对所有状态-动作对的访问次数 $N(s,a)$,该访问次数的大小随访问的状态数的增加而指数减小。当在状态 s_t 采取动作 a_t 时,$N(s_t,a_t)$ 增加 1。然后通过对每个状态 s 和每个动作 a 的 Q 值增加 $\alpha \delta N(s,a)$ 来更新 $Q(s,a)$,其中

$$\delta = r_t + \gamma Q(s_{t+1}, a_{t+1}) - Q(s_t, a_t) \tag{5.24}$$

在执行更新之后,衰减 $N(s,a) \leftarrow \gamma \lambda N(s,a)$。虽然资格追踪的效用在奖励稀疏的环境中尤其明显,但是该算法也可以加速在另外一些环境中的学习速度,这些环境中奖励的分布可能更加均匀。

算法 5.4 Sarsa(λ) 学习

1: function Sarsa λ 学习(λ)
2:    初始化 Q 和 N
3:    $t \leftarrow 0$
4:    $s_0, a_0 \leftarrow$ 初始状态和动作
5:    loop
6:       观察奖励 r_t 和新状态 s_{t+1}
7:       基于 Q 的值和某些探索策略选择动作 a_t
8:       $N(s_t, a_t) \leftarrow N(s_t, a_t) + 1$
9:       $\delta \leftarrow r_t + \gamma Q(s_{t+1}, a_{t+1}) - Q(s_t, a_t)$
10:      for $s \in S$ do
11:          for $a \in A$ do
12:             $Q(s,a) \leftarrow Q(s,a) + \alpha \delta N(s,a)$
13:             $N(s,a) \leftarrow \lambda \gamma N(s,a)$
14:          end for
15:      end for
16:      $t \leftarrow t + 1$
17:    end loop
18: end function

5.5 泛　　化

到本章为止,假设状态－动作的价值函数可以用表格来表示,这仅对小的离散问题有用。状态空间增大不仅会增大状态－动作表,也会增大准确估计价值所需的经验量。智能体必须将有限的经验泛化到尚未达到的状态。学术界已经探索了许多不同的方法,许多方法与在4.5节中提到的近似动态规划技术相关。

5.5.1　局部近似

局部近似方法中假设近似的状态可能具有类似的状态－动作价值。一种常见的技术是将 $Q(s,a)$ 的估计值存储起来,其中 s 仅为集合 S 中的有限个状态,并且 a 为集合 A 中的动作。将包含这些估计值的向量称为 θ,其具有 $|S| \times |A|$ 个元素。使用 $\theta_{s,a}$ 来表示与状态 s 和动作 a 有关的 Q 值。为了对任意状态得到状态－动作值的近似,定义了加权函数 $\sum_{s'} \beta(s,s') = 1$,其对于所有的 s 都成立,即

$$Q(s,a) = \sum_{s'} \theta_{s',a} \beta(s,s') \tag{5.25}$$

可以定义加权函数的向量化版本为

$$\beta(s) = (\beta(s,s_1), \cdots, \beta(s,s_{|S|})) \tag{5.26}$$

式中,$s_1, \cdots, s_{|S|}$ 是 S 中的状态。还可以定义一个双参数版本的函数 β,其以状态和动作作为输入,并返回含有 $|S| \times |A|$ 个元素的向量。矢量 $\beta(s,a)$ 与 $\beta(s)$ 相同,只是不同于 a 之外的相关动作的元素值设为0,这种表示允许改写式(5.25)为

$$Q(s,a) = \theta^{\mathrm{T}} \beta(s,a) \tag{5.27}$$

对式(5.27)的线性近似可以容易地集成到 Q 学习中。如果观测到具有奖励 r_t 的动作使得状态从 s_t 转移到状态 s_{t+1},由 θ 表示的状态,即动作的价值估计以如下方式更新,即

$$\theta \leftarrow \theta + \alpha(r_t + \gamma \max_a \theta^{\mathrm{T}} \beta(s_{t+1},a) - \theta^{\mathrm{T}} \beta(s_t,a_t)) \beta(s_t,a_t) \tag{5.28}$$

上面的更新规则可以通过将式(5.27)直接代入标准 Q 学习更新规则得到,并将后项乘以 $\beta(s_t,a_t)$ 以对更接近 s_t 的状态给予更大程度的更新。算法5.5给出了该线性近似 Q 学习的伪代码。如果有关于状态－动作价值的先验知识,可以用其来初始化 θ。这个线性近似法可以很容易地扩展到其他强

化学习方法,如 Sarsa 方法。

上述算法假定集合 S 中包含的状态保持不变。然而,对于一些问题,调整 S 中包含的状态可能是有益的,可能会得到更好的近似效果。使用诸如自组织映射的方法可以对包含的状态进行基于时间差分误差的调整。有多种方法可以帮助确定何时向 S 添加新的状态是比较恰当的,如观测到与集合 S 中已有的状态的距离超过一定阈值的新状态时。尽管该算法的内存占用可能会是一个问题,一些方法也只是简单地存储所有可观测状态。

算法 5.5　线性近似 Q 学习

1: function 线性近似 Q 学习
2: 　$t \leftarrow 0$
3: 　$s_0 \leftarrow$ 初始状态
4: 　初始化 θ
5: 　loop
6: 　　基于 $\theta_a^T \beta(s_t)$ 的值和某些探索策略选择动作 a_t
7: 　　观察奖励 r_t 和新状态 s_{t+1}
8: 　　$\theta \leftarrow \theta + \alpha(r_t + \gamma \max_a \theta^T \beta(s_{t+1}, a) - \theta^T \beta(s_t, a_t)) \beta(s_t, a_t)$
9: 　　$t \leftarrow t + 1$
10: 　end loop
11: end function

5.5.2　全局近似

全局近似方法不依赖于距离的概念。感知机是这类近似方法中的一种。自从 20 世纪 50 年代以来,感知机已经广泛应用于各种学习任务中,它通过模仿单个神经元来运作。感知机有一组输入节点 $x_{1:n}$、权重集合 $\theta_{1:n}$ 和输出节点 q。输出节点的输出值表示为

$$q = \sum_{i=1}^{m} \theta_i x_i = \theta^T x \tag{5.29}$$

感知机的结构如图 5.3(a) 所示。

在感知机 Q 学习中,有 n 个感知机,每个可用的动作都对应一个感知机。输入为状态,输出是状态-动作对的价值。在状态空间上定义一组基函数 $\beta_1, \cdots, \beta_m$,其类似于 5.5.1 节中的权重函数。感知机的输入是 $\beta_1(s), \cdots, \beta_m(s)$。如果 θ_a 包含动作 a 的感知机的 m 个权重数,那么有

$$Q(s, a) = \theta_a^T \beta(s) \tag{5.30}$$

可以像5.5.1节那样定义一个双参数版本的β,并定义包含有所感知机的所有权重的θ,从而写出

$$Q(s,a) = \theta^{\mathrm{T}}\beta(s,a) \tag{5.31}$$

基于感知机的近似Q学习恰好遵循算法5.5,但是θ表示感知机的权重而不是对状态-动作对的价值估计,β表示基函数而不是距离的度量。

感知机仅能表示线性函数,但是神经网络可以表示非线性函数。神经网络是由感知机构成的网络。如图5.3(b)所示,它们由输入层、隐层和输出层组成,图中省略了权重。添加隐藏节点通常会使网络可以表示的状态-动作函数的复杂度增加。

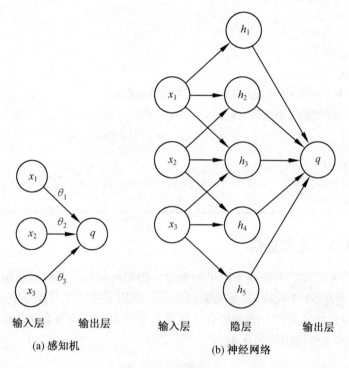

图5.3 近似结构

可以使用称为反向传播的算法来调整神经网络的权重,以减少时间差分误差。这个算法先调整从隐藏节点到输出节点的权重,与感知机学习的方式大致相同。然后计算隐藏节点的误差,并且适当调整从输入节点到隐藏节点的权重。虽然以这种方式进行逼近不能保证函数的收敛性,但是它可以在各种领域获得令人满意的性能。

5.5.3 抽象方法

抽象方法涉及将状态空间划分为离散区域并且估计这些区域中的每一个的状态-动作对的价值。抽象方法倾向于使用基于模型的学习方式,使其往往比无模型的学习方法收敛得更快。抽象方法经常使用决策树来分割状态空间。树的内部节点代表的是状态空间的不同维度,叶节点对应于状态空间的区域。

虽然现在已经有了各种不同的抽象方法,但是有一种方法是从某个单个节点的决策树表示的区域开始,然后经历一系列的动作、建模和规划阶段。在动作阶段,根据与当前状态区域的状态-动作对的价值来选择动作。观测由动作 a 与奖励 r 引起的从状态 s 到 s' 的转变,将经验数组 (s,a,s',r) 存储在与 s 相关联的叶节点中。

在建模阶段,需要决定是否拆分节点。对于所有叶节点的每个经验数组,计算

$$q(s,a) = r + \gamma U(s') \tag{5.32}$$

式中, r 是可观测的回报; $U(s')$ 是与下一个状态 s' 相关的叶节点的价值。当经验数组的价值的分布不同时,会想要分割一个叶节点。一种选择分割的方法是最小化终止叶节点的经验数组的方差。当满足一定的停止标准时,如叶节点的方差低于某个阈值时,停止分割。

在规划阶段,使用叶节点的经验数组来估计状态转移模型和奖励模型,然后使用动态规划解决 MDP 问题。虽然与其他方法相比,建模和规划部分需要许多计算量,但这种方法不需要与环境进行过多交互就能找到很好的策略。

5.6 小　　结

① 强化学习是一种从经验中学习智能行为的计算方法。
② 必须仔细权衡探索和利用过程。
③ 一般来说,探索问题没有最优解决方案,但也有几种基于贝叶斯和启发近似的算法效果很好。
④ 确定有多少过去的动作与后续得到的奖励相关。
⑤ 基于模型的强化学习方法包括从经验中构建模型并使用此模型进行规划。
⑥ 无模型的强化学习涉及在不使用转移和奖励模型的情况下,直接估计状态和动作的价值。

⑦ 因为与世界的交互是有限的,所以必须从观测奖励和状态转换中学习。

⑧ 可以通过多种方式实现泛化,如价值函数的局部和全局近似和状态的抽象化。

5.7 扩展阅读

Sutton 和 Barto 的经典著作 *Reinforcement Learning: An Introduction* 介绍了经典强化学习,并对该领域的历史进行了概述[2]。由 Wiering 和 Otterlo 编辑的一卷提供了自 Sutton 和 Barto 的书出版以来的一些研究[3]。Kovacs 和 Egginton 对强化学习的软件进行了探讨[4]。

多年来,多臂老虎机问题及其变种受到极大关注[5]。Gittins 提出了一个对多臂老虎机问题采用分配索引来解决老虎机问题的方法[1]。最近相关工作集中在改进计算分配索引值的效率上[6-7]。

基于模型的强化学习可以分为非贝叶斯和贝叶斯方法[8]。非贝叶斯方法通常依赖于如5.2节所述的最大似然估计。Dyna 方法由 Sutton 提出[9]。优先迭代方法由 Moore 和 Atkeson[10]提出。

基于贝叶斯模型的方法最近受到了更多的关注[11]。Duff 将基于模型的强化学习整合为贝叶斯-自适应马尔可夫决策过程[12]。一般来说,对这种状态公式进行求解是棘手的。Strens 将 Thompson 采样的概念应用于基于模型的强化学习中[13]。上一章提出的在线规划算法的变体已经扩展到贝叶斯模型的强化学习方法中,包括稀疏采样[15]和蒙特卡罗树搜索[16-17]。

无模型强化学习算法常用于不能显式地构建转移和奖励模型的情况。Q 学习和 Sarsa 是两种常用的无模型学习技术。为了解决时间差分学习问题,Sutton 提出了资格追踪方法[18],它们可以扩展到 Sarsa(λ)[19]和 $Q(\lambda)$ 方法中[20-21]。

在强化学习领域中,许多正在进行的工作都涉及对有限经验的泛化。最近,Busoniu et al 撰写了 *Reinforcement Learning and Dynamic Programming Using Function Approximators* 一书。该书研究各种不同的局部和全局函数近似方法[22]。多年来,已经提出了几种不同的抽象方法[23-26]。

虽然在本章中没有讨论,但是贝叶斯方法在无模型强化学习方面的应用已经有一些进展。一种方法是保持状态-动作价值的分布[27-28]。已经有人开始使用贝叶斯策略梯度法,并取得了一些成功[29]。本章中没有讨论多智能体强化学习问题,但是 Busoniu、Babuska 和 De Schutter 对在该领域的一些研究进行了综述[30]。

参 考 文 献

1. J. C. Gittins,"Bandit Processes and Dynamic Allocation Indices,"Journal of the Royal Statistical Society. Series B (Methodological),vol. 41,no. 2,pp. 148-177,1979.

2. R. S. Sutton and A. G. Barto,Reinforcement Learning:An Introduction. Cambridge,MA:MIT Press,1998.

3. M. Wiering and M. van Otterlo,eds. ,Reinforcement Learning:State of the Art. New York:Springer,2012.

4. T. Kovacs and R. Egginton, "On the Analysis and Design of Software for Reinforcement Learning,with a Survey of Existing Systems," Machine Learning,vol. 84,no. 1-2,pp. 7-49,2011. doi:10. 1007/s10994-011-5237-8.

5. J. Gittins,K. Glazebrook,and R. Weber,Multi-Armed Bandit Allocation Indices,2nd ed. Hoboken,NJ:Wiley,2011.

6. J. Nino-Mora,"A (2/3)n Fast-Pivoting Algorithm for the Gittins Index and Optimal Stopping of a Markov Chain," INFORMS Journal on Computing, vol. 19,no. 4,pp. 596-606,2007. doi:10. 1287/ijoc. 1060. 0206.

7. I. M. Sonin,"A Generalized Gittins Index for a Markov Chain and Its Recursive Calculation,"Statistics and Probability Letters,vol. 78,no. 12,pp. 1526-1533,2008. doi:10. 1016/j. spl. 2008. 01. 049.

8. P. R. Kumar, "A Survey of Some Results in Stochastic Adaptive Control,"SIAM Journal on Control and Optimization,vol. 23,no. 3,pp. 329-380,1985. doi:10. 1137/0323023.

9. R. S. Sutton,"Dyna,an Integrated Architecture for Learning,Planning, and Reacting,"SIGART Bulletin,vol. 2,no. 4,pp. 160-163,1991. doi:10. 1145/122344. 122377.

10. A. W. Moore and C. G. Atkeson, "Prioritized Sweeping:Reinforcement Learning With Less Data and Less Time,"Machine Learning,vol. 13,no. 1,pp. 103-130,1993. doi:10. 1007/BF00993104.

11. P. Poupart,N. A. Vlassis,J. Hoey,and K. Regan, "An Analytic Solution to Discrete Bayesian Reinforcement Learning," in International Conference on Machine Learning (ICML),2006.

12. M. O. Duff, "Optimal Learning: Computational Procedures for Bayes-Adaptive Markov Decision Processes," PhD thesis, University of Massachusetts at Amherst, 2002.

13. M. J. A. Strens, "A Bayesian Framework for Reinforcement Learning," in International Conference on Machine Learning (ICML), 2000.

14. W. R. Thompson, "On the Likelihood That One Unknown Probability Exceeds Another in View of the Evidence of Two Samples," Biometrika, vol. 25, no. 3/4, pp. 285-294, 1933. doi: 10.2307/2332286.

15. T. Wang, D. J. Lizotte, M. H. Bowling, and D. Schuurmans, "Bayesian Sparse Sampling for On-Line Reward Optimization," in International Conference on Machine Learning (ICML), 2005.

16. J. Asmuth and M. L. Littman, "Learning Is Planning: Near Bayes-Optimal Reinforcement Learning via Monte-Carlo Tree Search," in Conference on Uncertaintyin Artificial Intelligence (UAI), 2011.

17. A. Guez, D. Silver, and P. Dayan, "Scalable and Efficient Bayes-Adaptive Reinforcement Learning Based on Monte-Carlo Tree Search," Journal of Artificial Intelligence Research, vol. 48, pp. 841-883, 2013. doi: 10.1613/jair.4117.

18. R. Sutton, "Learning to Predict by the Methods of Temporal Differences," Machine Learning, vol. 3, no. 1, pp. 9-44, 1988. doi: 10.1007/BF00115009.

19. G. A. Rummery, "Problem Solving with Reinforcement Learning," PhD thesis, University of Cambridge, 1995.

20. C. J. C. H. Watkins, "Learning from Delayed Rewards," PhD thesis, University of Cambridge, 1989.

21. J. Peng and R. J. Williams, "Incremental Multi-Step Q-Learning," Machine Learning, vol. 22, no. 1-3, pp. 283-290, 1996. doi: 10.1023/A:1018076709321.

22. L. Busoniu, R. Babuska, B. De Schutter, and D. Ernst, Reinforcement Learning and Dynamic Programming Using Function Approximators. Boca Raton, FL: CRC Press, 2010.

23. D. Chapman and L. P. Kaelbling, "Input Generalization in Delayed Reinforcement Learning: An Algorithm and Performance Comparisons," in International Joint Conference on Artificial Intelligence (IJCAI), 1991.

24. A. K. McCallum, "Reinforcement Learning with Selective Perception

and Hidden State," PhD thesis, University of Rochester, 1995.

25. W. T. B. Uther and M. M. Veloso, "Tree Based Discretization for Continuous State Space Reinforcement Learning," in AAAI Conference on Artificial Intelligence (AAAI), 1998.

26. M. J. Kochenderfer, "Adaptive Modelling and Planning for Learning Intelligent Behaviour," PhD thesis, University of Edinburgh, 2006.

27. R. Dearden, N. Friedman, and S. J. Russell, "Bayesian Q-Learning," in AAAI Conference on Artificial Intelligence (AAAI), 1998.

28. Y. Engel, S. Mannor, and R. Meir, "Reinforcement Learning with Gaussian Processes," in International Conference on Machine Learning (ICML), 2005.

29. M. Ghavamzadeh and Y. Engel, "Bayesian Policy Gradient Algorithms," in Advances in Neural Information Processing Systems (NIPS), 2006.

30. L. Busoniu, R. Babuska, and B. De Schutter, "A Comprehensive Survey of Multiagent Reinforcement Learning," IEEE Transactions on Systems Science and Cybernetics Part, vol. 38, no. 2, pp. 156-172, 2008. doi: 10.1109/TSMCC. 2007. 913919.

第 6 章 状态的不确定性

第 5 章和第 6 章讨论了智能体知道当前状态时的序贯决策问题。由于传感器的限制或噪声因素,该状态并不是完全可观测的。本章讨论具有不确定状态的序贯决策问题以及计算最优和近似最优解的方法。

6.1 数学表达

具有状态不确定性的序贯决策问题可以建模为部分可观测马尔可夫决策过程(POMDP)。POMDP是第4章介绍的MDP的扩展。POMDP中,在给定当前状态后,模型可以给出进行特定观测的概率。

6.1.1 问题举例

假设需要照顾婴儿。是否哭决定了什么时候喂他们。哭这个观测无法准确表征饥饿状态,其在饥饿状态基础上有一定噪声。有 10% 的可能,不饿时也哭;有 80% 的可能,饿时会哭。

该模型的动态结构表示如下:如果喂婴儿,那么婴儿在下一个时间段就不会饿。如果婴儿不饿,那么就不用喂婴儿,那么有 10% 的概率婴儿可能在下一个时间变饿。一旦饿了,那么直到被喂饱为止,婴儿会一直挨饿。

喂婴儿的代价是 5,而让婴儿挨饿的代价是 10。代价是累加的,所以如果在婴儿饿的时候喂婴儿,代价就会是 15。假设该问题为一个折扣因子为 0.9 的无限范围问题,对该问题需要找到最优策略。图 6.1 所示为哭泣婴儿问题的动态决策网络。

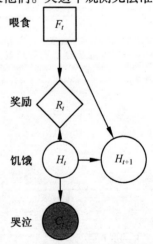

图 6.1 哭泣婴儿问题的动态决策网络

6.1.2 部分可观测的马尔可夫决策过程

POMDP 是具有观测模型的 MDP。在状态 s 下,观测到 o 的概率写为 $O(o|s)$。在一些情况中,观测还依赖于动作 a,所以可以写成 $O(o|s,a)$。POMDP 在 t 时刻的决策只能基于观测历史 $o_{1:t}$。通常会记录置信状态,而不是跟踪任意长的历史。置信状态是基于状态的一种分布。在置信状态 b 中,$b(s)$ 表示处于状态 s 的概率。POMDP 的优化策略表示为置信状态到动作的映射。POMDP 的结构可以用图 6.2 所示的 POMDP 问题的动态决策网络来表示。

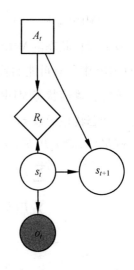

图 6.2 POMDP 问题的动态决策网络

6.1.3 策略执行

算法 6.1 概述了如何执行 POMDP 策略。根据当前置信状态对策略进行评估,然后选择相应的动作。本章将讨论策略的不同表达方式。当收到一个新的观测和奖励后,更新置信状态。6.2 节中将讨论置信状态的更新方式。

算法 6.1 POMDP 策略执行

1: function POMDP 策略执行(π)
2:     $b \leftarrow$ 初始状态
3:     loop
4:         执行动作 $a = \pi(b)$
5:         观察 o 和奖励 r
6:         $t \leftarrow$ 更新置信状态(b, a, o)
7:     end loop
8: end function

6.1.4 置信-状态马尔可夫决策过程

POMDP 实际上是一个 MDP 问题,只是其中状态改为了置信状态。有时称具有置信状态的 MDP 为置信-状态 MDP。置信-状态 MDP 的状态空间是 POMDP 中所有可能的置信的集合 $\mathcal{B}$。如果存在 n 个离散状态,那么 $\mathcal{B}$ 是 R^n 的子集。置信状态 MDP 中的动作集与 POMDP 中的完全相同。

状态转移函数 $\tau(b'|b,a)$ 为

$$\begin{aligned}\tau(b'|b,a) &= P(b'|b,a) \\ &= \sum_o P(b'|b,a,o)P(o|b_t,a_t) \\ &= \sum_o P(b'|b,a,o)\sum_{s'} P(o|b,a,s')P(s'|b,a) \\ &= \sum_o P(b'|b,a,o)\sum_{s'} O(o|s')\sum_s P(s'|b,a,s)P(s|b,a) \\ &= \sum_o P(b'|b,a,o)\sum_{s'} O(o|s')\sum_s T(s'|s,a)b(s) \end{aligned} \quad (6.1)$$

式中,$P(b'|b,a,o) = \delta_{b'}(\text{Update Belife}(b,a,o))$,$\delta$ 是克罗内克 δ 函数。置信-状态 MDP 中的即时奖励是

$$R(b,a) = \sum_s R(s,a)b(s) \quad (6.2)$$

因为状态空间是连续的,所以解决置信-状态 MDP 是具有挑战性的。可以使用 4.5 节中给出的近似动态规划技术,但是利用置信-状态 MDP 的结构可以得到更好的结果。在详细阐述如何更新置信状态后,将讨论这些利用置信状态 MDP 结构的技术。

6.2 状态更新

给定初始置信状态,可以根据上一个观测和执行的动作使用递归贝叶斯估计来更新置信状态。对于具有离散状态的问题以及具有线性高斯动态特性和观测的问题,可以准确地进行更新。对于一般的连续状态空间问题,经常要依赖近似方法。本节旨在介绍置信更新方法。

6.2.1 离散状态滤波器

对于离散状态空间的问题,可以直接应用递归贝叶斯估计。假设初始置信状态是 b,并且在执行 a 之后观测到 o,那么新的置信状态 b' 为

$$\begin{aligned}
b'(s') &= P(s'\mid o,a,b) \\
&\propto P(o\mid s',a,b)P(s'\mid a,b) \\
&\propto O(o\mid s',a)P(s'\mid a,b) \\
&\propto O(o\mid s',a)\sum_s P(s'\mid a,b,s)P(s\mid a,b) \\
&\propto O(o\mid s',a)\sum_s T(s'\mid a,s)b(s) \quad (6.3)
\end{aligned}$$

观测空间可以是连续的,并且在连续的情况下也不会增大精确计算上述方程的难度。在这种情况下,$O(o\mid s',a)$ 的值表示概率密度而不是概率。

使用哭泣婴儿问题来阐明置信状态更新算法。直接将式(6.3)应用于 6.1.1 节中概述的模型。以下是在某个可能情景下的前 6 步。

(1) 从初始置信状态开始,使 $b(h^0)=0.5$ 并且 $b(h^1)=0.5$,换句话说,婴儿饥饿概率为均匀分布。要是认为婴儿会更容易饥饿,那么可以选择不同的初始状态。为了让表达更简洁,把置信表示为数组 $(b(h^0),b(h^1))$。在当前情况下,初始置信状态是 $(0.5,0.5)$。

(2) 不喂婴儿,并且观测到婴儿哭泣。根据式(6.11),新的置信状态是 $(0.0928,0.9072)$。虽然婴儿在哭,但是并不意味着婴儿是真的饿了,因为观测具有一定噪声。

(3) 喂婴儿,并且观测到婴儿停止哭泣。因为知道喂婴儿一定会让婴儿不饿,所以将置信状态更新为 $(1,0)$。

(4) 不喂婴儿,并且观测到婴儿不哭。因为在上一步确定婴儿是不饿的,模型中的动态特性规定在下一个时间段婴儿只有 10% 的可能变饿。事实上,婴儿不哭泣会进一步减少对婴儿饥饿的置信,新的置信状态将是 $(0.9759, 0.0241)$。

(5) 再一次,不喂婴儿,并且观测到婴儿不哭。对婴儿饿了的置信会轻微地增加,那么新的置信状态是 $(0.9701,0.0299)$。

(6) 不喂婴儿,并且观测到婴儿开始哭泣。此时新的置信是(0.462 4, 0.537 6)。因为相当肯定,婴儿一开始的时候不饿,所以比起第二步中婴儿开始哭泣的时候,更倾向于认为婴儿现在不饿了。

6.2.2 线性高斯滤波器

如果将4.4节中的线性高斯动态推广到部分已观测模型,会发现可以使用所谓的卡尔曼滤波器来准确地更新置信。转移概率和观测具有以下形式,即

$$T(z\mid s,a) = \mathcal{N}(z\mid T_s s + T_a a, \Sigma_s) \tag{6.4}$$

$$O(o\mid s) = \mathcal{N}(o\mid O_s s, \Sigma_s) \tag{6.5}$$

因此,可以使用矩阵 T_s、T_a、Σ_s、O_s、Σ_o 来表示连续转移概率和观测模型。

假设初始置信状态可以由高斯函数表示,即

$$b(s) = \mathcal{N}(s\mid \mu_b, \Sigma_b) \tag{6.6}$$

在动态特性和观测具有线性高斯的假设下,可以用如下方式更新置信状态,即

$$\Sigma_b \leftarrow T_s(\Sigma_b - \Sigma_b O_s^T (O_s \Sigma_b O_s^T + \Sigma_o)^{-1} O_s \Sigma_b) T_s^T + \Sigma_s \tag{6.7}$$

$$K \leftarrow T_s \Sigma_b O_s^T (O_s \Sigma_b O_s^T + \Sigma_o)^{-1} \tag{6.8}$$

$$\mu_b \leftarrow T_s \mu_b + T_a a + K(o - O_s \mu_b) \tag{6.9}$$

式中,用于计算 μ_b 的矩阵 K 称为卡尔曼增益。卡尔曼滤波器常用于实际上并不具有线性高斯动态的系统。现已有对基本卡尔曼滤波器的各种不同改进,以更好地适应非线性动态特性,如6.7节所述的那样。

6.2.3 粒子滤波

如果状态空间过大或连续,并且不能很好地通过线性高斯模型近似动态特性,那么可以使用采样的方法来更新置信。置信状态由粒子的集合来表示。粒子是来自状态空间的样本。基于观测来调整这些粒子的算法称为粒子滤波。粒子滤波有很多不同的版本,包括对粒子分配权重的版本。

置信 b 只是来自状态空间的一组样本,由生成模型 G 更新 b。可以抽取样本 $(s',o') \sim G(s,a)$,在当前状态 s 和动作 a 已知的情况下,给出下一个状态 s' 和观测 o'。生成模型可以用黑箱来实现,而不需要明确了解实际的转移或观测概率。

算法6.2基于当前置信状态 b、动作 a 和观测 o 返回更新后的置信状态 b'。生成一组 $\mid b\mid$ 个新粒子的过程是简单的。每个样本都是通过在 b 中随机

选择一个样本生成的,然后抽样$(s',o') \sim G(s,a)$,直到样本观测o'和观测o相匹配为止,然后将抽到的s'添加到新的置信状态b'中。

算法 6.2　具有选择的粒子滤波

1：function 更新置信(b,a,o)
2：　$b' \leftarrow 0$
3：　for $i \leftarrow 1$ to $|b|$ do
4：　　$s \leftarrow b$ 中的随机状态
5：　　repeat
6：　　　$(s',o') \sim G(s,a)$
7：　　until $o' = o$
8：　　将 s' 加入 b'
9：　end for
10：　return b'
11：end function

算法 6.2 版本的粒子滤波的问题在于,可能需要从生成模型中生成许多样本,直到采样观测与实际观测一致为止。当观测空间过大或连续时,抽取到的与目标样本不符的样本数量过多的问题变得特别明显。在 2.2.5 节中,试图直接对贝叶斯网络进行采样来推断网络结构时也遇到了这一问题。该节提出的补救措施是不直接采样观测值,而是使用各个观测的概率来对结果进行加权。

算法 6.3 是不剔除样本的版本。在这个版本中,生成模型只返回状态,而不是状态和观测都返回。通过观测模型来确定 $O(o|s,a)$,观测空间是否连续,它可以是概率函数或概率密度函数。

该算法分为两个阶段:第一阶段通过在 b 中随机选择样本并使用生成模型来生成 $|b|$ 个新样本,对于每个新样本 s_i',用 $O(o|s_i',a)$ 计算出一个权重 w_i,其中 o 是实际观测值,a 是采取的动作;第二阶段中,以与样本的权重成正比的概率在新状态样本的集合中抽取 $|b|$ 个样本,由此构建更新后的置信状态 b'。由粒子滤波的这两个阶段可以看出,随着粒子数目的增加,由粒子表示的分布更接近真实的后验分布。但是,在实践中,粒子滤波可能会失效。由于粒子滤波的随机性,因此可能出现虽然样本数量很多但在真正状态附近没样本的情况。可以通过向样本中引入额外的噪声来在一定程度上缓解这个称为粒子匮乏的问题。

算法 6.3　不具有选择的粒子滤波

1：function 更新置信(b,a,o)
2：　　$b' \leftarrow 0$
3：　　for $i \leftarrow 1$ to $|b|$ do
4：　　　　$s_i \leftarrow b$ 中的随机状态
5：　　　　$s'_i \sim G(s_i,a)$
6：　　　　$w_i \leftarrow O(o|s'_i,a)$
7：　　end for
8：　　for $i \leftarrow 1$ to $|b|$ do
9：　　　　以正比于 w_k 的概率随机选择 k
10：　　　将 s'_k 加入 b'
11：　　end for
12：　　return b'
13：end function

6.3　精确求解方法

如前所述,POMDP 中有一种策略是从置信状态到动作的映射。本节介绍如何计算和表示最佳策略。

6.3.1　α 向量

现在,假设想要计算出解决只运行一步的离散状态 POMDP 问题的最优策略。可知 $U^*(s) = \max_a R(s,a)$,但是因为不能精确得到 POMDP 中的状态,则有

$$U^*(b) = \max_a \sum_s b(s) R(s,a) \qquad (6.10)$$

式中,b 是当前的置信状态。如果用向量 α_a 表示 $R(\cdot,a)$,用向量 b 表示置信状态,那么可以将式(6.10)改写为

$$U^*(b) = \max_a \alpha_a^T b \qquad (6.11)$$

通常称上述等式中的 α_a 为 α 向量。在这个单步 POMDP 问题中,对于每个动作都有一个对应的 α 向量。这些 α 向量定义了置信空间中的超平面。如式(6.11)所示,此时最优价值函数是分段线性的并且是凸函数。

图 6.3 所示为哭泣婴儿问题的 α 向量。如果用(b(非饥饿),b(饥饿))表

示置信向量，那么这两个 α 向量为

$$\alpha_{\text{not-feed}} = (0, -10) \tag{6.12}$$

$$\alpha_{\text{feed}} = (-5, -15) \tag{6.13}$$

从图中可以看出，无论当前的置信是什么，单步问题的最佳策略是不喂养婴儿。根据问题的转移概率，可以认为至少在进行一步之后才能看出喂养婴儿的潜在好处。

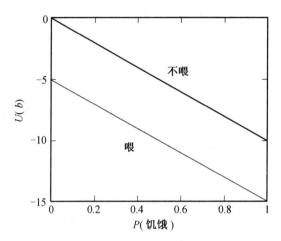

图 6.3 哭泣婴儿问题的 α 向量

6.3.2 条件规划

在计算最优单步策略时引入的 α 向量可以推广到任意步数。在多步 POMDP 问题中，可以将策略表示为决策树。从根节点开始，该节点指出在第一步要采取什么动作。采取该动作后，根据可观测的情况，转换到其中的一个子节点。这个子节点告诉我们要采取什么动作，然后继续沿着树向下运行。

图 6.4 所示为三步规划实例。根节点指出不应在第一步喂养婴儿。对于第二步，如有向线段所示，如果观测到哭泣，那么喂婴儿；反之，不喂。在第三步，仍只在婴儿哭泣后喂婴儿。

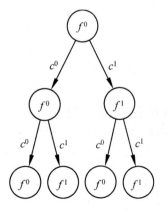

图 6.4 三步条件规划实例

可以递归地计算 $U^p(s)$，当从状态 s 开始时，与条件规划 p 相关的期望效用表示为

$$U^p(s) = R(s,a) + \sum_{s'} T(s'|s,a) \sum_{o} O(o|s',a) U^{p(o)}(s') \quad (6.14)$$

式中，a 是 p 的根节点所指示的动作，并且 $p(o)$ 表示由观测 o 引出的子计划。可以以如下方式计算出与置信状态相关的期望效用，即

$$U^p(b) = \sum_s U^p(s)b(s) \quad (6.15)$$

可以使用 α 向量 α_p 来表示向量化的 U^p。如果 b 是置信向量，那么可以得出

$$U^p(b) = \alpha_p^T b \quad (6.16)$$

如果通过策略空间中的所有的可能策略来对效用进行最大化，可以得到

$$U^*(b) = \max_p \alpha_p^T b \quad (6.17)$$

因此，有限范围的最优价值函数是分段线性并且是凸函数。可以简单地通过执行策略树的根节点中的动作来最大化 $\alpha_p^T b$。

6.3.3 价值迭代

为了找到在当前置信状态下能最大化式(6.17)的策略，枚举每个可能的 h - 步规划通常是不可行的。h 步决策树中的节点数量为 $(|O|^h - 1)/(|O| - 1)$，每个节点有 $|A|$ 个动作。那么有 $|A|^{(|O|^h - 1)/(|O| - 1)}$ 个可能的 h - 步策略。即使哭泣婴儿问题仅有两个动作和两个观测量，那么也有 2^{63} 个六步条件规划，太多了，很难全部枚举。

POMDP 价值迭代的思想是迭代所有单步策略，并丢掉那些在任何初始置信状态下都不是最佳的策略。然后使用剩下的单步策略来生成潜在的最优两步策略。同样，丢弃在任何置信状态下都不是最佳的策略。该过程重复进行，直到策略效用达到预设标准。可以使用线性规划来确定那些在某些置信状态下被其他计划所主导的计划。

图 6.5 所示为折扣因子为 0.9 的哭泣婴儿问题中两个未被主导的 α 向量。当 $P(饥饿) = 0.28206$ 时，两个 α 向量相交。如图所示，如果 $P(饥饿) > 0.28206$，才会想去喂养婴儿。当然，对于这个问题，比起使用 α 向量，简单地记下这个阈值会更容易，但是对于维度更高的问题，α 向量通常能更加简洁地表示策略。

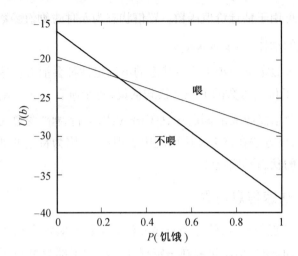

图6.5 折扣因子为0.9的哭泣婴儿问题中两个未被主导的 α 向量

丢弃当前主导规划可以显著减少找到全局最优 α 向量集合所需的计算量。在许多问题中，多数潜在策略由至少一个其他规划主导。然而，在最坏的情况下，对一般的有限范围POMDP问题的精确求解是PSPACE-complete类问题，这是一个计算复杂度类型，其中包括NP-complete问题，并且被怀疑包含有更困难的问题。一般无限范围POMDP问题已经被证明不可计算。因此，最近出现了大量对其近似方法的研究，本章的剩余部分将讨论这些研究。

6.4 离线方法

离线POMDP求解方法涉及在执行之前进行的所有或大部分计算操作。实际上，通常只找近似最优解。有些方法将策略表示为 α 向量，而其他方法则用有限状态控制器表示。

6.4.1 完全已观测值的近似

有一种称为QMDP的简单的近似技术，这个算法的概念是用完全可观测的状态-动作价值函数为每个动作创建一组 α 向量。可以使用价值迭代来计算 α 向量。如果对所有的 s 初始化为 $\alpha_a^{(0)}(s)=0$，那么可以以如下方式迭代，即

$$\alpha_a^{(k+1)}(s) = R(s,a) + \gamma \sum_{s'} T(s'\mid s,a) \max_{a'} \alpha_{a'}^{(k)}(s') \qquad (6.18)$$

每次迭代需要 $O(|A|^2|S|^2)$ 次运算，使 $k \to \infty$，最终迭代出的 $|A|$ 个 α 向

量组成的集合可用于估计价值函数。置信状态为 b 时的价值函数为 $\max_a \alpha_a^T b$，并且近似最优的动作为 $\arg\max_a \alpha_a^T b$。

QMDP 方法假定下一步中所有状态的不确定性都会消失。这个假设意味着 QMDP 限定了价值函数的上限。换句话说，对于所有 b，$\max_a \alpha_a^T b \geq U^*(b)$ 都成立。在涉及信息收集的问题中，QMDP 难以运行，如"变道时向右看"这类问题。然而，该方法在许多实际问题中表现极佳，因为特定的动作选择很难减少这些问题的状态不确定性。

6.4.2 快速信息边界

正如 QMDP 近似一样，快速信息边界（FIB）算法对每个动作都计算出一个 α 向量。然而，快速信息边界在一定程度上考虑了部分可观测性。使用下式来取代式(6.26)中的迭代过程，即

$$\alpha_a^{(k+1)}(s) = R(s,a) + \gamma \sum_o \max_{a'} \sum_{s'} O(o \mid s', a) T(s' \mid s, a) \alpha_{a'}^{(k)}(s')$$

(6.19)

每次迭代需要进行 $O(|A|^2 |S|^2 |O|)$ 次运算，只比 QMDP 算法多出 $|O|$ 倍。对于所有置信状态下的最优价值函数，快速信息边界提供的价值函数的上限不会比 QMDP 提供的更高。图 6.6 所示为根据 QMDP、FIB 和最优 α 向量算法对哭泣婴儿问题的最佳策略。

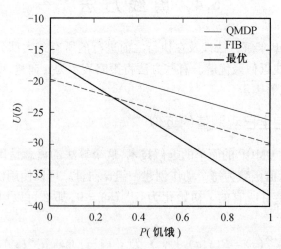

图 6.6 根据 QMDP、FIB 和最优 α 向量算法对哭泣婴儿的问题的最佳策略

6.4.3 基于点的值迭代

有些方法会备份置信空间中有限数量置信点的 α 向量。将置信点的集合表示为 $B=\{b_1,\cdots,b_n\}$,与其对应的 α 向量的集合表示为 $\Gamma=\{\alpha_1,\cdots,\alpha_n\}$。给定 n 个 α 向量,可以用如下方式估计任意置信点 b 处的价值函数,即

$$U^{\Gamma}(b) = \max_{\alpha \in \Gamma} \alpha^{\mathrm{T}} b = \max_{\alpha \in \Gamma} \sum_{s} \alpha(s) b(s) \tag{6.20}$$

目前,假设已经有了这些置信点,将在 6.4.5 节中讨论如何选择这些置信点。想要初始化 Γ 中的 α 向量,使得对于所有 $b, U^{\Gamma}(b) \leqslant U^*(b)$ 都成立。以如下方式初始化所有 n 个 α 向量的所有分量是计算这种下限的方法之一,即

$$\max_{a} \sum_{t=0}^{\infty} \gamma^t \min_{s} R(s,a) = \frac{1}{1-\gamma} \max_{a} \min_{s} R(s,a) \tag{6.21}$$

当从这个初始的 α 向量集开始执行置信点价值函数更新时,要保证对于任何 $b, U(b)$ 不会随着迭代而减小。

可以用 n 个 α 向量来更新置信 b 的价值函数,即

$$U(b) \leftarrow \max_{a} [R(b,a) + \gamma \sum_{o} P(o \mid a,b) U(b')] \tag{6.22}$$

式中,b' 由 Update Belief(b,a,o) 决定;$U(b')$ 由式(6.20)估计,并且

$$P(o \mid b,a) = \sum_{s} O(o \mid s,a) b(s) \tag{6.23}$$

由贝叶斯准则可有

$$b'(s') = \frac{O(o \mid s',a)}{P(o \mid b,a)} \sum_{s} T(s' \mid s,a) b(s) \tag{6.24}$$

结合式(6.20)、(6.22) 和(6.24)并简化,得到如下更新方程,即

$$U(b) \leftarrow \max_{a} [R(b,a) + \gamma \sum_{o} \max_{\alpha \in \Gamma} \sum_{s} b(s) \sum_{s'} O(o \mid s',a) T(s' \mid s,a) \alpha(s')] \tag{6.25}$$

除了简单地更新 b 的价值之外,还可以使用算法 6.4 计算 b 处的 α 向量。基于点的价值迭代近似算法将 n 个置信状态下的 α 向量更新到收敛,然后用这 n 个 α 向量来逼近置信空间中任何位置的价值函数。

算法6.4 置信备份

1: function 置信备份(Γ, b)
2:   for $a \in A$ do
3:     for $o \in O$ do
4:       $b' \leftarrow$ 更新置信(b, a, o)
5:       $\alpha_{a,o} \leftarrow \arg\max\limits_{\alpha \in \Gamma} \alpha^{\mathrm{T}} b'$
6:     end for
7:     for $s \in S$ do
8:       $\alpha_a(s) \leftarrow R(s,a) + \gamma \sum\limits_{s',o} O(o\,|\,s',a) T(s'\,|\,s,a) \alpha_{a,o}(s')$
9:     end for
10:   end for
11:   $\alpha \leftarrow \arg\max\limits_{\alpha_a} \alpha_a^{\mathrm{T}} b$
12:   return α
13: end function

6.4.4 基于随机点的值迭代

6.4.3 节讨论的基于点的价值迭代算法为置信空间中的每个选定点都指定一个 α。为减少更新所有置信点所需的计算量,可以用算法 6.5 中概述的方法来限制表示价值函数所需 α 向量的数量。

该算法首先只用一个 α 向量初始化 Γ,该 α 向量的所有分量都由式(6.21)得出,这就是价值函数的下界。给定这个 Γ 和我们的置信点集 B,调用基于随机点备份(B, Γ) 来创建一个新的 α 向量集,从而为价值函数提供更接近确定值的下界。可以通过再次调用这一函数改进这些新的 α 向量,重复该过程直到收敛。

每次更新要找到一组 α 向量 Γ',通过该向量集可以提高点集 B 中由 Γ 表示的价值函数。换句话说,更新方程需要求出集合 Γ',并且使其对于所有 $b \in B$,都有 $U^{\Gamma'}(b) \geq U^{\Gamma}(b)$。首先将 Γ' 初始化为空集合,将集合 B' 初始化为 B,然后从 B 随机取点 b,并调用置信备份(b, Γ) 来得到一个新的 α 向量。如果这个 α 向量增大了 b 的值,那么将它添加到 Γ' 中;否则,在 Γ 中找到能提高 b 的

价值的 α 向量,并将它添加到 Γ'。然后,集合 B' 会变成还没有被 Γ' 改进的点的集合。在每次迭代中,集合 B' 变得越来越小,直到 B' 为空为止,迭代结束。

算法 6.5 随机的基于置信点的备份

1: function 随机的基于置信点的备份(B, Γ)
2: $\quad \Gamma' \leftarrow 0$
3: $\quad B' \leftarrow B$
4: $\quad$ repeat
5: $\quad\quad b \leftarrow$ 从点集 B' 中均匀随机抽取的置信点
6: $\quad\quad \alpha \leftarrow$ 备份置信(b, Γ)
7: $\quad\quad$ if $\alpha^T b \geq U^{\Gamma}(b)$ then
8: $\quad\quad\quad$ 向 Γ' 中添加 α
9: $\quad\quad$ else
10: $\quad\quad\quad$ 向 Γ' 中添加 $\alpha' = \arg\max_{\alpha \in \Gamma} \alpha^T b$
11: $\quad\quad$ end if
12: $\quad\quad B' \leftarrow \{b \in B \mid U^{\Gamma'}(b) < U^{\Gamma}(b)\}$
13: $\quad$ until $B' = 0$
14: $\quad$ teturn Γ'
15: end function

6.4.5 点选择

许多基于点的价值迭代算法涉及初始化仅包含初始置信状态 b_0 的集合 B,然后通过迭代扩展该集合。扩展集合 B 的最简单的一种方法是从每个置信状态 B(基于 5.1.3 节中的某些探索策略)中选择动作,然后将得到的置信状态添加到 B(算法 6.6)。这个过程需要给定动作情况下从置信状态采样观测值(算法 6.7)。

其他方法试图在整个可达状态空间中分散点。例如,算法 6.8 迭代 B,尝试每个可用的动作,来添加离集合中已有点最远的置信状态。有许多方法来测量两个置信状态之间的距离,如用 L_1 度量距离,那么 b 和 b' 之间的距离可由 $\sum_s |b(s) - b'(s)|$ 给出。

算法 6.6　使用随机动作扩展置信点集

1: function 扩展置信点集(B)
2:　　$B' \leftarrow B$
3:　　for $b \in B$ do
4:　　　　$a \leftarrow$ 从动作空间 A 中随机选取动作
5:　　　　$o \leftarrow$ 采样观测(b,a)
6:　　　　$b' \leftarrow$ 更新置信(b,a,o)
7:　　　　向 B' 中添加 b'
8:　　end for
9:　　return B'
10: end function

算法 6.7　采样观测值

1: function 采样观测(b,a)
2:　　$s \sim b$
3:　　$s' \leftarrow$ 依概率 $T(s'|s,a)$ 随机选取状态
4:　　$o' \leftarrow$ 依概率 $O(o|a,s')$ 随机选取观测值
5:　　return o
6: end function

算法 6.8　使用探索动作扩展置信点集

1: function 扩展置信点集(B)
2:　　$B' \leftarrow B$
3:　　for $b \in B$ do
4:　　　　for $a \in A$ do
5:　　　　　　$o \leftarrow$ 采样观测(b,a)
6:　　　　　　$b_a \leftarrow$ 更新置信(b,a,o)
7:　　　　end for
8:　　　　$a \leftarrow \arg\max_{a}\min_{b' \in B'} \sum_{s} |b'(s) - b_a(s)|$
9:　　end for
10:　　将 b_a 添加到 B' 中
11:　　return B'
12: end function

6.4.6 线性策略

如 6.2.2 节所述,线性高斯动态问题中的置信状态可以由高斯分布(μ_b, Σ_b)表示。如果奖励函数是 4.4 节所假设的二次函数,那么可以完全离线地计算出最佳策略。实际上,该解与 4.4 节中所概述的完全可观测情况下得出的解相同,唯一不同的是使用卡尔曼滤波器计算出的μ_b会被用来代替真实状态。每次观测,都使用卡尔曼滤波器来更新μ_b,然后用 4.4 节中给出的策略阵矩乘以μ_b来确定最优动作。

6.5 在 线 方 法

在线方法从当前置信状态进行规划,进而确定最优策略。比起整个置信空间,当前状态可达的置信状态通常较少。许多在线方法使用深度优先的基于树的搜索以达到某些范围。这些在线算法的时间复杂度通常是指数水平的。在执行每个决策步骤时,比起离线方法,在线方法需要更多的计算量,但是在线方法有时更容易应用于高维问题。

6.5.1 超前近似价值函数

可以使用在线单步超前方法来改进离线计算得到的策略。如果b是当前置信状态,则单步超前策略为

$$\pi(b) = \arg\max_a [R(b,a) + \gamma \sum_o P(o|b,a) U(\text{Update Belief}(b,a,o))]$$

(6.26)

式中,U是近似价值函数。可以用先前讨论的 QMDP、快速通知边界或基于点的价值迭代算法离线计算出的α向量来表示该近似值函数。实验表明,对于许多问题,单步超前可以显著提高基本离线方法的性能。

对 4.6.4 节中介绍的首次发布策略进行采样也可以估计出近似价值函数,但是如算法 6.9 所示,要进行修改来处理 POMDP 问题。对于给定的状态s和动作a,生成模型G返回采样得到的下一个状态s'和奖励r。该算法只使用单个首次发布策略π_0,但是可以使用一组首次发布策略并且并行地用它们进行估计。得出最大价值的策略会被用于估计特定置信状态下的价值。

算法 6.9　评估走子策略

1: function 走子策略(b,d,π_0)
2:　if $d = 0$ then
3:　　return 0
4:　end if
5:　$a \sim \pi_0(b)$
6:　$s \sim b$
7:　$(s',o,r) \sim G(s,a)$
8:　$b' \leftarrow$ 更新置信(b,a,o)
9:　return $r + \gamma$ 走子策略$(b',d-1,\pi_0)$
10: end function

可以通过采样对式(6.34)中所有可能的观测进行求和。对每个动作,都可以通过独立地调用采样观测(b,a)来生成 n 个观测值,然后计算

$$\pi(b) = \arg\max_a \left[R(b,a) + \gamma \frac{1}{n} \sum_{i=1}^{n} U(\text{Update Belief}(b,a,o_{a,i})) \right] \quad (6.27)$$

当观测空间较大时,该策略十分有效。

6.5.2　前向搜索

单步超前方法可以向未来扩展到任意深度。算法 6.10 定义出了函数选择动作(b,d,U),在给定当前置信 b、深度 d 和近似价值函数 U 的情况下,该函数可以得到最佳动作和期望效用对(a^*,u^*)。

当 $d = 0$ 时,不能选择任何动作,因此 a^* 是 NIL,效用是 $U(b)$。当 $d > 0$ 时,计算每个可用动作的价值,并返回最佳动作及其价值。为了计算动作 a 的价值,要估计

$$R(b,a) + \gamma \sum_o P(o|b,a) U_{d-1}(\text{Update Belife}(b,a,o)) \quad (6.28)$$

在上面的等式中,$U_{d-1}(b')$ 是递归调用选择动作$(b',d-1)$返回的期望效用,复杂度为 $O(|A|^d|O|^d)$。算法 6.10 可以修改为抽取 n 个观测值进行计算,而不是枚举所有 $|O|$ 个观测值,该做法与式(6.27)相似,复杂度变为 $O(|A|^d n^d)$。

算法 6.10　在线前向搜索算法

1：function 选择动作(b,d)
2：　if $d = 0$ then
3：　　return (NIL, $U(b)$)
4：　end if
5：　$(a^*, u^*) \leftarrow$ (NIL, $-\infty$)
6：　for $a \in A$ do
7：　　$u \leftarrow R(b,a)$
8：　　for $o \in O$ do
9：　　　$b' \leftarrow$ 更新置信(b,a,o)
10：　　　$(a', u') \leftarrow$ 选择动作($b', d-1$)
11：　　　$u \leftarrow u + \gamma P(o|b,a)u'$
12：　　end for
13：　　if $u > u^*$ then
14：　　　$(a^*, u^*) \leftarrow (a, u)$
15：　　end if
16：　end for
17：　return (a^*, u^*)
18：end function

6.5.3　分支界定

最初在 4.6.2 节中 MDP 背景下介绍的分支界定技术可以容易地扩展到 POMDP。与 POMDP 版本的前向搜索一样，必须迭代观测并且更新置信，否则算法几乎与 MDP 版本完全相同。同样，在 for 循环中，执行顺序是重要的。为了尽可能多的修剪搜索空间，应该枚举各个动作，使得它们价值的上限减小。换句话说，如果 $U(b, a_i) \geq U(b, a_j)$，那么动作 a_i 排在 a_j 之前。

可以将 QMDP 或快速通知边界作为上界函数 $\overline{U}$。对于下界函数 $\underline{U}$，可以使用由盲策略得出的价值函数，无论当前的置信状态是什么，都会选择相同的动作。该价值函数可以由 $|A|$ 个 α 向量构成的集合来表示，可以以如下方式计算得到，即

$$\alpha_a^{(k+1)}(s) = R(s,a) + \gamma \sum_{s'} T(s'\mid s,a)\alpha_a^{(k)}(s') \qquad (6.29)$$

式中，$\alpha_a^{(0)} = \min_s R(s,a)/(1-\gamma)$。除方程右侧的 α 向量没有最大化之外，式 (6.29) 与式 (6.18) 中的 QMDP 方程相类似。

只要 $\underline{U}$ 和 $\overline{U}$ 是真正的下限和上限，分支定界算法的结果将与以 $\underline{U}$ 作为近似价值函数的前向搜索算法得到的结果相同。实际上，分支定界可以显著减少动作选择所需的计算量。上下限越紧密，分支界定对搜索空间修剪越多。然而，在最坏的情况下，分支界定的复杂度并不比前向搜索小，如算法 6.11 所示。

算法 6.11　分支定界在线搜索算法

1: function 选择动作(b,d)
2: 　if $d = 0$ then
3: 　　return $(\text{NIL}, \underline{U}(b))$
4: 　end if
5: 　$(a^*, u) \leftarrow (\text{NIL}, -\infty)$
6: 　fo $a \in A$ do
7: 　　if $\overline{U}(b,a) \leq \underline{u}$ then
8: 　　　return (a^*, u)
9: 　end if
10: 　$u \leftarrow R(b,a)$
11: 　$u \rightarrow R(b,a)$
12: 　　$b' \leftarrow $ 更新置信(b,a,o)
13: 　　$(a', u') \leftarrow $ 选择动作$(b', d-1)$
14: 　　$u \leftarrow u + \gamma P(o \mid b,a)u'$
15: 　end for
16: 　if $u > \underline{u}$ then
17: 　　$(a^*, u) \leftarrow (a, u)$
18: 　end if
19: 　end for
20: 　return $(a^*, \underline{u})$
11: end function

6.5.4 蒙特卡罗树搜索

如算法 6.12 所述，用于 MDP 的蒙特卡罗树搜索方法也可以扩展到 POMDP。算法的输入是置信状态 b、深度 d 和首次发布策略 π_0。应用于 POMDP 的算法和 4.6.4 节中应用于 MDP 的算法之间的主要区别是计数和状态价值与观测历史关联，而不是与状态相关联。历史是由过去的观测和动作构成的序列。例如，如果有两个动作 a^0 和 a^1 以及两个观测 o^0 和 o^1，则历史可能是序列 $h = a^0 o^1 a^1 o^1 a^0 o^0$。在执行算法期间，更新由对价值的估计 $Q(h,a)$ 和计数 $N(h,a)$ 构成的历史-动作对。

算法 6.12　蒙特卡罗树搜索

1: function 选择动作(b,d)
2: 　　$h \leftarrow 0$
3: 　　loop
4: 　　　　$s \sim b$
5: 　　　　仿真(s,h,d)
6: 　　end loop
7: 　　return $\arg\max_a Q(h,a)$
8: end function
9: function 仿真(s,h,d)
10: 　　if $d = 0$ then
11: 　　　　return 0
12: 　　end if
13: 　　if $h \notin T$ then
14: 　　　　for $a \in A(s)$ do
15: 　　　　　　$(N(h,a), Q(h,a)) \leftarrow (N_0(h,a), Q_0(h,a))$
16: 　　　　end for
17: 　　　　$T = T \cup \{h\}$
18: 　　　　return 走子策略(s,d,π_0)
19: 　　end if
20: 　　$a \leftarrow \arg\max_a Q(h,a) + c\sqrt{\log N(h)/N(h,a)}$
21: 　　$(s',o,r) \sim G(s,a)$
22: 　　$q \leftarrow r + \gamma$ 仿真$(s',h,a,o,d-1)$
23: 　　$N(h,a) \leftarrow N(h,a) + 1$
24: 　　$Q(h,a) \leftarrow Q(h,a) + (q - Q(h,a))/N(h,a)$
25: 　　return q
26: end function

与 Q 和 N 相关联的历史可以表示成类似于如图 6.7 所示的用蒙特卡罗树搜索历史树的实例,根节点表示从初始置信状态 b 开始的空历史。在算法执行过程中,树结构扩展,树的各层在动作节点和观测节点之间交替演变。与每个动作节点相关联的是价值 $Q(h,a)$ 和计数 $N(h,a)$,其中历史由指向根节点的路径确定。在该算法中,$N(h) = \sum_a N(h,a)$。

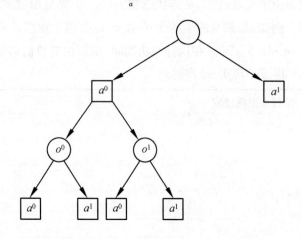

图 6.7　用蒙特卡罗树搜索历史树的实例

与 MDP 版本一样,蒙特卡罗树搜索算法是可运行任意时长的算法。选择动作 (b,d) 中的循环可以在任何时刻终止,并且都将返回某个解决方案。已经证明的是,经过足够迭代后,算法会收敛到最佳的动作。

通过对参数 N_0 和 Q_0 的初始化以及对首次发布策略的选择,可以将先验知识纳入该算法中,该算法不需要在每次决策时重新初始化。历史树、与其相关的计数和价值估计可以在下一次迭代中使用。与所选动作和实际观测值相关联的观测节点在下一步中成为根节点。

6.6　小　　结

① POMDP 是置信状态下的 MDP。
② POMDP 一般难以精确求解,但通常可以得到很好的近似解。
③ 策略可以用 α 向量来表示。
④ 通常可以在线地解决大规模问题。

6.7 扩展阅读

20世纪60年代,发现POMDP可以转化为置信状态下的MDP,离散状态空间中的置信状态更新是对贝叶斯准则的直接应用。Bar-Shalom、Li和Kirubaraja的 *Estimation with Applications to Tracking and Navigation* 中提供了对卡尔曼滤波器及其变体的全面介绍。Arulampalam等提供了粒子滤波的教程。Thrun、Burgard和Fox所著的 *Probabilistic Robotics* 讨论了在机器人应用背景下更新置信的不同方法。

POMDP的精确求解方案最初是由Smallwood、Sondik[5]和Sondik[7]在20世纪70年代提出的,有几项关于POMDP的早期工作的综述[7-9]。Kaelbling、Littman和Cassandra提出了确定主导规划以提高精确求解方法效率的技术[10]。计算POMDP精确解的问题通常是难以解决的[11-12]。

近年来,POMDP的近似方法已经成为研究的重要焦点。Hauskrecht讨论了QMDP与快速信息边界之间的关系,并给出了经验性结论[13]。正如Shani、Pineau和Kaplow[14]所综述的那样,离线近似POMDP解算法聚焦于基于点的近似技术。基于点的价值迭代(PBVI)算法由Pineau、Gordon和Thrun提出[15]。还有其他更多涉及的基于点的价值迭代算法。启发式搜索价值迭代(HSVI)[16-17]和最优策略下可达空间的连续逼近(SARSOP)这两个最佳算法[18]涉及通过置信空间构建搜索树并确定价值函数上下限。6.4.4节讨论的基于随机点的价值迭代算法基于Spaan和Vlassis[19]提出的Perseus算法。基于控制器的解决方案也可以简明地表示无限范围问题的策略,并消除了在执行过程中需要进行的置信更新过程[20-21]。Ross等研究了几个在线解决方法[22]。Silver和Veness提出了一种针对POMDP的蒙特卡罗树搜索算法[23],称为部分已观测蒙特卡罗规划(POMCP)。

参考文献

1. K. J. Aström, "Optimal Control of Markov Processes with Incomplete State Information," Journal of Mathematical Analysis and Applications, vol. 10, no. 1, pp. 174-205, 1965. doi:10.1016/0022-247X(65)90154-X.

2. Y. Bar-Shalom, X. R. Li, and T. Kirubarajan, Estimation with Applications to Tracking and Navigation. New York: Wiley, 2001.

3. M. S. Arulampalam, S. Maskell, N. Gordon, and T. Clapp, "A Tutorialon Particle Filters for Online Nonlinear / Non-Gaussian Bayesian Tracking," IEEE

Transactions on Signal Processing,vol. 50,no. 2,pp. 174-188,2002. doi:10. 1109/ 78. 97 8374.

4. S. Thrun,W. Burgard,and D. Fox,Probabilistic Robotics. Cambridge, MA:MIT Press,2006.

5. R. D. Smallwood and E. J. Sondik, "The Optimal Control of Partially Observable Markov Processes Over a Finite Horizon," Operations Research, vol. 21,no. 5,pp. 1071-1088,1973.

6. E. J. Sondik, "The Optimal Control of Partially Observable Markov Processes Over the Infinite Horizon:Discounted Costs,"Operations Research, vol. 26,no. 2,pp. 282-304,1978.

7. C. C. White III, "A Survey of Solution Techniques for the Partially Observed Markov Decision Process,"Annals of Operations Research,vol. 32, no. 1,pp. 215- 230,1991. doi:10. 1007/BF02204836

8. W. S. Lovejoy,"A Survey of Algorithmic Methodsfor Partially Observed Markov Decision Processes,"Annals of Operations Research,vol. 28,no. 1,pp. 47-65,1991. doi:10. 1007/BF02055574.

9. G. E. Monahan, "A Survey of Partially Observable Markov Decision Processes:Theory,Models,and Algorithms,Management Science,vol. 28,no. 1, pp. 1-16,1982

10. L. P. Kaelbling,M. L. Littman,and A. R. Cassandra, "Planning and Acting in Partially Observable Stochastic Domains," Artificial Intelligence,vol. 101,no. 1-2,pp. 99-134,1998. doi:10. 1016/S0004-3702(98)00023-X.

11. C. Papadimitriou and J. Tsitsiklis, "The Complexity of Markov Decision Processes," Mathematics of Operation Research,vol. 12,no. 3,pp. 441-450,1987. doi:10. 1287/moor. 12. 3. 441.

12. O. Madani,S. Hanks,and A. Condon, "On the Undecidability of Probabilistic Planning and Related Stochastic Optimization Problems,"Artificial Intelligence,vol. 147,no. 1-2,pp. 5-34,2003. doi:10. 1016/S0004-3702(02)00378-8

13. M. Hauskrecht, "Value-Function Approximations for Partially Observable Markov Decision Processes,"Journal of Artificial Intelligence Research,vol. 13,pp. 33-94,2000. doi:10. 1613/jair. 678.

14. G. Shani,J. Pineau,and R. Kaplow,"A Survey of Point-Based POMDP Solvers," Autonomous Agents and Multi-Agent Systems,pp. 1-51,2012. doi: 10. 1007/s104 58-012-9200-2.

15. J. Pineau,G. J. Gordon,and S. Thrun, "Anytime Point-Based Appro-

ximations for Large POMDP," Journal of Artificial Intelligence Research, vol. 27, pp. 335-380, 2006. doi:10.1613/jair.2078

16. T. Smith and R. G. Simmons, "Heuristic Search Value Iteration for POMDP," in Conference on Uncertainty in Artificial Intelligence (UAI), 2004.

17. ——, "Point-Based POMDP Algorithms: Improved Analysis and Implementation," in Conference on Uncertainty in Artificial Intelligence (UAI), 2005

18. H. Kurniawati, D. Hsu, and W. S. Lee, "SARSOP: Efficient Point-Based POMDP Planning by Approximating Optimally Reachable Belief Spaces," in Robotics: Science and Systems, 2008.

19. M. T. J. Spaan and N. A. Vlassis, "Perseus: Randomized Point-Based Value Iteration for POMDP," Journal of Artificial Intelligence Research, vol. 24, pp. 195-220, 2005. doi:10.1613/jair.1659.

20. P. Poupart and C. Boutilier, "Bounded Finite State Controllers," in Advances in Neural Information Processing Systems (NIPS), 2003.

21. C. Amato, D. S. Bernstein, and S. Zilberstein, "Solving POMDP Using Quadra-tically Constrained Linear Programs," in International Joint Conference on Artificial Intelligence (IJCAI), 2007

22. S. Ross, J. Pineau, S. Paquet, and B. Chaib-draa, "Online Planning Algorithms for POMDP," Journal of Artificial Intelligence Research, vol. 32, pp. 663-704, 2008. doi:10.1613/jair.2567.

23. D. Silver and J. Veness, "Monte-Carlo Planning in Large POMDP," in Advances in Neural Information Processing Systems (NIPS), 2010.

第 7 章 协同决策

让一组智能体在序贯环境中协同工作是一项重要挑战。由于构建智能体(如机器人、传感器、软件智能体)的成本变得更低,因此可以部署更多的智能体,但是为了使团队充分发挥其潜力,每个智能体必须关注其他的智能体。本章讨论环境状态和其他智能体的动作选择都具有不确定性情况下的模型。智能体试图优化一个共同的目标,但必须制定基于环境局部信息的规划。可以将这个问题的建模描述为分布部分可观测马尔可夫决策过程(Dec-POMDP)并讨论该模型的复杂度和显著特性。本章还提供了对 Dec-POMDP 精确和近似求解的综述,讨论了该模型中智能体之间通信的使用,并用附加的建模假设和降低的复杂度来描述值得注意的子类。

7.1 数学表达

多智能体系统可以使用 MDP 和 POMDP 以集中的方式进行建模,该方式要求所有智能体的信息和决策集中在每一个步骤上。然而,许多问题需要分布执行。Dec-POMDP 模型是 MDP 和 POMDP 模型的扩展,为各智能体提供分布式策略。在 Dec-POMDP 中,系统的动态变化和目标函数由所有智能体的动作决定,但每个智能体必须基于本地信息做出决定。本章先提出模型,讨论一个实例问题,并概述两个解决方案。

7.1.1 局部分散可观测马尔可夫决策过程

Dec-POMDP 有以下定义:

① I,智能体的有限集;
② S,指定初始状态分布 b_0 的状态的有限集;
③ A_i,每个智能体 i 的动作的有限集;
④ T,转移概率函数 $T(s'|s,a)$,指的是智能体执行动作 a 后,状态 s 转换到

s' 时的概率;

⑤R,奖励函数 $R(s,a)$,指定处于状态 s 并采取动作 a 能得到的奖励;

⑥Ω_i,一个对于智能体 i 的观测的有限集;

⑦O,观测模型 $O(o|s',a)$,表示在状态 s' 时采取动作 a 后获得观测 o 的概率。

带有 n 个区域 Dec-POMDP 的结构如图 7.1 所示,Dec-POMDP 是在不确定条件下多智能体基于不同观测流的执行过程。与 MDP 或 POMDP 一样,Dec-POMDP 在一系列有限或无限的步骤上进行。在每一步,每个智能体都根据其局部观测量选择一个动作,从而导致该组智能体得到奖励,同时每个智能体也会得到各自的观测结果。因为状态不是直接可观测的,所以对每个智能体来说记住它的观测历史可能是有益的。与 POMDP 不同,在 Dec-POMDP 中,并不总是能从单一智能体的观测历史(置信状态)(将在 7.2.1 节中讨论)计算出系统状态的估计值。

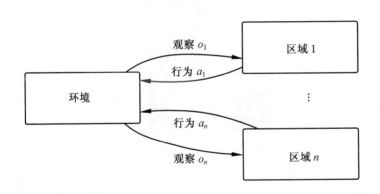

图 7.1 带有 n 个区域 Dec-POMDP 的结构

联合策略是一组策略,在问题中一个智能体对应一个策略。智能体的局部策略是从局部观测历史到动作的映射。Dec-POMDP 的目标是找到一个使期望奖励最大化的联合策略。与 MDP 和 POMDP 一样,可以以不同的方式定义效用,如在有限域内的奖励总和或无限域内的折扣奖励总和(4.1.2 节)。

Dec-POMDP 公式的一种泛化可包括指定智能体各自的奖励函数。如果智能体要最大化自己的积累收益,那么问题就变成了一个部分可观测的随机博弈问题(POSG)。这些问题需要用博弈论处理(类似于 3.3 节中介绍的单次决策),并且更难以分析。

7.1.2 实例问题

一个可以建模为 Dec-POMDP 的领域是机器人导航和探索问题。图 7.2 所示为基于简单机器人导航问题的网格。该问题中，状态对应于两个机器人的位置，动作为上、下、左、右和保持在原地。移动动作使智能体以 0.6 的概率朝着期望的方向移动一个网格，或以各 0.1 的概率移向其他三个方向，或以 0.1 的概率停在当前单元格。向墙壁移动将使机器人停留在原地。选择留在原地将保持智能体在当前位置。假设智能体完全可以观测到其周围的网格单元（如图中的灰线所示）。结果是，每个机器人可以观测在其周围区域内是否有墙，但观测不到自己的实际位置。我们的目标是使两个智能体尽快相遇。当两个智能体处于同一区域时，获得一个奖励；否则，没有奖励。初始状态如图 7.2 所示。

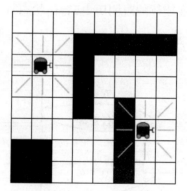

图 7.2 基于简单机器人导航问题的网格

该问题中存在三种类型的不确定性：动作结果的不确定性（如在 MDP 中）、环境信息的不确定性（如在 POMDP 中）和其他智能体的信息的不确定性。虽然智能体可以观测周围网格区域并可以缩小自己所处可能位置的范围，但是观测量通常不提供另一智能体所选择动作或所处位置的信息。因此，在生成解决方案时，优化算法通常会考虑其他智能体的所有可能的选择和位置。如上所述，不能再使用 POMDP 中使用的集中式置信状态，这样求解 Dec-POMDP 会变得更加困难。改问题的解决方案是首先让每个智能体移动到中心位置，如果没有看到其他智能体，则继续移动到其他智能体可能到的一些位置。如果仍然没有看到其他智能体，则智能体可以移动到在解决方案中指定集合的位置并等待其他智能体到达。解决方案会产生一个策略，该策略告诉智能体在观测节点得到不同的观测历史序列且在不确定性之下优化这些选择后应该做出哪种动作。

7.1.3 解的表示

对于有限范围问题,局部策略可以用策略树表示。图7.3所示为两个智能体的Dec-POMDP策略树状图。这样的树类似于POMDP的策略树,但现在每个智能体都拥有自己的策略树,而各智能体的策略树是独立于其他智能体的。说得更具体点,考虑一个上面实例问题的简化版,一个无障碍 2×2 网格。智能体1从右上角开始,智能体2从左下方开始。操作由方向箭头或停止符号 · 表示(每个智能体可以沿给定方向移动或停留在原位置)。观测量"wl"和"wr"分别用于表示看到左边或右边的墙壁。在此表示方式中,智能体采取在根节点定义的动作,然后在看到观测结果后选择由相应分支给出的下一个动作。依此类推,直到叶节点处的动作被执行为止。例如,智能体1将首先向左移动,如果在右边观测到一面墙,智能体将再次向左移动;如果现在左边看到一面墙,那么智能体在最后一步中不移动。策略树是一个智能体到某些固定域的所有局部历史的记录。因为每个决策树都是独立的,所以它可以以分布的方式执行。最终策略允许智能体快速且高概率地在左上方的方格中相遇。

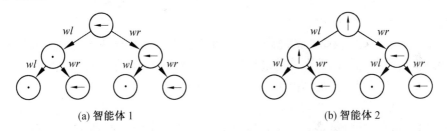

图7.3 两个智能体的Dec-POMDP策略树状图

这些策略树可以通过对每一步的收益进行加权求和来评估,加权使用转换到给定状态的似然以及观测到给定观测集的似然实现。对于一组智能体,当以状态 s 开始时,通过递归地给出决策树 q 的值,有

$$U(q,s) = R(a_q,s) + \sum_{s',o} P(s'|a_q,s)P(o|a_q,s')U(q_o,s') \quad (7.1)$$

式中,a_q 是在决策树 q 的根处定义的动作;q_o 是在 o 被观测到之后被访问的 q 的子树。

虽然这种表示对于有限域问题有用,但无限域问题将需要无限高度的决策树。另一选项是在某些内部记忆状态中做有条件的动作选择。这些解可以表示为一组局部有限状态控制器(图7.4)。同样,除每个智能体拥有自己的独立控制器之外,这些控制器与POMDP使用的那些类似。

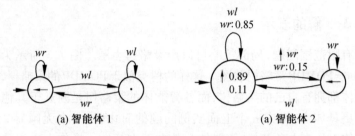

(a) 智能体1   (a) 智能体2

图7.4 两个智能体的Dec-POMDP的随机状态控制过程

控制器以与策略树类似的方式运行。有一个指定的初始节点,在该节点处的动作选择之后,控制器根据观测结果转换到下一个节点,这个过程持续无限步骤。也可以考虑随机控制器,它可以选择动作并随机转换,能够产生比具有相同节点数的确定性控制器更高质量的解决方案。本章中,控制器状态将称为节点以将它们与系统状态区分开。

2×2版本的两节点随机控制器的实例如图7.4所示。智能体2从节点1开始,以0.89的概率向上移动并以0.11的概率保持在原地。如果智能体留在原地并在左边看到一堵墙(观测"wl"),则控制器在下一步转换到节点1,而智能体将再次使用相同的动作;如果在右边看到一堵墙(观测"wr"),那么控制器将以0.85的概率转换回节点1,并且在下一步骤中以0.15的概率转换到节点2。由此生成的策略再次允许智能体在左上角的区域中快速并且高概率地相遇。有限状态控制器允许通过记住智能体观测历史的某一部分而无须在使用整个局部观测历史的情况下简洁地表示无限范围策略。

可以根据所采取的动作和可观测的情况,从初始节点开始并通过控制器的转换来评估联合策略。定义智能体i在节点q_i中将采取动作a_i的概率为$P(a_i|q_i)$。同时,$P(q'_i|q_i,a_i,o_i)$表示采取动作a_i并观测o_i时控制器从当前节点q_i转变到节点q'_i的概率。以节点q、状态s开始,包含动作选择和每个智能体i的节点转移概率的价值可由以下Bellman方程给出,即

$$U(q,s) = \sum_{a}[\prod_{i}P(a_i|q_i)(R(s,a) + \gamma \sum_{s',o,q'}P(s'|a,s)O(o|s',a)\prod_{j}P(q'_j|q_j,a_j,o_j)U(q',s'))]$$

(7.2)

注意,为了确定那些每个智能体接下来可分布在线执行的策略,这些值可以离线计算(对于策略树或控制器)。事实上,正如下面要讨论的,许多算法认为这种离线规划算法可以使解决方案(树或控制器)以集中的方式离线生

成,然后以分布的方式在线执行。

7.2 性　　质

Dec-POMDP 的分布本质使它们与 POMDP 有着根本的区别。我们解释一部分差异,讨论一般 Dec-POMDP 模型的复杂度,并描述置信状态的概念如何扩展到多节点决策问题。

7.2.1 与 POMDP 的区别

在 Dec-POMDP 中,每个智能体的决策都影响域中的所有智能体,但是由于模型的分布性,因此每个智能体必须仅基于局部信息来选择动作。由于每个智能体都会收到一个单独的观测结果,这一结果通常不能提供足够的信息来有效地推理其他智能体的状态,因此理想的 Dec-POMDP 求解变得困难。每个智能体收到的信息片段可能不足以用于估计其他智能体的状态或对它们的决策进行估计。例如,在图 7.2 的机器人导航实例问题中,即使每个智能体知道另一智能体的初始位置,智能体 1 的观测值(直到二者相邻)不提供任何关于智能体 2 的动作选择或位置信息。因此,虽然可能可以限制其他智能体可能所处的位置(如那些不在周围网格单元中的节点),但是通常不可能生成对系统状态的估计。而当观测结果提供这些信息时(如观测到其他智能体时)或其他智能体的策略是已知的(稍后讨论)时,属例外情况。

状态估计在单一智能体问题中是至关重要的,因为它们允许智能体的历史被简洁地概括为置信状态,但它们通常在 Dec-POMDP 中不可用。缺乏状态估计(因此缺乏一个简明充分的统计量)要求智能体记住整个动作和观测历史,以便获得最佳效率。因此,Dec-POMDP 不能被转换为置信状态 MDP,必须使用一组不同的工具来解决。

7.2.2 Dec-POMDP 的复杂度

在对有限范围问题复杂度的考查中可以看出 Dec-POMDP 和 POMDP 之间的差异。具有至少两个智能体的 Dec-POMDP 是 NEXP-complete,该类别的问题在实践中可能需要双倍的指数时间复杂度。这种复杂性与 MDP (P-complete) 和 POMDP(PSPACE-complete) 正好相反。而对于解决无限范围 POMDP,以最佳效率解决无限范围 Dec-POMDP 是不可能的,因为它可能需要无限资源(无限大小的控制器),但在有限的时间和记忆中可以找到 ε 近似的最优解。这些复杂度差异表明,引入多个分布智能体会导致 Dec-POMDP 比 POMDP 更难以解决。直观看来,智能体除需考虑其他所有智能体的状态和动作的不确定性外,还必须考虑所有其他智能体的可能选择,以产生最佳的策略。

7.2.3 广义置信状态

综上所述,从智能体的角度来看,不仅状态有不确定性,其他智能体的策略也可能有不确定性。如果把其他智能体可能采取的策略作为系统状态的一部分,就可以形成一个广义置信状态(有时称为多智能体置信状态)。智能体可以使用广义置信空间的概念,这个空间包括系统状态和其他智能体策略的所有可能的分布。在双智能体问题中,在给定广义置信状态 b_G 的情况下,智能体策略 p 的值为

$$U(p, b_G) = \sum_{q,s} b_G(s, q) U(p, q, s) \tag{7.3}$$

式中,q 表示其他智能体的一种策略。如果所有其他智能体都具有已知策略,那么广义置信状态与 POMDP 置信状态相同,可以以 POMDP 的方式解决其余智能体的 Dec-POMDP(其他智能体可以被认为是环境的一部分)。不幸的是,在解决 Dec-POMDP 时,其他智能体策略的概率分布通常是未知的。结果是,广义置信状态通常无法计算。然而,其他智能体的可能策略和广义置信空间的想法可用在决策过程中。

7.3 代表性子类

Dec-POMDP 在最坏情况下复杂度很高,已经找到很多可能在理论上或实践中更易于处理的 Dec-POMDP 的子类。本节讨论其中的一些,包括 Dec-MDP、网络分布式 POMDP(ND-POMDP) 和多智能体 MDP(MMDP)。Dec-POMDP 中子类及其关系如图 7.5 所示。

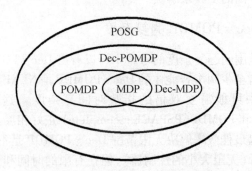

图 7.5 Dec-POMDP 中子类及其关系

7.3.1 Dec-MDP

分布式马尔可夫决策过程(Dec-MDP)是联合完全可观测的 Dec-POMDP。换句话说,如果所有智能体的观测结合到一起,那么环境的状态就是准确已知的。Dec-MDP 的常见例子是一个状态包含一组机器人的位置并且每个智能体完全可以观测到自己位置的问题。如果所有这些观测都结合起来,那么所有机器人的位置将是已知的。注意(可能违反直觉),Dec-MDP 确实包括每个智能体的观测结果,通常是带噪声的状态表示。Dec-MDP 的复杂度与 Dec-POMDP 相同。虽然若观测可共享便可得到真实状态,但实际该观测并不共享。

现在讨论 Dec-MDP 中的因式分解问题,其实在完整的 Dec-POMDP 中也可以完成类似的因式分解。一个分解的 n 智能体 Dec-MDP 是一个全局状态可以被分解为 $n+1$ 个分量的 Dec-MDP,$s = s_0 \times s_1 \times \cdots \times s_n$。$s_i$ 的状态是与智能体 i 相关联的局部状态。s_0 是环境特征,并且不受任何智能体动作(有时被省略)的影响。例如,s_0 可以是目标跟踪场景中目标的位置。类似地,智能体的局部状态 s_i 可能由其在网格中的位置组成。对于一个分解的 n 智能体 Dec-MDP,如果每个智能体都完全观测到自身的状态成分,则称该 Dec-MDP 是局部完全可观测的。

如果状态转移概率因式分解如下,则认为一个分解的 n 智能体 Dec-MDP 是独立转移的,即

$$T(s'|s,a) = T_0(s'_0|s_0) \prod_i T_i(s'_i|s_i,a_i) \tag{7.4}$$

式中,$T_i(s'_i|s_i,a_i)$ 表示执行动作 a_i 后,智能体 i 的局部状态从 s_i 转移到 s'_i 的概率。不受影响的状态转移概率表示为 $T_0(s'_0|s_0)$。如果机器人不相互影响,则机器人导航问题就是独立转换的(即它们在移动时不会彼此碰撞并且可以共享相同的网格单元)。

如果观测概率因子分解如下,则认为一个分解的 n 智能体 Dec-MDP 是独立观测的,即

$$O(o|s,a) = \prod_i O_i(o_i|s_i,a_i) \tag{7.5}$$

式中,$O_i(o_i|s_i,a_i)$ 表示在执行动作 a_i 之后智能体 i 在状态 s_i 下接收到观测值 o_i 的概率。如果导航问题中机器人不能观测到彼此(在不同位置工作或缺乏传感器),那么该问题就是独立观测的。

如果满足下式,则一个分解的 n 智能体 Dec-MDP 被认为是独立奖励的,即
$$R(s,a) = f(R_1(s_i,a_i),\cdots,R_n(s_i,a_i)) \tag{7.6}$$
式中,f 是其约束条件,是某种单调非递减函数。这样的函数具有以下属性:$x_i \leqslant x'_i$,当且仅当
$$f(x_1,\cdots,x_i,\cdots,x_n) \leqslant f(x_1,\cdots,x'_i,\cdots,x_n) \tag{7.7}$$

在这种假设下,通过最大化局部奖励来获得最大化总体奖励。加性局部奖励常用于独立奖励模型,其中
$$R(s,a) = R_0(s_0) + \sum_i R_i(s_i,a_i) \tag{7.8}$$

有限 Dec-MDP 子类的复杂度见表 7.1。最简单的是具有独立转换概率、观测和奖励的情况。可以直接看出,在这种情况下,问题可以分解为 n 个单独的 MDP,然后可以将它们的解合并。当只有转换和观测是独立的时,问题变为 NP-complete。直观地,该问题具有 NP-complete 的复杂度是因为其他智能体的策略不影响该智能体的状态(只有奖励是在一组局部状态集中获得的)。独立的转换概率和观测意味着局部状态的完全可观测性,智能体的观测历史不提供任何关于它自身状态的信息,这个自身状态早就是已知的了。类似地,因为它们是独立的,所以智能体的观测历史不提供关于其他智能体状态的任何额外信息。因此,最优策略成为局部状态到动作的映射,而不是到观测历史的映射(或局部状态历史的映射,因为在这种情况下局部状态是局部完全可观测的)。所有其他组合方式的独立转换,观测和奖励不会降低问题的复杂度,在最坏的情况下,复杂度也保持在 NEXP-complete 状态。

表 7.1　有限 Dec-MDP 子类的复杂度

独立性	复杂度
转移、观测和奖励	P-complete
转移和观测	NP-complete
任意一个子集	NEXP-complete

7.3.2　ND-POMDP

网络分布式 POMDP(ND-POMDP)是一种 Dec-POMDP,其具有转换和观测独立性并且有着特殊奖励结构。奖励结构由协同图或超图(Hypergraph)表示。超图是图的泛化,其连线可以连接任何数量的节点。ND-POMDP 超图中的节点对应于各种智能体。连线是与奖励函数中智能体

之间的交互有关的。ND-POMDP 与超图中一个奖励分量 R_j 的每个边 j 关联，该分量 R_j 取决于连线所连接的状态和动作分量。ND-POMDP 中的奖励函数只是与连线相关的奖励分量的和，这个事实表明允许价值函数以相同的方式进行因式分解，并且求解方法可以利用这个结构。

图 7.6 所示为具有五个决策单元的 ND-POMDP 结构的例子。有三个超连线：一个涉及智能体 1、2 和 3；一个涉及智能体 3 和 4；另一个只涉及智能体 5 自己。收益函数分解为

$$R_{123}(s_1,s_2,s_3,a_1,a_2,a_3) + R_{34}(s_3,s_4,a_3,a_4) + R_5(s_5,a_5) \quad (7.9)$$

ND-POMDP 的适用范围通常是传感器网络和目标跟踪问题。

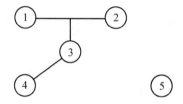

图 7.6　具有五个决策单元的 ND-POMDP 结构的例子

ND-POMDP 模型与转换及观测独立的 Dec-MDP 模型相似，但它不做联合完全可观测的假设。即使所有观测结果都是共享的，全局的真实状态也可能是未知的。此外，即使有分解的转换和观测，在 ND-POMDP 中的策略也只是从观测历史到动作的映射。与 Dec-MDP 情况不同，Dec-MDP 策略是从局部状态到动作的映射。最坏情况下，其复杂度与完整的 Dec-POMDP（NEXP-complete）保持相同，但是 ND-POMDP 的算法通常在智能体的数量上更具有可扩展性。可扩展性随着超图的连接减少而增加。

7.3.3　MMDP

另一个值得注意的子类是多智能体马尔可夫决策过程（MMDP）。在一个 MMDP 中，每个智能体都能够观测到真实状态，使问题完全可观测。因为每个智能体能够观测到真实状态，所以 MMDP 可以在多项式时间内作为 MDP 来解决（使用一些协调机制来确保策略间互相保持一致）。基于上述机器人导航问题的实例，对于 MMDP 问题，将假设在问题的每一步每个机器人知道另一机器人的位置。MMDP、Dec-POMDP 和单智能体模型之间的关系如图 7.7 所示。

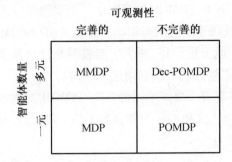

图7.7 MMDP、Dec-POMDP 和单智能体模型之间的关系

7.4 求精确解的方法

本节讨论有限范围问题的最优算法和无限范围问题的 ε 近似最优算法。有限范围的方法可以用来解决任何 ε 内的无限范围问题,考虑过大的范围来进行动作的选择对整体奖励的贡献很小。POMDP 方法经常可扩展范围到足以产生这样的解决方案,但 Dec-POMDP 方法不能。因此,使用有限状态控制器作为解决方案来表示 Dec-POMDP 的特定的无限范围方法被列入讨论范围。大多数解决方案假设该问题是在离线状态下集中解决的,以产生以分布式方式在线执行的策略。这些方法也可以通过为给定的算法加入适当协同机制,以分布方式产生解决方案。

7.4.1 动态规划

算法7.1是一个动态规划算法,用于优化求解有限范围Dec-POMDP。这种方法为每个智能体(表示为 π)从最后一步到第一步构建一个策略树集。每一步,算法穷举生成所有后续步骤策略,评估它们,然后修剪那些对于每个智能体 i 来说都是次优的策略,直到不能再修剪为止。连续地生成、评估和修剪直到达到期望的范围 T,除将导致更复杂修剪步骤的广义置信状态外,Dec-POMDP 中的动态规划与 POMDP 中的价值迭代法类似。

在动态规划算法中,自下而上生成一组针对每个智能体的 T-step 策略树。更确切地说,在问题的最后一步,每个智能体将仅执行单个动作,可以表示为一步策略树。考虑每个智能体的所有可能动作,并且通过使用式(7.1)在问题的每个状态下评估这些一步策略树的组合。对于其他智能体的所有状态和可能的动作(广义置信空间),若该节点的任意一个动作的价值在所有状

态下都低于某个其他动作,那么这一动作将被修剪掉,然后通过完全备份当前的策略树来生成每个智能体所有的两步策略。也就是说,为每个动作和每个结果观测来选择某些一步树。如果一个智能体有 $|Q_i|$ 一步策略树、$|A_i|$ 动作和 $|\Omega_i|$ 观测结果,则会有 $|A_i||Q_i|^{|\Omega_i|}$ 两步策略树。在完成对每个智能体的下一步策略树的详尽备份之后,再次修剪以减少其数量。这个策略树的备份过程和修剪过程一直持续,直到它到达期望范围 T 为止。

算法 7.1　Dec-POMDP 的动态编程算法

1: function Dec 动态编辑(T)
2: 　$t \leftarrow 0$
3: 　$\pi_t \leftarrow 0$
4: 　repeat
5: 　　$\pi_{t+1} \leftarrow$ 完全备份(π_t)
6: 　　计算 $V^{\pi_{t+1}}$
7: 　　repeat
8: 　　　$\hat{\pi}_{t+1} \leftarrow \pi_{t+1}$
9: 　　　for $i \in I$ do
10: 　　　　$\hat{\pi}_{t+1} \leftarrow$ 修剪($\hat{\pi}_{t+1}, i$)
11: 　　　　计算 $V^{\hat{\pi}_{t+1}}$
12: 　　　end for
13: 　　until $|\pi_t| = |\hat{\pi}_t|$
14: 　　$t \leftarrow t + 1$
15: 　until $t = T$
16: 　return π_t
17: end function

所得到的一组策略树将包含用于范围 T 和系统的任何初始状态的最佳解。这是因为在策略树每一步都考虑了所有可能,并只删除了那些无论其他智能体在那一步中选择什么策略都没有用的部分。这种保守的策略树修剪确保可以无风险地删除那些在给定步骤中次优的决策树。

用于确定策略树是否可以被修剪的线性程序如下。对于智能体 i 给定的决策树 q_i、变量 ε 以及 $x(q_{-i}, s)$,给出最大化的 ε,即

$$\sum_{q_{-i}, s} x(q_{-i}, s) U(\hat{q}_i, q_{-i}, s) + \varepsilon \leq \sum_{q_{-i}, s} x(q_{-i}, s) U(q_i, q_{-i}, s) \quad \forall \hat{q}_i \quad (7.10)$$

$$\sum_{q_{-i}, s} x(q_{-i}, s) = 1 \text{ 和 } x(q_{-i}, s) \geq 0 \quad \forall q_{-i}, s \quad (7.11)$$

此线性程序确定智能体 i 的决策树,该程序通过将 q_i 的值与智能体其他树的价值 $\hat{q_i}$ 比较来确定 q_i 是否是占优的。变量 $x(q_{-i},s)$ 是其他智能体的决策树和系统状态(广义置信状态)的分布。最大化 ε 的同时,要确保表示广义置信状态的变量 x 保持适当概率分布,并测试以查看是否有一些决策树的分布对于其他智能体的所有状态和策略具有更高或相等的值。因为无论系统状态和其他智能体的策略如何,总是有一个至少相等价值的决策树可供选择,而如果 ε 是非正的,则决策树 q_i 可以被修剪。

优势地位(Dominance)的测试被用于给定范围的决策树,确保考虑到给定范围内的所有可能的策略,并删除那些由其他智能体确定无用的策略。如果策略被删除,那么对于其他智能体来说广义置信空间就会变小(删除了一个需考虑的可能的策略),并且更多的策略可能会被修剪掉。因此,可以继续测试每个智能体的优势策略,直到没有智能体能够修剪任何策略。算法 7.1 中的第 7 ~ 11 行显示,对于所有智能体来说,当智能体在删除决策树的同时,修剪仍在继续进行。

与 POMDP 的价值迭代不同,因为不能再从价值函数中恢复策略,所以必须保留策略树。即使在 POMDP 情况下可预测下一步,也必须在选择一个动作之后计算置信状态。因为不可能在 Dec - POMDP 情况下计算置信状态,并且动作选择必须基于局部信息,所以最优价值函数不足以生成 Dec - POMDP 策略。

7.4.2 启发式搜索

不同于动态规划方法那样自下而上计算策略树,可以从一个已知的初始状态自上而下构建策略树。这是多智能体 A^*(MAA^*)方法,它是一个基于启发性搜索(Heuristic Search)技术的最优算法。通过使用部分定义策略(使用 POMDP 或 MDP 解决方案)的价值上限来进行搜索,然后在最佳优先排序中选择部分联合策略以扩展。接着添加动作,然后就会找到这一新的部分联合策略的价值上限。同样,选择具有最高价值的部分联合策略,同时另一动作选择将被确定。这一过程一直持续到发现一个完全定义的联合策略,其价值高于任何部分联合策略。算法 7.2 概述了该方法。

可以通过首先考虑每个智能体可能采取的动作来制定自上而下的联合策略。MAA^* 考虑在该步骤可以采取的所有可能动作的组合,构造以这些组合为单独搜索节点的搜索树。在最糟糕的情况下,可以通过考虑在第一步骤处动作的所有可能组合、在第二步骤中每个观测的所有可能动作组合等,来构造包含每个决策树的所有可能策略的搜索树。因为这些策略中很多策略可能是次优的,所以需要一种更智能的方法来做出理想选择。

算法7.2 多智能体 A^*

1: function 多智能体 $A^*(T,b_0)$
2:     $\underline{V} \leftarrow -\infty$
3:     $L \leftarrow x_i A_i$
4:     repeat
5:        $\delta \leftarrow$ 选择(L)
6:        $\Delta' \leftarrow$ 扩展(δ)
7:        $\Delta^T \leftarrow$ 全排序(Δ')
8:        $\pi \leftarrow$ 最优全排序(Δ^T)
9:        $v \leftarrow$ 计算价值(π)
10:       if $v > \underline{V}$ then
11:           $\pi^* \leftarrow \pi$
12:           $\underline{V} \leftarrow v$
13:           修剪:$(L,\underline{V})$
14:       end if
15:       $\Delta' \leftarrow \Delta' \backslash \Delta^T$
16:       $L \leftarrow L \backslash \delta \cup \Delta'$
17:     until L 为空
18:     return π^*
19: end function

为选择更好的动作,MAA* 包含一个用于在执行部分策略后继续执行给定步数的启发性价值。也就是说,用基于 A^* 的启发性搜索方法,可以利用式 (7.1) 计算出的决策树集持续到范围 t 的价值来估计范围到 t 的策略集的价值,然后为持续到范围 T 的价值估计启发式价值。

更正式地说,将会把一些范围 $t < T$ 的策略树集 q 称为部分策略,将 Δ^{T-t} 策略集称为一个完成策略。完成策略包括附加到部分策略每个叶(最后一个动作)的 $T-t$ 个策略。给定部分策略和完成策略,可以在状态 s 下评估它们,即

$$U(\{q^t, \Delta^{T-t}\}, s) = U(q^t, s) + U(\Delta^{T-t} \mid q^t, s) \quad (7.12)$$

与其明确考虑要附加的完成策略,可以估计完成策略将产生的价值。因此,对于全范围 T,可以产生一个部分策略具有的估计价值 $\hat{U}$,即

$$\hat{U}(q^t, s) = U(q^t, s) + \hat{U}^{T-t}_{q^t, s} \quad (7.13)$$

式中，$\hat{V}_{q^t,s}^{T-t}$ 是在执行始于 s 的 q 之后，对持续到范围 T 的价值的估计值。

有很多方法可以计算 $\hat{V}_{q^t,s}^{T-t}$，但是为了确保产生最优策略，要求估计价值至少与现有持续到范围 T 的最佳价值一样高（$\hat{V} \geqslant V^*$）。MAA* 想放宽问题的假设，通过使用 MDP 或 POMDP 策略以产生启发价值。$V_{\text{POMDP}}^*(b)$ 可以定义为从置信 b 开始的 POMDP 策略的最优价值（即集中式的解，其中所有智能体的所有观测值都是已知的，并且可以基于这个集中的观测信息来选择动作）。类似地，$V_{\text{MDP}}^*(s)$ 可以定义为从状态 s 开始的 MDP 策略的最优值（即集中式解，对于问题的剩余部分假设问题的状态所有智能体都能见到）。它可以由 $V_{\text{Dec-POMDP}}^* \leqslant V_{\text{POMDP}}^* \leqslant V_{\text{MDP}}^*$ 表示，这在直观上是成立的，因为智能体可用的信息更多，所以策略的限制更少。然后 MAA* 通过评估策略到给定的范围 t 来评估部分策略的价值，接着假设对于从叶节点 q^t 开始的智能体来说，置信状态（在 V_{POMDP}^* 情况下）或状态（在 V_{MDP}^* 情况下）是已知的。

在 MAA* 中的搜索会选择最大的启发价值添加到部分策略上。在当前策略的叶节点产生之后，这个增长后的策略会为每个可能的观测添加动作，这个搜索节点的扩展会在每一步为搜索树增加一个指数量级的节点。然后对这些新策略中的每一个进行评估，以产生更新的启发价值。

最佳联合策略价值的下限也得到保持。如果策略增长到范围 T，则将该策略的价值与下限比较，如果此策略的价值更大，则更新该价值。随后，任何估计值小于下限的部分策略都可以被修剪。可以使用这种修剪方式是因为策略的估计值是其真实价值的上限，当该上限小于下限时，表明它永远不会具有高于生成策略的下限值。当没有部分策略可扩展时，搜索完成。在这种情况下，一组具有比任何部分策略启发价值都更高的 q^T 策略被生成。

现在更详细地描述算法7.2。下界值 $\underline{V}$ 表示已知的最佳联合策略的价值，该价值被初始化为负无穷。一个开放列表 L 表示可用于扩展的部分策略的集合，被初始化为智能体的所有联合动作。在每个步骤中有最高估计价值 $\hat{V}$ 的部分联合策略（搜索树中的节点）被筛选出来。这个部分联合策略随后得到扩展，生成该联合策略的所有后续步骤的策略（搜索树中的所有子树）。该集合称为 Δ^t。现在，全范围 T 的联合策略集合被归纳到 Δ^T 中，其中每一个都被评估，具有最高价值 v 的被选择。如果此价值高于最佳已知完全策略的值，则下界和指向最佳策略的箭头将被更新。此外，开放列表中任何部分策略的估计的上界若小于 $\underline{V}$（使用 Q_{MDP} 或 Q_{POMDP} 启发法），则该部分策略将被修剪。将整个树从扩展后节点的集合中删除,并且从开放列表中删除所选节点,剩余的扩展后的节点随后被添加到开放列表中。此算法继续,直到开放列表为空并返回最优联合策略 π^* 为止。

在 MAA* 的一个搜索树状实例如图 7.8 所示。每个搜索节点都表示一个给定范围的联合策略,下标表示搜索树中的搜索节点和每个上代节点的索引,而上标表示的是联合策略的范围。上代节点被索引用于表示的部分策略在适当的水平内共享。注意,m 表示下一步可能的联合策略的数量,即 $|A_{max}|^{n|\Omega_{max}|}$,给定 n 个智能体中的最大动作和观测集是 A_{max}, Ω_{max}。可用的部分策略(开放列表)由树叶表示,而已经被扩展的节点视为内部节点。

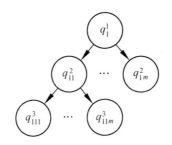

图 7.8　在 MAA* 的一个搜索树状实例

7.4.3　策略迭代

因为无限范围问题是不可判定的,所以可能无法生成精确的最优解。因此,方法专注于求在最优价值 ε 内的解。

除有限状态控制器被用来表示策略(如 POMDP 的策略迭代)外,Dec-POMDP 的策略迭代方法与有限域动态规划算法相似。从每个执行者的初始控制器开始,通过完全备份的方式在每个步骤添加节点,来为每个智能体产生任何可能的下一步策略。如果从某一节点开始比从另一节点开始对于系统的所有状态以及其他智能体的所有可能控制器得到的价值都要低,则可以删除该节点,完成修剪。对于某系统的所有状态以及其他智能体的所有可能控制器来说,如果某智能体的控制器的一个节点的值低于另一个节点的初始值,那么可以通过删除该节点来完成修剪。这些完全备份和修剪的步骤一直进行到解决方案被证明是在 ε 内的最佳解时停止。该算法可以在有限步数内得到 ε - 最优策略。策略迭代的细节如下。

策略迭代算法如算法 7.3 所示，输入是初始联合控制器、π_0 和参数 ε，在每个步骤进行评估、备份和修剪，使用式(7.2)评估控制器。接下来，生成一个完全备份以将节点添加到局部控制器。完全备份每次为所有智能体的局部控制器添加节点。类似于有限范围的情况，对于每个智能体 i，$|A_i||Q_i|^{|\Omega_i|}$ 个节点被添加到局部控制器，每一步策略添加一个节点。注意，重复应用完全备份相当于在确定性策略空间内进行强力搜索。这些遍历备份过程一直持续到收敛至最优，但显然这是相当低效的。

算法 7.3　Dec-POMDPS 的策略迭代算法

1: function Dec 策略迭代算法(π_0, ε)
2:　　$t \leftarrow 0$
3:　　repeat
4:　　　　$\pi_{t+1} \leftarrow$ 完全备份 π_t
5:　　　　计算 $V^{\pi_{t+1}}$
6:　　　　repeat
7:　　　　　　$\hat{\pi}_{t+1} \leftarrow \pi_{t+1}$
8:　　　　　　for $i \in I$ do
9:　　　　　　　　$\hat{\pi}_{t+1} \leftarrow$ 修剪$(\hat{\pi}_{t+1}, i)$
10:　　　　　　　更新控制$(\hat{\pi}_{t+1}, i)$
11:　　　　　　　计算 $V^{\hat{\pi}_{t+1}}$
12:　　　　　end for
13:　　　until $|\pi_t| = |\hat{\pi}_t|$
14:　　　$t \leftarrow t + 1$
15:　until $\dfrac{\gamma^{t+1}|R_{\max}|}{1-\gamma} \leq \varepsilon$
16:　return π_t
17: end function

为提高算法的效率，需要进行修剪。回想一下，规划是在离线状态下进行的，因此每个智能体的控制器在每个步骤中都互相知道，但智能体在执行过程中不会知道任何其他智能体会在它们控制器的哪个节点上。因此，修剪必须在广义置信空间上完成（使用类似于有限范围动态规划所描述的线性程序）。也就是说，智能体控制器的一个节点只有在节点的某个组合比系统的所有状态以及其他智能体控制器的节点具有更高的价值时,该节点才能被修剪。如果这个条件成立,那么被删除节点的连线将重新被定向到主要节点。因为节点可能被其他节点的分布支配,所以得到的转换可能是随机的而不是确定的。评估更新的控制器,且继续修剪,直到没有智能体可以删除任何节点为止。

与单智能体情况相反,没有用于测试策略是否收敛到 ε - 最优性的 Bellman 残差。采取一个基于折扣和迭代次数的更简单的测试。令 $|R_{max}|$ 是 Dec - POMDP 可能获得的最大收益的绝对值。若 $\gamma^{t+1}|R_{max}|/(1-\gamma) \leq \varepsilon$,则该算法在迭代 t 次之后终止。此时,由于折扣,因此步骤 t 之后任何策略的价值都小于 ε。

7.5 求近似解的方法

本节将讨论有限范围问题的近似动态规划方法和无限范围问题中固定大小的基于控制器的方法。本节中的算法不具有误差界限。

7.5.1 内存有界的动态规划

动态规划方法的主要限制是随着范围的扩大,对存储器内存和时间需求的爆炸性增长。这种爆炸性增长的发生是因为在执行修剪步骤之前的每一步都需要生成并评估所有联合策略树(每个智能体的策略树集合)。近似动态规划技术可以使用一个名为 MaxTrees 的参数来为每个智能体在每个步骤上保留固定数量的策略树来缓解这个问题。这种方法称为内存有界动态规划(MBDP),在算法 7.4 中进行概述。

MBDP 通过使用启发性(在算法中称为 H)来合并自上而下(启发性搜索)和自下向上(动态规划)方法,启发性可为每个智能体达到给定的范围选择自上而下的策略。也就是说,动态规划过程如前所述,但每次备份后,利用启发性生成 MaxTrees 置信状态,以执行自上而下的简单采样,直到达到动态规划的预定步骤($T-t$,如果在步骤 t 进行动态规划)为止。然后假定由此产生的置信状态会展现给智能体,并且在这些置信状态下有着最高价值的决策树被保留。在执行期间,置信状态将不会真的展现给智能体,但希望使用这种策略仍然可以生成高价值的分布式策略。MBDP 是以类似于传统动态规划的迭代方式进行的。例如,在范围 T 的问题中,启发性策略可以用于前 $T-1$ 步,而动态编程可以为结果置信找到最佳的一步树(动作)。然后,可以对前 $T-2$ 步使用启发性策略,同时 MaxTrees 一步树可以以动态规划的方式建立为两步树。这个过程一直持续到 MaxTrees 范围 T 树被构造。已经被使用的启发式方法包括 MDP 和随机策略。由于每个步骤只保留固定数量的决策树,因此结果是次优但更具扩展性的算法。其实,保留的策略数量在每个步骤都受到 MaxTrees 的约束,在限制范围内 MBDP 的时间和空间复杂度都是线性的。

算法 7.4　限定内存动态编程算法(MBDP)

1: function MBDP(MaxTrees, T, H)
2: 　$t \leftarrow 0$
3: 　$\pi_t \leftarrow 0$
4: 　repeat
5: 　　$\pi_{t+1} \leftarrow$ 完全备份(π_t)
6: 　　计算 $V^{\pi_{t+1}}$
7: 　　$\hat{\pi}_{t+1} \leftarrow 0$
8: 　　for $k \in$ MaxTrees do
9: 　　　$b_k \leftarrow$ 生成置信$(H, T-t-1)$
10: 　　　$\hat{\pi}_{t+1} \leftarrow \hat{\pi}_{t+1} \cup \arg\max_{\pi_{t+1}} V^{\pi_{t+1}}(b_k)$
11: 　　end for
12: 　　$t \leftarrow t+1$
13: 　　$\pi_{t+1} \leftarrow \hat{\pi}_{t+1}$
14: 　until $t = T$
15: 　return π_t
16: end function

7.5.2　联合均衡搜索

作为基于 MBDP 方法的替代方法,一个利用交替计算最佳响应的方法称为联合均衡搜索方法(JESP)。JESP 如算法 7.5 所示,为所有智能体生成初始策略,然后除一个智能体外,所有智能体保持固定。接着,其余的智能体可以对固定策略的最佳响应进行计算(局部最优)。然后,固定此智能体的策略,下一智能体计算最佳响应。此过程一直持续到没有智能体更改其策略为止。结果只是一个局部最优的策略,但它可能是高价值的。通过将动态规划纳入到策略的生成当中,可以使 JESP 更高效。注意,JESP 可以当作合作博弈中寻找纳什均衡的过程(如 3.3 节所述),表示为 Dec-POMDP。

算法 7.5 不含动态编程的联合均衡策略搜索(JESP)

1: function JESP(π)
2:   $k = 0$
3:   $\pi^k \leftarrow \pi$
4:   repeat
5:     $\pi^{k+1} \leftarrow \pi^k$
6:     $k \leftarrow k + 1$
7:     for $i \in I$ do
8:       计算 V^{π^k}
9:       $\pi^k(i) \leftarrow$ 最优响应$(\pi^k, -i)$
10:     end for
11:   until $\pi^k = \pi^{k-1}$
12:   return π^k
13: end function

7.6 通 信

可以用观测来隐含地表示通信,同时也开发出了很多明确的表示方法。自由和即时通信相当于集中化,所有智能体在每个步骤都可以访问所有的观测。当通信延迟或有代价时,智能体必须讨论何时通信以及通信的内容。具有不同可观测性和通信类型的 Dec-POMDP 模型的复杂度类别见表 7.2。

表 7.2 具有不同可观测性和通信类型的 Dec-POMDP 模型的复杂度类别

可观测性	整体通信	自由通信
整体	MMDP(P)	MMDP(P)
连接的整体	Dec-MDP(NEXP)	MMDP(P)
部分	Dec-POMDP(NEXP)	MPOMDP(PSPACE)

明确包含通信的一般 Dec-POMDP 模型的扩展是含有通信的分布式部分可观马尔可夫决策过程(Dec-POMDP-Com)。Dec-POMDP-Com 是 Dec-POMDP,其中每个智能体可以在每一步发送消息。每一步的奖励是联合状态、联合动作以及由智能体发送的消息集的函数。

生成 Dec-POMDP-Com 的最佳解决方案和求解一般的 Dec-POMDP 模型(NEXP-complete)具有相同的复杂度,并且可以使用类似的算法来解决这个问题。可以证明,若假设通信的代价固定,那么自上次通信以来,一个智能体历史通信的最优价值将至少与其他任何一组可能的消息的价值一样高。因此,许多通信方法假设在通信中使用观测的历史。许多方法假定通信决策是由每个智能体独立制定的,但一些模型假设智能体可以强制所有其他智能体发送它们的观测历史(允许计算 POMDP 置信状态)。

求解包含通信的 Dec-POMDP 问题的一个自然方法是产生一个集中式(POMDP)计划并在智能体收到观测结果时进行通信,这将导致其选择不同于集中计划生成的动作。这种方法可以被认为是智能体在执行之前同意一项策略,当(通过智能体的局部观测)注意到这一策略可以被改善时会发生通信。这种方法没有明确考虑通信代价或延迟,但可以限制通信发生的次数。

7.7 小　　结

①Dec-POMDP 可以表示交互的多智能体问题,其中包括动作结果不确定性、观测不确定性以及代价高、有损或无通信的情况。

② 与 MDP 和 POMDP 一样,利用不确定性的概率和结果的价值,Dec-POMDP 使用决策理论方法对序贯问题建模。

③ 与单智能体模型不同的是,每个智能体必须仅根据其自身的观测历史进行选择。

④ 解决有限范围 Dec-POMDP 的是 NEXP-complete。

⑤Dec-POMDP 的许多子类在理论或实践中更有效。

⑥ 已经开发了可以产生对于有限和无限范围 Dec-POMDP 的最优或 ε 最优解的算法。

⑦ 开发了很多可扩展的近似算法。

⑧ 通信过程也可以被明确建模,以助于确定何时通信和通信的内容,从而提高性能。

7.8 扩展阅读

Seuken 和 Zilberstein[1]、Oliehoek[2]、Goldman 和 Zilberstein[3] 提供了具有附加算法的 Dec-POMDP 综述和模型。通常，Dec-POMDP 的复杂度由 Bernstein 等证明[4]，还有一个类似于 Dec-POMDP 的模型称为多智能体组决策问题模型（MTDP）[5]。有限范围动态规划由 Hansen、Bernstein 和 Zilberstein 提出[6]，Bernstein 等描述了无限范围策略迭代算法[7]。多智能体 A* 由 Szer、Charpillet 和 Zilberstein[8] 提出。具有独立转换和观测的 Dec-MDP 由 Becker 等首先讨论并求解[9]。在考虑到有限转换依赖性的情况下，具有结果驱动的交互 MDP 过程在文献[10]中进行了讨论。Allen 和 Zilberstein 讨论了一些不同的建模假设和结果的复杂度[11]。ND-POMDP 首先由 Nair 等提出[12]，Boutilier[13] 提出了 MMDP。近似有限范围算法 MBDP 和 JESP 由 Seuken 和 Zilberstein[14] 和 Nair 等分别提出[15]。近似无限范围算法可以在文献[16-18]中找到。

Dec-POMDP-Com 模型由 Goldman 和 Zilberstein 提出[3]。使用集中式策略作为通信的基础的想法由 Roth、Simmons 和 Veloso 提出[19]。Nair 和 Tambe 讨论了强制同步通信方法[20]。

最佳有限范围算法已经在几个方向上得到了改进，在执行备份时可以使用修剪来限制需要考虑的子树[21]。其他工作也压缩了策略而不是智能体的历史，提高了用于修剪的线性规划的效率[22]。MAA* 已经在几个方面进行了改进，包括并入新的启发值和改进的搜索方法[23-25]。最近，已经开发了两种方法为离线规划产生更多简洁且足够的统计，证明了状态分布和联合历史分布的充分性[26]，并使用分散策略[27] 将 Dec-POMDP 转换为 POMDP。

近似算法也有了改进。一些方法通过压缩观测值[28]来改进 MBDP，在联合决策树的空间中以分支界定搜索取代了详尽备份[29]。同时，通过约束优化[30]和线性规划[31]在每个步骤中扩大策略树的选择。开发了其他固定大小的控制器方法，利用控制器的替代表示方法作为 Mealy 机以提升性能[32]，采用期望最大化来优化参数[33]，或利用更多结构化的周期控制器及改进的搜索技术[34]。

开发了针对子类的算法。解决 Dec-MDP 转换和观测独立的算法是覆盖集（Coverage Set）方法[9]。还开发了另外的方法来更有效地解决独立转换和观测的 Dec-MDP。这些方法包括双线性规划算法[35]、启发性搜索和约束优化的混合[36],并把问题作为连续 MDP[37] 重新构建。求解 ND-POMDP 的最优和近似方法已被提出[12]。其他 ND-POMDP 方法也已经被开发出来,如那些产生有效有界解的方法[38]以及用有限状态控制器来生成智能体的策略[39]。

其他通信模型在文献[3,5]中讨论。在局部完全可观测 Dec-MDP 的背景下通信独立转换和观测已有相关研究。这个问题可以用通信的代价来建模以获得其他智能体的局部状态,并使用一组启发性方法求解[40]。近视通信是指智能体基于通信是否在这一步中发生或从不在这一步中发生的假设来决定是否通信,也已被证明在许多情况下运作良好[41]。探索通信的其他类型包括随机延迟通信[42]和 Dec-POMDP 中的在线计划通信[43]。在 Dec-POMDP 的背景下研究了分解模型。一般分解模型已经被描述和求解[44]。Witwicki 和 Durfee 总结了不同类型的分解模型及其复杂度[45],同时开发出了改进的算法[46-47]。

一般来说,研究界一直专注于类似于 Dec-POMDP 模型的规划方法,但是仅探索出了几种学习方法。包括使用基于梯度的方法来改进策略的无模型强化学习方法[48-49],在 ND-POMDP[50]中使用通信学习解决方案。

提出了用于一般 Dec-POMDP 的另外的求解方法,包括用于 Dec-POMDP 的混合整数线性规划方法[51]和采样方法[52-53]。

至此,已经研究了如下应用:以空间探测仪形式的多机器人协调[54]、直升机飞行[5]和导航[55-57]、分散队列的负载均衡[58]、网络拥塞控制[59]、多径广播信道[60]、网络路由[61]、传感器网络管理[12]、目标跟踪[12,62]和天气现象[63]。

参 考 文 献

1. S. Seuken and S. Zilberstein, "Formal Models and Algorithms for Decentralized Control of Multiple Agents," Journal of Autonomous Agents and Multi-Agent Systems, vol. 17, no. 2, pp. 190-250, 2008. doi:10.1007/s10458-007-9026-5.

2. F. A. Oliehoek, "Decentralized POMDP," in Reinforcement Learning: State of the Art, M. Wiering and M. van Otterlo, eds., vol. 12, Berlin: Springer, 2012.

3. C. V. Goldman and S. Zilberstein, "Decentralized Control of Cooperative Systems: Categorization and Complexity Analysis," Journal of Artificial Intelligence Research, vol. 22, pp. 143-174, 2004. doi:10.1613/jair.1427.

4. D. S. Bernstein, R. Givan, N. Immerman, and S. Zilberstein, "The Complexity of Decentralized Control of Markov Decision Processes," Mathematics of Operations Rearch, vol. 27, no. 4, pp. 819-840, 2002. doi:10.1287/moor.27.4.819. 297.

5. D. V. Pynadath and M. Tambe, "The Communicative Multiagent Team Decision Problem: Analyzing Teamwork Theories and Models," Journal of Artificial Intelligence Research, vol. 16, pp. 389-423, 2002. doi:10.1613/jair.1024.

6. E. A. Hansen, D. S. Bernstein, and S. Zilberstein, "Dynamic Programming for Partially Observable Stochastic Games," in AAAI Conference on Artificial Intelligence (AAAI), 2004.

7. D. S. Bernstein, C. Amato, E. A. Hansen, and S. Zilberstein, "Policy Iteration for Decentralized Control of Markov Decision Processes," Journal of Artificial Intelligence Research, vol. 34, pp. 89-132, 2009. doi:10.1613/jair.2667.

8. D. Szer, F. Charpillet, and S. Zilberstein, "MAA*: A Heuristic Search Algorithm for Solving Decentralized POMDP," in Conference on Uncertainty in Artificial Intelligence (UAI), 2005.

9. R. Becker, S. Zilberstein, V. Lesser, and C. V. Goldman, "Solving Transition Independent Decentralized Markov Decision Processes," Journal of Artificial Intelligence Research, vol. 22, pp. 423-455, 2004. doi:10.1613/jair.1497.

10. R. Becker, V. Lesser, and S. Zilberstein, "Decentralized Markov Decision Processes with Event-Driven Interactions," in International Joint Conference on Autonomous Agents and Multiagent Systems (AAMAS), 2004.

11. M. Allen and S. Zilberstein, "Complexity of Decentralized Control: Special Cases, in Advances in Neural Information Processing Systems (NIPS), 2009.

12. R. Nair, P. Varakantham, M. Tambe, and M. Yokoo, "Networked Distributed POMDPS: A Synthesis of Distributed Constraint Optimization and POMDP," in AAAI Conference on Artificial Intelligence (AAAI), 2005.

13. C. Boutilier, "Sequential Optimality and Coordination in Multiagent Systems," in International Joint Conference on Artificial Intelligence (IJCAI), 1999.

14. S. Seuken and S. Zilberstein, "Memory-Bounded Dynamic Programming for DEC POMDP," in International Joint Conference on Artificial Intelligence (IJCAI), 2007.

15. R. Nair, D. Pynadath, M. Yokoo, M. Tambe, and S. Marsella, "Taming Decentralized POMDPS: Towards Efcient Policy Computation for Multiagent Settings," in International Joint Conference on Artificial Intelligence (IJCAI), 2003.

16. D. Szer and F. Charpillet, "An Optimal Best-First Search Algorithm for Solving Infinite Horizon DEC-POMDP," in European Conference on Machine Learning(ECML), 2005.

17. D. S. Bernstein, E. A. Hansen, and S. Zilberstein, "Bounded Policy Iteration for Decentralized POMDP," in International Joint Conference on Artificial Intelligence (IJCAI), 2005.

18. C. Amato, D. S. Bernstein, and S. Zilberstein, "Optimizing Fixed-Size Stochastic Controllers for POMDP and Decentralized POMDP," Journal of Autonomous Agents and Multi-Agent Systems, vol. 21, no. 3, pp. 293-320, 2010. doi:10.1007/s10458-009-9103-z.

19. M. Roth, R. Simmons, and M. M. Veloso, "Reasoning About Joint Beliefs for Execution-Time Communication Decisions," in International Joint Conference on Autonomous Agents and Multiagent Systems (AAMAS), 2005.

20. R. Nair and M. Tambe, "Communication for Improving Policy Computation in Distributed POMDP," in International Joint Conference on Autonomous Agents and Multiagent Systems (AAMAS), 2004.

21. C. Amato, J. S. Dibangoye, and S. Zilberstein, "Incremental Policy Generation for Finite-Horizon DEC-POMDP," in International Conference on Automated Planning and Scheduling (ICAPS), 2009.

22. A. Boularias and B. Chaib-draa, "Exact Dynamic Programming for Decentralized POMDP with Lossless Policy Compression," in International Conference on Automated Planning and Scheduling(ICAPS), 2008.

23. F. A. Oliehoek, M. T. J. Spaan, and N. Vlassis, "Optimal and Approximate Q-Value Functions for Decentralized POMDP," Journal of Artificial Intelligence Research, vol. 32, pp. 289-353, 2008.

24. F. A. Oliehoek, M. T. J. Spaan, and C. Amato, "Scaling Up Optimal Heuristic Search in Dec-POMDP via Incremental Expansion," in International

Joint Conference on Artificial Intelligence (IJCAI),2011.

25. F. A. Oliehoek,M. T. J. Spaan,C. Amato,and S. Whiteson, "Incremental Clustering and Expansion for Faster Optimal Planning in Dec-POMDP," Journal of Artificial Intelligence Research,vol. 46,pp. 449-509,2013. doi:10. 1613/jair. 3804.

26. F. A. Oliehoek, "Sufcient Plan-Time Statistics for Decentralized POMDP," in International Joint Conference on Artificial Intelligence (IJCAI), 2013.

27. J. S. Dibangoye,C. Amato,O. Buffet,and F. Charpillet, "Optimally Solving Dec-POMDP as Continuous-State MDP," in International Joint Conference on Artificial Intelligence (IJCAI),2013.

28. A. Carlin and S. Zilberstein,"Value-Based Observation Compression for DECPOMDP," in International Joint Conference on Autonomous Agents and Multiagent Systems (AAMAS),2008.

29. J. S. Dibangoye,A. -I. Mouaddib,and B. Chaib-draa, "Point-Based Incremental Pruning Heuristic for Solving Finite-Horizon DEC-POMDP," in International Joint Conference on Autonomous Agents and Multiagent Systems (AAMAS),2009.

30. A. Kumar and S. Zilberstein,"Point-Based Backup for Decentralized POMDP:Complexity and New Algorithms," in International Joint Conference on Autonomous Agents and Multiagent Systems (AAMAS),2010.

31. F. Wu,S. Zilberstein,and X. Chen, "Point-Based Policy Generation for Decentralized POMDP," in International Joint Conference on Autonomous Agents and Multiagent Systems (AAMAS),2010.

32. C. Amato,B. Bonet,and S. Zilberstein, "Finite-State Controllers Based on Mealy Machines for Centralized and Decentralized POMDP," in AAAI Conference on Artificial Intelligence (AAAI),2010.

33. A. Kumar and S. Zilberstein, "Anytime Planning for Decentralized POMDP Using Expectation Maximization," in Conference on Uncertainty in Artificial Intelligence (UAI),2010.

34. J. K. Pajarinen and J. Peltonen,"Periodic Finite State Controllers for Efcient POMDP and DEC-POMDP Planning," in Advances in Neural Information Processing Systems (NIPS),2011.

35. M. Petrik and S. Zilberstein,"A Bilinear Programming Approach for

Multiagent Planning," Journal of Artificial Intelligence Research, vol. 35, pp. 235-274, 2009. doi:10.1613/jair.2673.

36. J. S. Dibangoye, C. Amato, and A. Doniec, "Scaling Up Decentralized MDP Through Heuristic Search," in Conference on Uncertainty in Artificial Intelligence (UAI), 2012.

37. J. S. Dibangoye, C. Amato, A. Doniec, and F. Charpillet, "Producing Efcient Error Bounded Solutions for Transition Independent Decentralized MDP," in International Joint Conference on Autonomous Agents and Multiagent Systems (AAMAS), 2013.

38. P. Varakantham, J. Marecki, Y. Yabu, M. Tambe, and M. Yokoo, "Letting Loose a SPIDER on a Network of POMDPS: Generating Quality Guaranteed Policies," in International Joint Conference on Autonomous Agents and Multiagent Systems (AAMAS), 2007.

39. J. Marecki, T. Gupta, P. Varakantham, M. Tambe, and M. Yokoo, "Not All Agents Are Equal: Scaling up Distributed POMDP for Agent Networks," in International Joint Conference on Autonomous Agents and Multiagent Systems (AAMAS), 2008.

40. P. Xuan and V. Lesser, "Multi-Agent Policies: From Centralized Ones to Decentralized Ones," in International Joint Conference on Autonomous Agent s and Multiagent Systems (AAMAS), 2002.

41. R. Becker, A. Carlin, V. Lesser, and S. Zilberstein, "Analyzing Myopic Approaches for Multi-Agent Communication," Computational Intelligence, vol. 25, no. 1, pp. 31 50, 2009. doi:10.1111/j.1467-8640.2008.01329.x.

42. M. T. J. Spaan, F. A. Oliehoek, and N. Vlassis, "Multiagent Planning Under Uncertainty with Stochastic Communication Delays," in International Conference on Automated Planning and Scheduling (ICAPS), 2008.

43. F. Wu, S. Zilberstein, and X. Chen, "Multi-Agent Online Planning with Communication," in International Conference on Automated Planning and Scheduling (ICAPS), 2009.

44. F. A. Oliehoek, M. T. J. Spaan, S. Whiteson, and N. Vlassis, "Exploiting Locality of Interaction in Factored Dec-POMDP," in International Joint Conference on Autonomous Agents and Multiagent Systems (AAMAS), 2008.

45. S. J. Witwicki and E. H. Durfee, "Towards a Unifying Characterization for Quantifying Weak Coupling in Dec-POMDP," in International Joint Conference on Autonomous Agents and Multiagent Systems (AAMAS),2011.

46. S. J. Witwicki, F. A. Oliehoek, and L. P. Kaelbling, "Heuristic Search of Multiagent Influence Space," in International Joint Conference on Autonomous Agents and Multiagent Systems (AAMAS),2012.

47. F. A. Oliehoek, S. Whiteson, and M. T. J. Spaan, "Approximate Solutions for Factored Dec-POMDP with Many Agents," in International Joint Conference on Autonomous Agents and Multiagent Systems (AAMAS),2013.

48. A. Dutech, O. Buffet, and F. Charpillet, "Multi-Agent Systems by Incremental Gradient Reinforcement Learning," in International Joint Conference on Artificial Intelligence (IJCAI),2001.

49. L. Peshkin, K.-E. Kim, N. Meuleau, and L. P. Kaelbling, "Learning to Cooperate via Policy Search," in Conference on Uncertainty in Artificial Intelligence (UAI),2000.

50. C. Zhang and V. R. Lesser, "Coordinated Multi-Agent Reinforcement Learning in Networked Distributed POMDP," in AAAI Conference on Artificial Intelligence (AAAI),2011.

51. R. Aras, A. Dutech, and F. Charpillet, "Mixed Integer Linear Programming for Exact Finite-Horizon Planning in Decentralized POMDP," in International Conference on Automated Planning and Scheduling (ICAPS), 2007.

52. C. Amato and S. Zilberstein, "Achieving Goals in Decentralized POMDP," in International Joint Conference on Autonomous Agents and Multiagent Systems (AAMAS),2009.

53. F. A. Oliehoek, J. F. Kooi, and N. Vlassis, "The Cross-Entropy Method for Policy Search in Decentralized POMDP," Informatica, vol. 32, no. 4, pp. 341-357, 2008.

54. D. S. Bernstein, S. Zilberstein, R. Washington, and J. L. Bresina, "Planetary Rover Control as a Markov Decision Process," in International Symposium on Artificial Intelligence, Robotics and Automation in Space, 2001.

55. R. Emery-Montemerlo, G. Gordon, J. Schneider, and S. Thrun, "Game Theoretic Control for Robot Teams," in IEEE International Conference on Robotics and Automation (ICRA),2005.

56. M. T. J. Spaan and F. S. Melo, "Interaction-Driven Markov Games for Decentralized Multiagent Planning Under Uncertainty," in International Joint Conference on Autonomous Agents and Multiagent Systems (AAMAS), 2008.

57. L. Matignon, L. Jeanpierre, and A.-I. Mouaddib, "Coordinated Multi-Robot Exploration Under Communication Constraints Using Decentralized Markov Decision Processes," in AAAI Conference on Artificial Intelligence (AAAI), 2012.

58. R. Cogill, M. Rotkowitz, B. Van Roy, and S. Lall, "An Approximate Dynamic Programming Approach to Decentralized Control of Stochastic Systems," in Allerton Conference on Communication, Control, and Computing, 2004.

59. K. Winstein and H. Balakrishnan, "TCP Ex Machina: Computer-Generated Congestion Control," in ACM Special Interest Group on Data Communication (SIGCOMM), 2013.

60. J. M. Ooi and G. W. Wornell, "Decentralized Control of a Multiple Access Broadcast Channel: Performance Bounds," in IEEE Conference on Decision and Control (CDC), 1996.

61. L. Peshkin and V. Savova, "Reinforcement Learning for Adaptive Routing," in International Joint Conference on Neural Networks (IJCNN), 2002.

62. A. Kumar and S. Zilberstein, "Constraint-Based Dynamic Programming for Decentralized POMDP with Structured Interactions," in International Joint Conference on Autonomous Agents and Multiagent Systems (AAMAS), 2009.

63. ——, "Event-Detecting Multi-Agent MDPS: Complexity and Constant-Factor Approximation," in International Joint Conference on Artificial Intelligence (IJCAI), 2009.

第二部分

应用

第8章　基于概率的视频检测

近年来随着数字视频相机设计、影像管理系统、高效存储管理技术的发展,安防人员在大型设施和城市站点部署了越来越多的综合监控系统[1],提供了实时监控大面积区域以及在重要事件或报告出现后进行司法审查的能力。全面专注的人类视觉系统能够有效地解读视频内容,但容量有限,而审查大量监控视频是一个缓慢而乏味的过程。自动视频搜索技术可以减轻操作员的负担,这种技术可以让安防人员或调查人员将注意力放在可能有用的视频内容上[2]。虽然有很多方法可以对视频进行分析和索引(如基于所可观测的动作、运动模式或对象的外观),但本章重点讨论基于特征的人员搜索[3]。本章将提出一种概率方法,它特别适合用于解决视频观测的不确定性问题,并讨论其在现实监视环境中的性能。

8.1　基于特征的人员搜索

监控录像中搜索人员的需求可以分为两类:生物特征搜索和基于特征的搜索。生物特征搜索指的是寻找生理特征(如面部外观)与某一特定身份相符合的人。虽然基于人脸识别[4]或其他生理特征的识别[5]在某些条件下可以实现,但这种方法需要与已有的生物特征进行比对,以匹配需要识别的对象。当分析人员或调查人员仅有对嫌疑人的大致描述或仅有的生理特征图片不清晰时,不能使用这种方法。

另一种方法是基于特征的搜索,在该方法中,系统查找外观概述符合某些基本特征的人,包括远距离可观测的特征,如头发颜色、衣服类型和颜色、性别、随身携带的包裹或其他携带的物品。这些描述有时称为"软生物特征"。事实上,这些特征都是短期存在的,确定在监视区域内某个特定的人也不一定要多个特征。但是,这些特征信息能显著地缩小需要进一步检查的范围。

因为与相同外形特征相符的图像之间可能有显著差异,所以自动搜索特征是相当困难的。导致这些差异的决定因素包括姿势、服装风格、照明条件、视角以及人类间自然存在的差异。图8.1所示为一组具有"蓝色衬衫和黑色裤子"这一基本特征的图像样本。虽然这些都与相同的描述相符,但检查一下这些图像,就会发现可观测的不同图像间的像素值显示出相当大的差异。尽管有这些差异,精确的搜索技术必须能有效地解读图像内容。

图8.1 一组具有"蓝色衬衫和黑色裤子"这一基本特征的图像样本(见彩图)

虽然搜索特征的问题已经被解决了(特别是近距离视频中的面部特征[6]),但本章会考虑用一个概率方法来解决这个问题。概率技术的主要优点是能以优雅的方式来解释表面上共同的变化,特别是当这些变化是由组成图像的潜在(未可观测的)因素所引起时。

8.1.1 应用

在考虑特征搜索问题的解决方案之前,要强调其对于安全应用的价值。在许多情况下,调查员或安防人员必须监视多个分布式摄像头的图像,从而获得与行人活动有关的信息。应用场景包括对大型公众设施、关键基础设施周边区域或依法监控的城市地区的监视。在这些情况下,目击者或陪审员对嫌疑人的描述为调查提供了动机和线索。运行搜索特征的系统扫描数小时的监控视频,以找到与描述相符的目标,大大缩短了冗长乏味的视频审查过程。

除了司法审查,有效特征搜索可以用于监控实时反馈的摄像机,以此寻找潜在的匹配对象。在这种操作模式下,系统不断地扫描传入的数据以查找与描述相符的内容,并在发现足够符合描述的对象时更新警报列表。分析人员随后查看此列表以获取嫌疑人的地理位置。注意,在任何应用中,操作员对搜索结果出错都有一定的容忍度,因为他们可以查看结果,然后评判搜索结果的有效性。然而,特征搜索工具加速监控视频审查的程度取决于搜索技术的准确性。

8.1.2 人员检测

本章中描述的搜索技术有两个主要组成部分:检测和评分。第一部分使用原始监视视频并尝试检测每个相机视图内的所有移动人员。这个过程与视频记录均实时运行。将所有检测结果标记上时间和位置后,把记录存储在数据库中供以后参考。因为连续帧之间的内容高度冗余,所以系统每秒只分析一个采样后的帧,而不是每一帧都处理。因为不需要将静止对象重复地存储到数据库,所以它只检测运动的人。

为从单个帧中提取检测对象,使用标准滑动窗方法来选择场景内的候选检测位置。候选位置由边界框(x,y)的位置及其尺寸(w,h)指定。该技术假定边界框有固定的长宽比,在搜索期间只需用三个有效的参数值就能进行扫描。

在每个候选位置,系统对框出的这部分图像进行评估,以检查它是否满足三个标准:必须表现出一个人的形状、窗口必须与场景中的地平面平行、必须包含较高比例的移动像素(与静态背景不同)。所有三个标准结合起来能非常稳定地检测出运动的人[3],也会使得被存储到数据库中的虚警(即,非人图像)较少。

图8.2所示为在两个不同机场监控环境内捕获的视频采样帧的检测结果。在这些情况下,该检测成功捕获了每个行人的运动。注意,该方法不能总是能检测到每一帧中每个运动的人(尤其是当其中存在着被其他场景元素严重遮挡的情况)。然而,它很可能至少会捕获到每个人出现的帧间图像子集。这样,在数据库中每个人都有与之对应的图像。

(a) 对跟踪和监视(PETS)数据性能的评价　(b) i-LIDS 多相机的跟踪数据

图8.2　在两个不同机场监控环境内捕获的视频采样帧的检测结果(见彩图)

8.1.3　检索与评价

一旦构建了检测对象的数据库,就需要一种根据给定搜索请求从该数据库中查找匹配项的方法。搜索请求由三个部分组成:搜索的时间窗口、所有相机的某个子集或某个搜索区域、特征组合表。前两个标准根据时间和位置标记来确定要从数据库检索得到的记录对象。接下来,根据匹配程度对每个候选记录的特征组合表进行评分。最后,对得分超过某个阈值的记录按照其得分降序排序,并且返回顶部的匹配集,将其作为搜索结果。

搜索过程中最关键的部分是评分机制。它必须特别准确以提供良好的度量标准,明确与要求匹配的图像的分数应高于与要求近似匹配的图像,而近似匹配的图像的排序高于明显不匹配的图像,同时允许快速评估以缩短其等待时间。下一章描述的模型中使用概率推理的原理来实现这种评分行为。

8.2　概率式的外表模型

本节制定一个概率模型来阐释特征描述与符合该描述的人在监视视频中观测之间的关系。生成该模型是有意义的,它描述了一个可观测状态(特征组合表)生成另一个可观测状态(包括监视图像片段中的数字像素集)的似然。这些信息统称为系统中可观测状态 O。

有很多不同的方法都可以利用特征组合表生成一组可观测的像素值,这组像素值体现了人之间的差异和视频采集时环境背景的差异。可以在生成模型中添加一组隐藏状态 H 来明确地解释这些变化,以便将重要因素考虑在内,如在可观测的图像片段内身体各组成部分的位置。除提供更加明确的模型结构定义外,生成模型的隐藏状态可以根据图像成分中的关键状态来将全联合概率分布分解成更易处理的条件分布。

对于一个给定的可观测变量集,可以最大化模型对隐藏状态的联合概率来计算匹配分数 s,即

$$s = \max_{H} p(O, H) \tag{8.1}$$

直观地看,该方法在隐藏状态形式下找到了对可观测的数据的最可能的解释,这种方法在对图像片段进行相关性评分之前就解释了图像的形式。当可观测的图像与特征描述匹配良好时,应当存在一组隐藏状态能够使生成概率相对较高;相反,当可观测的图像匹配不良好时,应当不存在能使模型计算出高生成概率的隐藏状态。如果构建的模型较为合适,那么生成模型是一种

能为预期出现的差异解释可观测图像数据似然度的有效方法。

8.2.1 可观测状态

首先,需要更精确地定义模型中的可观测状态。特征向量 A 包括一组基于外观的特征集,这些特征在一定距离处可见,包括关于性别、衣服颜色和包的信息。特征集 A 中的各个变量见表 8.1。在此定义中,有六个类别变量,每个变量可以被设置为未指定的值,以适应信息有限的情况。

表 8.1 特征集 A 中的各个变量

变量	描述	可能的值
g	性别	未指定,男或女
h	头的颜色(头发或帽子)	未指定或 12 种颜色之一
t	身体衣服颜色	未指定或 12 种颜色之一
l	下身衣服颜色	未指定或 12 种颜色之一
b_t	箱包类型	未指定,3 种类型之一
b_c	箱包颜色	未指定或 12 种颜色之一

其中,颜色值包括以下 12 个常见的可感的颜色:白色、灰色、黑色、黄色、橙色、粉红色、红色、绿色、蓝色、紫色、棕色和米色。正如本节后面所讨论的,可以扩展这个颜色集,将颜色空间中的任何值或多种颜色的混合值包含进来。在机场等运输场所中,箱包可分为三种最常见的类型:背包、手提包和大型轮式行李箱。

除了特征组合表之外,生成模型中另一个可观测的主要状态是待评估的图像片段。与其直接使用像素值,不如将特征提取应用于图像,计算出关于颜色和形状等主要信息的特征。例如,可以根据每个像素值在颜色空间中的位置来分配颜色类别。

设 X_k 表示第 k 个像素在色调饱和度(HSV)这个颜色空间中的三维值。HSV 颜色空间(Hue-Saturation-Value)定义在柱坐标系上,并且色相轴呈周期性变化使其能很好地与人类视觉系统对不同颜色的感受相对应。将 12 个感知颜色类别中的每一类别都作为 HSV 颜色空间内的概率密度函数进行建模。

图 8.3 所示为颜色模型的统计相关性。C_k 表示像素 k 的颜色类别,可以取 1~12 中的任意整数值。参数集 ψ 包含 12 类颜色中每一类的均值的向量 μ 和协方差矩阵 Σ,通过将测试集中每个类别的样本对概率密度进行拟合学习得

到这些参数值,它们共同形成的颜色模型用于评估图像中的每个像素。

假设每个颜色类别的先验概率是一致的,并且可观测的像素的条件概率由准正态概率密度给出,即

$$p(X_k \mid C_k = i, \psi) = \phi(\psi_i) e^{-0.5 \cdot d(X_k, \mu_i)^T \Sigma_i^{-1} d(X_k, \mu_i)} \quad (8.2)$$

其中,$d(\cdot)$ 是矢量差分算子,为了能在 HSV 柱坐标系下进行运算,循环色相轴(其范围从 0 到 1)上的差分修改为

$$d(X_k^{\text{hue}}, \mu_i^{\text{hue}}) = \mod(X_k^{\text{hue}} - \mu_i^{\text{hue}} + 0.5, 1) - 0.5 \quad (8.3)$$

这是一个截断后的分布(定义在柱坐标系的有限区域内),设置常数 $\phi(\psi_i)$ 将分布归一化为 1。

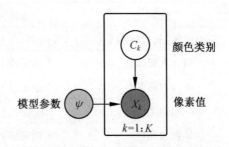

图 8.3　颜色模型的统计相关性

使用此模型,根据最大似然法为每个像素分配一个颜色类别,有

$$C_k = \arg\max_i p(X_k \mid C_k = i, \psi_i) \quad (8.4)$$

当检测移动人员的图像时,所得到的特征(如像素级的颜色标签)只能被提取一次,并且将这些标签存储到数据库。

在这里,虽然不讨论细节,但可以应用类似的过程来提取其他的图元,这些图元可以捕获每个像素周围的局部边缘及纹理信息。例如,可以将梯度提取滤波器应用于图像,以便基于边缘大小和方向来为每个像素分配类别。与颜色类别一样,这些特征代表了具有一定概念意义的可观测状态,这些状态与生成模型中的隐藏状态有关。

8.2.2　基本模型结构

本节中描述的生成模型具有分层结构,图像形成的关键因素被编码为层次结构中的潜在变量。图 8.4 所示为基于特征描述的图像形成的基本生成模型可视化图形模型,用一个图形化模型描述变量及其之间的依赖关系,深阴影节点表示观察到的变量,浅阴影节点表示参数,无阴影的节点表示隐藏(或潜在)状态。首先,将图像分割成不同组成部分(如头、躯干等)。然后,模型根据由特征

组合表分配的标签来定义每个部分的视觉主题或可观测的特征的分布。

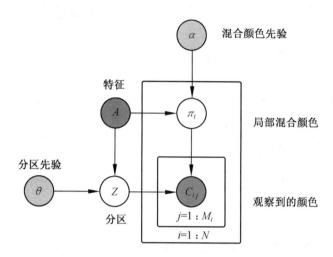

图 8.4　基于特征描述的图像形成的基本生成模型可视化图形模型

向量 Z 表示将图像分割成头部、躯干、下半身和（可选的）包裹的潜在变量。这些组成部分由边界框指定,身体组成部分分区实例（包括携带的包裹）如图 8.5 所示。该向量的第一部分 Z_{body} 在图像片段内对身体的二维位置进行编码,因为检测到的图像片段的边缘不会紧密包围在人的周围,即

$$z_{boby} = [x_{boby}, y_{boby}, w_{boby}, b_{boby}] \tag{8.5}$$

利用这四个值指定 x、y、宽度和高度,这些值与整个图像片段的宽度和高度相关。将这些值表示为图像片段的尺寸的某个比值,从而可使其不随检测到的片段的图像分辨率的变化而变化。

    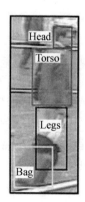

图 8.5　身体组成部分分区实例（包括携带的包裹）（见彩图）

除了整个身体的位置之外,还存在用于框出感兴趣的组成部分的矩形边界框:z_{body}、z_{head}、z_{torso}和z_{bag}(根据重要)。正如z_{body}的值是相对于整个图像片段而定义的,这些分量中的每一个都是以相对于z_{body}的位置和大小定义的。要定义这些变量的分布,该模型将所有非包裹的分量合并组成单个矢量:

$$z_{base} = [z_{boby}, z_{head}, z_{torso}, z_{lower}] \tag{8.6}$$

假设这些值的联合分布服从一个均值向量为μ_{base}且协方差矩阵为Σ_{base}的截断的正态分布。为表示分量位置值之间的相关性,需要从联合分布中选择这些值(如果头部位置位于中心的左侧,那么躯干的位置也通常位于中心的左侧)。

当特征组合表指定包含包裹的信息时,全状态向量Z附加上包裹的基本位置向量,即

$$Z = [z_{base}, z_{bag}] \tag{8.7}$$

与身体位置不同,包裹的位置不能用一个单模分布充分地描述,因为包裹的形状和它们被运输的方式是高度变化的。例如,在机场中,通常存在至少三种不同的包裹:背包、手提包(例如钱包或小行李)、通常通过滚轮运送的较大行李箱。图8.5给出了每种包裹的一个实例。

在特征集中,变量b_t指定包裹类型,因此模型使用三个不同的分布(根据b_t)。根据包裹类型,包裹位置被建模为从训练集中学习的非参数核密度函数。每个密度都被转换成由z_{bag}矩形的可能位置值扩展成的查找表。三个查找表都由离散向量T来表示,那么用于确定分区状态选择的全部参数集合为

$$\theta = \{\mu_{base}, \Sigma_{base}, T_{backpack}, T_{hand-carried}, T_{rolled-luggage}\} \tag{8.8}$$

在定义了所有相关的分区变量的表达形式后,给定特征集和分区参数,分区状态的条件分布可以为

$$p(Z|A,\theta) = \mathcal{N}(z_{base} | \mu_{base}, \Sigma_{base}) \cdot T_{b_t}(z_{bag}) \tag{8.9}$$

式中,从特征集中得到的包裹类型b_t被用来选择恰当的查找表,以确定Z_{bag}的概率。当没有指定包裹信息时,因为在这种情况下包裹位置对概率分布无影响,所以算法选择均匀分布。

一旦已经确定了各部分的位置,该模型就根据特征组合表来管理各部分区域内的可观测的特征。为此,模型采用了熟知的潜在主题模型(Latent Topic Model)的简化形式,其先前应用于文本[9]和视觉[10]数据的解释。当然,在这个应用中,主题(或可观测的特征的组合)是可视的。

为了解释该模型,考虑从像素级上生成可观测的颜色信息,尽管该模型还包含其他像素级的特征。首先,定义基本颜色类别的数量,并用它匹配特征组

合表中 N_c 个基本可感知颜色选项。N 个组成部分区域中的每一个都与颜色类别的组合相关,由潜在主题向量 π_i 表示。这个实值状态向量的总和为 1,该向量向每个颜色类别分配一个比例权重,用来指示该颜色在特定区域内被可观测的可能性。

要注意的是,该组成部分中可观测的颜色类别与该组成部分的特征描述有关,但是这种关系不是确定性的。例如,具有"深红色衬衫"标签的躯干可能包含由红色和黑色主导的混合颜色。然而,确切的混合颜色也由许多其他因素决定,如服装风格、材料成分、照明和阴影效应。为了将这些变化因素考虑在内,用狄利克雷先验分布确定颜色主题状态向量。如 2.3.2 节所述,狄利克雷密度通常用作分类变量参数的先验分布。因此,颜色混合 π_i 服从

$$p(\pi_i \mid \omega) = \phi(\omega) \prod_{k=1}^{N_c} \pi_i(k)^{w(k)-1} \tag{8.10}$$

式中,ω 是狄利克雷伪计数(Dirichlet Pseudocount)参数向量;$\phi(\omega)$ 是狄利克雷标准化因子。

因为狄利克雷参数对于特征组合表指定的每种颜色是不同的,所以用大小为 $N_c \times N_c$ 的矩阵 α 表示混合颜色先验的所有参数。这个矩阵的第 k 行用 $\alpha(k)$ 表示,给出了对应于第 k 种颜色的狄利克雷参数。如果以躯干部分的颜色主题 π_{torso} 为例,则该主题的先验概率由特征组合表 A 给出的躯干衣服的颜色 t 决定,因此

$$p(\pi_{\text{torso}} \mid A, \alpha) = \phi(\alpha(t)) \prod_{k=1}^{N_c} \pi_{\text{torso}}(k)^{\alpha(t)(k)-1} \tag{8.11}$$

用相似的方法为每个 π_i 分量定义条件概率,用特征组合表中指定的颜色主题代替上述表达式中的 t。

在为每个局部组成部分选择颜色主题后,根据该组成部分包含的颜色主题得出在每个像素点可观测的颜色的分布。这种可观测的颜色状态仅由前景像素(即已经被标记为人或其伴随对象的一部分,而不是静态背景像素)生成。用 C_q 表示图像片段内的第 q 个前景像素的颜色观测值,它是代表 N_c 个颜色中的一种颜色的分类变量。以分区 Z 和主题集 $\{\pi_1, \cdots, \pi_n\}$ 为条件的 C_q 的条件概率为

$$P(C_q \mid Z, \pi_1, \cdots, \pi_n) = \pi_i(C_q) \tag{8.12}$$

式中,组成部分索引 i 从选择函数中得到,即

$$i = S(Z, q) \tag{8.13}$$

根据分区,该式将每个像素的索引映像到包含它的组成部分上。实际上,分区可以确定应用哪个颜色主题,然后根据该主题变为像素级观测的概率函数。

因为在该模型中,每个单独可观测的颜色服从的分布都是独立于其他像素级的观测状态,所以给定主题后,将可观测状态表示为直方图或根据类别的计数就足够了。使函数 $y(Z,i,j)$ 表示第 i 个组成部分(根据分区方式 Z)内观测到颜色类别 j 的总数,然后对应组成部分 i 的直方图可以被定义为

$$Y_i = [y(Z,i,1), y(Z,i,2), \cdots, y(Z,i,N_c)] \tag{8.14}$$

现在可以使用图 8.6 所示生成模型的图形模型可视化得到样本,而不是从颜色主题中生成单个样本。在这个等效但简化的结构中,根据主题所指定的混合颜色,在每个局部组成部分内生成单个直方图。为消除图像分辨率的影响,对每个直方图进行归一化,使得所有颜色观测的计数之和等于 100,因为需要保留的信息仅仅是每个类别的相对频率,归一化不会有任何影响。根据由给定概率函数生成的 100 个独立样本,频率直方图的概率可以由多项式分布给出,即

$$p(Y_i | Z, \pi_i) = \frac{100!}{\prod\limits_{k=1}^{N_c} y(Z,i,k)!} \prod_{k=1}^{N_c} \pi_i(k)^{y(Z,i,k)} \tag{8.15}$$

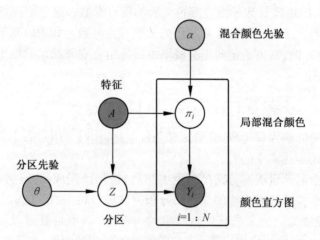

图 8.6 生成模型的图形模型可视化

现在已经给出了简单的生成图像模型的基础。该模型的主要机理是选择身体的位置和随身携带的包裹的位置,随后在每个组成部分内选择基于特征的"主题",最后选择所可观测的像素级上的状态。以下小节中将对此基本模型进行结构扩展。

8.2.3 扩展模型

虽然基本生成模型为搜索特征提供了基础,但还可以通过引入其他形式的特征组合表作为输入或像素级上的观测量来增加模型的灵活性。以下模型扩展都可以增加特征搜索过程的精度或准确度。

1. 性别

表8.1中描述过的特征集包括一个观测变量g,它被用来表示嫌疑人的性别。为将该观测添加到模型中,需要一些方法来从图像片段中获取可观测的相关度量。

8.1.2节中概述的人员检测过程计算了一组局部梯度特征(称为面向梯度特征的直方图[11])。这些特征被传递到一个分类器中,要训练分类器去识别人的轮廓,这是检测的重要指标。因为这些特征还可以捕获到与表征性别(如发型、着装风格、身形轮廓)相关的一些信息,所以也可以用它们来构建性别分类器。构建得到的分类器能生成一个实数的分类评分G,其区间范围是$[-G_{max}, G_{max}]$。接近区间两个极值的分数能强有力地证明对象是男性还是女性,而在中心附近的分数只能提供相对较弱或不确定的证据。

图8.7所示为对基本生成模型的一种扩展,包括观察到的性别分数G和其对特征集的统计有决定性作用的参数λ。它将性别分类器的输出作为可观测状态。为定义G上的条件概率分布,首先定义两个函数,通过使用来自特征组合表中的性别g重新映射G的值。

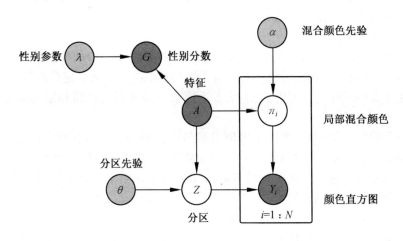

图8.7 基本生成模型的一种扩展

第一个函数 $s(G,g)$ 根据 g 改变 G 的符号,使得 G 为正值时与指定的性别匹配得更好,负值时匹配变差。如果特征组合表没有指定 g,则 $s(G,g)$ 映射为 0(因为在这种情况下 G 的值不重要)。

第二个函数将 G 的值映射到从 0 到 1 的区间范围内,即

$$m(G,g) = \frac{G_{max} - s(G,g)}{2 \cdot G_{max}} \tag{8.16}$$

以便于使值为 0 对应于匹配的有力证据,值为 1 对应于不匹配的有力证据。

该模型定义了性别分数的条件概率,对于给定的性别特征,可得到对重映射后分数的截断指数分布,即

$$p(G|A,\lambda) = \phi(\lambda) \cdot e^{-\lambda \cdot m(G,g)} \tag{8.17}$$

参数 λ 控制分布的形状,并且 $\phi(\lambda)$ 对截断指数的概率密度函数进行归一化。注意,该分布在接近零值时有相对很高的概率(强匹配证据),但随着得分朝着 1(强失配证据)增加,概率快速下降。

因为 λ 决定了指数变化的速率,所以与模型中的其余观测量相比,它有效地控制了这个观测对模型的影响。换句话说,λ 值越高,性别分析对模型的全联合概率的影响越大,从而对图像片段整体匹配得分的影响越大。为此,λ 可以视为匹配算法的可调参数,可以用于强调性别特征与其他特征组合表中的特征分量的相对重要性。

性别分数是通过预训练分类器从整个图像片段中获得观测状态的一个实例。虽然在这里不讨论细节,但可以使用其他相似的分类器来提取其他的相关状态,如人的身高或体型。生成模型也可以通过使用相似的分支结构和条件概率函数来合并这些状态。

2. 颜色的变化

该模型预定义一组常见的可感知的颜色来提取分类特征和表示颜色主题。但是,特征组合表的颜色不必受限于这些颜色类型选项。通常,对嫌疑人的描述包含特殊颜色(如浅蓝色)或者不能很好地映射到任何预定义颜色的颜色。

为了替代分类规范,允许使用 RGB 或 HSV 颜色空间中的任意点来定义颜色(其精确值可以容易地从调色板界面中获得)。然后,使用通过学习得到的颜色空间分布将这一点映射到基本可感知颜色上。结果是比例系数向量 ρ,其长度等于颜色类别的数量 N_c,并且比例系数向量总和为 1。

式(8.11)定义了在给定狄利克雷参数集合后,图像组成部分里颜色主题的条件概率。在指定颜色由分类变量 t 给出的情况下,从参数矩阵 α 中取单个行向量 $\alpha(t)$ 可以得到狄利克雷参数向量。或者,当颜色用 ρ 按比例表示时,使用加权组合来计算狄利克雷参数,即

$$\alpha(\rho) = \sum_{k=1}^{N_c} \rho(k)\alpha(k) \tag{8.18}$$

在实践中,这种方法是增加颜色定义灵活性的有效方式,它不需要指定较大的类别集(以及许多相应的颜色模型),还提供了一种对图像指定多种颜色的处理方法。在这种情况下,对 ρ 向量的分量都赋予相同的权重来混合多个颜色值。

3. 边缘基元

基本模型结构在像素级上使用颜色特征来表征每个图像组件的可观测状态。虽然颜色信息是一个重要的线索,但它并不是唯一有用的基本图像元素。特别是为了区分组成部分的类型,尽可能希望结合形状、边缘、梯度或纹理等特征。

例如,使用滤波器组处理图像来提取边缘信息,可以用一组滤波器提取图像片段中每个像素的边缘或其周围的梯度特性,这些滤波器可以测量不同尺度和方向上的亮度的变化(如 Gabor 滤波器[12])并分析联合响应。对响应空间进行分区可对每个位置处可观测的局部边缘或梯度类型进行分类。这些特征对解释图像是有用的,因为不同的图像分区(例如,包与躯干)可能具有不同的混合边缘类型。

一旦定义了边缘特征,就可以将每个图像的边缘主题分量表示为模型中的潜在变量。此时,模型扩展的方式与颜色主题纳入基本模型的方式相似,因为二者都是对像素级状态所期望出现频率的表达。图 8.8 所示为对基本模型的扩展版本,该版本具有用于生成边缘状态的并行分支,其分支与颜色特性分支平行。向量 ω_i 表示第 i 个分区的边缘主题,β 是一个表示狄利克雷权重的 $N \times N_e$ 矩阵,其中 N 是图像分区的数量,N_e 是边缘种类的数量。边缘主题的概率由狄利克雷密度给出,其权重通过选择 β 矩阵中对应于图像分区的行得到(与从 α 矩阵中进行的方式相反),即

$$p(\omega_i | \beta) = \phi(\beta(i)) \prod_{k=1}^{N_e} \omega_i(k)^{\beta(i)(k)-1} \tag{8.19}$$

矢量 E_i 存储边缘观测计数的直方图。其中,与颜色直方图一样,计数表示为分区 Z、分区索引 i 和特征类别 k 的函数 $\varepsilon(Z,i,k)$,即

$$E_i = [\varepsilon(Z,i,1), \varepsilon(Z,i,2), \cdots, \varepsilon(Z,i,N_e)] \tag{8.20}$$

最后,边缘直方图的条件概率(归一化为总数100)由多项式分布给出,即

$$p(E_i | Z, \omega_i) = \frac{100!}{\prod_{k=1}^{N_e} \varepsilon(Z,i,k)!} \prod_{k=1}^{N_e} \omega_i(k)^{\varepsilon(Z,i,k)} \tag{8.21}$$

在模型中加入一个额外的基本类型(如边缘特征)可以更准确地解释图

像,因为匹配过程同时考虑了多个可观测的因素。这种特征类型的组合可以解决在单个不同特征中出现的歧义。任何基于像素的分类特征可以通过扩展成与图 8.8 中的分支并行的分支结构归并入模型中。

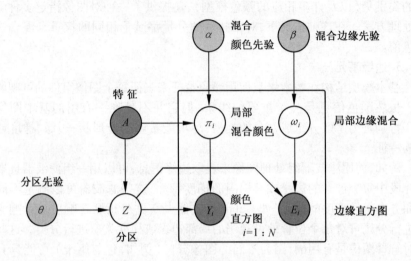

图 8.8 对基本模型的扩展版本

8.3 学习和推断技术

本章介绍的模型有三种基本变量:参数、可观测状态和隐藏状态。在初始训练阶段估计模型参数,然后在应用模型时保持其恒定。本节对训练数据集使用最大似然估计来学习模型参数。一旦选定了参数值,该模型可在给定特征组合表时估计所观测图像的似然度。

本章提出一种能推断模型隐藏状态的有效过程以估计联合概率值,并对特定图像分配最终的匹配分数。因为模型是变量依赖结构,所以与大多数实际应用的模型一样,参数值和隐藏状态的最大似然估计未必有封闭解。因此,可以依靠几种近似估计方法来逼近求解。

8.3.1 参数学习

为了便于学习模型的参数,我们必须有由标注过的图像组成的训练数据集。以多个视频源中检测到的运动人体为例,对每个实例中的隐藏状态进行标注。如果如图 8.5 所示那样将每个图像分区并将其标记为各个组成部分,同时对各分区标记主要颜色和分区类型,那么就有足够的数据来求出模型中那些重要的条件分布。以这种详细程度标记训练数据需要花费一定的时间和精力,但是该过程不会过分耗费资源,因为它仅需要为每个图像片段选择几个边界框和类别。如本小节的其余部分所述,从中得到的数据足够用于学习模型参数。

1. 分区参数

图 8.9 所示为分区参数学习问题的板图,观察到特定的分区值可能性大小取决于单个参数集。矢量 Z_j 表示标记后的数据集内第 j 个分区的观测值,其中共包含 M 个训练实例。回想 8.2.2 节,分区向量由两部分组成,即

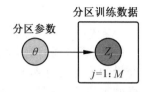

图 8.9 分区参数学习问题的板图

$$Z = [z_{\text{base}}, z_{\text{bag}}] \qquad (8.22)$$

分别表示身体的基本组成部分(全身、头部、躯干和下身)和包裹部分(如果存在)。

z_{base} 的值遵循多元正态分布,而 z_{bag} 依据包裹类型遵循特定的非参数分布。因此,参数集 θ 包含以下五个(多维)参数,即

$$\theta = [\mu, \Sigma, T_1, T_2, T_3] \qquad (8.23)$$

式中,前两个指定了 z_{base} 的均值向量和协方差矩阵;最后三个表示三个主要包裹类型中每一种 z_{bag} 的概率查找表。

为训练身体组成部分位置模型,收集了一个仅包含标记分区实例的 z_{base} 部分的数据集,即

$$D_{\text{base}} = \{z_j : z_j = z_{\text{base}} \text{ 来自 } Z_j\}_{j=1}^{M} \qquad (8.24)$$

假设每个训练样本是统计独立的,目标是通过多元正态参数将 D_{base} 的概率最大化。在正态分布的情况下,均值向量 μ 的最大似然估计就是样本的均值,即

$$\hat{\mu} = \arg\max_{\mu} p(D_{\text{base}} | \mu, \Sigma) = \frac{1}{M} \sum_{j=1}^{M} z_j \qquad (8.25)$$

并且 Σ 的最大似然估计是样本协方差矩阵,即

$$\hat{\Sigma} = \arg\max_{\Sigma} p(D_{\text{base}} | \hat{\mu}, \Sigma) = \frac{1}{M-1} \sum_{j=1}^{M} (z_j - \hat{\mu})(z_j - \hat{\mu})^{\text{T}} \qquad (8.26)$$

因此,学习模型的这一部分是一个简单的过程,将训练数据值代入即可得到估计的闭式参数解。

因为包裹位置通常不遵循单峰高斯分布,所以需要不同类型的学习方式。为区分包裹类型,定义三个不同的数据集 D_1、D_2 和 D_3,分别对应于生成模型中包裹类型变量 b_t 的三个可能值。每个数据集包含训练数据中标有特定包裹类型的所有样本:

$$D_i = \{z_j : z_j = z_{\text{bag}} \ \& \ b_t = i\}_{j=1}^{M_i} \qquad (8.27)$$

因为传统的参数化的概率密度函数不能很好地表征包裹位置,所以改用

非参数核概率密度函数来确定包裹位置的概率。包裹位置的概率密度被设置为 M_i 个高斯形核函数的总和,每个核以与其对应的训练样本为中心,即

$$p(z_{\text{bag}}) = \frac{1}{M_i} \sum_{j=1}^{M_i} K_G(z_{\text{bag}} - z_j) \tag{8.28}$$

式中,K_G 表示恒定大小的多元高斯核函数。

最后,将得到的概率密度划分为查找表 T_i 以加速评估概率。因为包裹位置变量的维度仅有 4(x 位置、y 位置、宽度、高度),维数相对较低,所以能形成这样的查找表,该变量可以充分地由粗略分区的查找表表示。

2. 狄利克雷参数

模型中的其他主要参数是每个分区颜色特征的狄利克雷权重。可以分别学习每个颜色类别的权重向量 ω(对应于 α 矩阵中的一行)。对于给定类别,可以收集任意局部分区的数据集,其中图像的颜色特征与所属分区已被标注。最终数据集由 M 个可观测的颜色直方图组成,每个分区各有一个数据集,即

$$D = \{Y_j\}_{j=1}^{M} \tag{8.29}$$

图 8.10 所示为单个 ω 权重向量的学

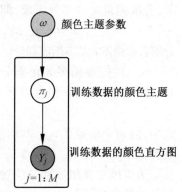

图 8.10 单个 ω 权重向量的学习问题

习问题,对应于一个特定的颜色特征。对于 M 个训练实例中的每一个,该参数向量确定该实例生成潜在颜色主题向量 π_j 的可能性,继而确定生成观测到特定直方图 Y_j 的可能性。因为无法得到对隐藏主题变量的标注,所以仅能得到部分可观测的训练数据。因此,希望通过积分掉变量 π_j 来用参数 ω 直接表示观测值 y_j 的概率,即

$$p(Y_j | \omega) = \int p(Y_j | \pi_j) p(\pi_j | \omega) \mathrm{d}\pi_j \tag{8.30}$$

因为这个积分内的两个条件分布分别具有多项式和狄利克雷形式,所以可以分别使用式(8.10)和式(8.15)中的表达式代替,使得

$$p(Y_j | \omega) = \int \left(\frac{100!}{\prod_{k=1}^{N_c} Y_j(k)!} \prod_{k=1}^{N_c} \pi_j(k)^{Y_j(k)} \right) \left(\phi(\omega) \prod_{k=1}^{N_c} \pi_j(k)^{\omega(k)-1} \right) \mathrm{d}\pi_j$$

$$= \frac{100! \, \phi(\omega)}{\prod_{k=1}^{N_c} Y_j(k)!} \int \left(\prod_{k=1}^{N_c} \pi_j(k)^{Y_j(k)+\omega(k)-1} \right) \mathrm{d}\pi_j \tag{8.31}$$

如式(8.31)所示,对潜在主题变量进行积分,得到一个复合狄利克雷多

第8章 基于概率的视频检测

项式分布。得到的闭式分布(有时称为 Polya 分布[13])为

$$p(Y_j|\omega) = \frac{100!}{\prod_{k=1}^{N_c} Y_j(k)!} \cdot \frac{\Gamma(\sum_{k=1}^{N_c} \omega(k))}{\Gamma(\sum_{k=1}^{N_c}(\omega(k)+Y_j(k)))} \prod_{k=1}^{N_c} \frac{\Gamma(\omega(k)+Y_j(k))}{\Gamma(\omega(k))} \quad (8.32)$$

式中,Γ 是伽马函数。

学习过程是为了找到参数 ω 对训练数据集中 M 个独立样本的最大对数似然估计,即

$$\hat{\omega} = \arg\max_{\omega} \ln p(D|\omega) = \arg\max_{\omega} \sum_{j=1}^{M} \ln p(Y_j|\omega) \quad (8.33)$$

将式(8.33)中的表达式代入并且删除所有不依赖 ω 的项,最终给出了用于参数优化的函数,即

$$\hat{\omega} = \arg\max_{\omega}\{M\ln\Gamma(\sum_{k=1}^{N_c}\omega(k)) - \sum_{j=1}^{M}\ln\Gamma[\sum_{k=1}^{N_c}(\omega(k)+Y_j(k))] + \sum_{j=1}^{M}\sum_{k=1}^{N_c}\ln\Gamma(\omega(k)+Y_j(k)) - M\sum_{k=1}^{N_c}\ln\Gamma(\omega(k))\} \quad (8.34)$$

因为上述优化问题没有封闭解,所以 ω 的最大似然估计必须用数值迭代方法近似代替。许多方法都可以用于这个任务,它们有不同的收敛性和实用优势。以下是两种常见方法。

(1) 固定点迭代技术。如牛顿-拉夫森优化,其使用相同的更新规则重复地更新初始估计值,直到估计值收敛。在牛顿-拉夫森优化中,更新规则是

$$\hat{\omega}^{(n+1)} = \hat{\omega}^{(n)} - H_{\omega}(\ln p(D|\omega))^{-1} \cdot \frac{\partial}{\partial\omega}\ln p(D|\omega) \quad (8.35)$$

式中,$\hat{\omega}^{(n)}$ 是当前迭代中对参数的估计;H_{ω} 是关于 ω 的 Hessian 矩阵。必要的一阶和二阶偏导数可以由式(8.34)中的对数似然函数导出。

(2) 直接搜索优化方法。如内尔德-米德技术或模拟退火技术(The Simulated Annealing Technique)[14]。这些迭代过程没有使用函数的导数,相反,它们对先前样本进行评估,进而依靠启发式算法来确定新样本的位置。

两种方法都需要对大规模函数进行许多评估,这可能会使计算成本升高。但是,在模型被用于执行基于特征的搜索前,只需执行一次针对特定训练集的学习。

对于模型中的其他任意像素级图元,也可以应用相同的学习过程,如在8.2.3 节中所讨论的边缘特征。每个分支特征生成的条件分布保持相同的形式(狄利克雷和多项式),唯一对学习过程的调整是形成不同的基于已标注图

像提取的训练集。

最后,得到了参数值以反映在训练数据集中外观的差异。这些值将使该模型能准确诠释具有类似特征的新图像。

8.3.2 隐藏状态推断

为了评估特征组合表和图像片段之间的匹配度,使用生成概率模型来评估这种联合观测的可能性(即如果图像具有这些特征,那么产生可观测特征的可能性)。除模型参数外,生成模型还包含一组可观测变量 O 和一组隐藏图像生成变量 H。图 8.11 所示为基本模型结构并将其分割成可观测的和隐藏的变量集。

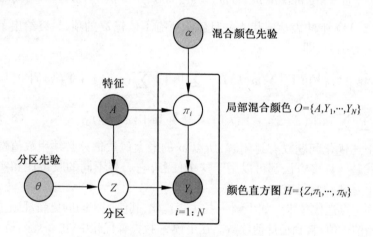

图 8.11 基本生成模型结构并将其分割成可观测的和隐藏的变量集

评估匹配分数的一种方法是计算观测变量的边缘似然,可通过对隐藏变量进行积分得到,即

$$s = p(O) = \int p(O,H) \, dH \tag{8.36}$$

在概念上,这与计算所有可能的图像形成的概率的均值相似。这种方法的主要缺点是与边缘概率有关的计算成本。对模型隐藏状态的积分没有封闭解,并且此类高维空间数值积分的计算量较大。

使用隐藏变量最大似然估计作为替代性的匹配分数评估方法,即

$$s = \max_H p(O,H) \tag{8.37}$$

从概念上讲,这相当于找到一个对数据的最可能的解释(以隐藏的形成状态来解释)并且在状态空间内评估了该点的模型。因为目标是最大化隐藏

变量的联合概率,所以推理问题转化为更易处理的优化问题。

虽然最大似然法比边缘似然法更易于使用,但它仍然没有封闭解。可以对全隐藏变量集的子集求解得到部分解。首先,根据基本模型中变量的依赖关系,可以确定联合分布公式为

$$p(O,H) = p(Z|A,\theta) \prod_{i=1}^{N} p(\pi_i|A,\alpha) \cdot p(Y_i|Z,\pi_i) \qquad (8.38)$$

如果假设 $\hat{Z}$ 是一个固定的估计量,那么可以用如下方式分别优化每个 π_i,即

$$\hat{\pi}_i = \arg\max_{\pi_i} p(O,H) = \arg\max_{\pi_i} p(\pi_i|A,\alpha) \cdot p(Y_i|\hat{Z},\pi_i) \qquad (8.39)$$

要求

$$\sum_{k=1}^{N_c} \pi_i(k) = 1 \qquad (8.40)$$

这个假设将问题简化为找到使两个条件概率乘积最大的某个状态向量,用式(8.11)和式(8.15)中给出的定义代替这些概率得到

$$\hat{\pi}_i = \arg\max_{\pi_i} \left(\phi(\omega_i) \prod_{k=1}^{N_c} \pi_i(k)^{\omega_i(k)-1} \right) \left(\frac{100!}{\prod_{k=1}^{N_c} Y_i(k)!} \prod_{k=1}^{N_c} \pi_i(k)^{Y_i(k)} \right)$$

$$(8.41)$$

式中,ω_i 是 α 矩阵中对应于颜色特征的第 i 个组成成分的那一行;$\phi(\omega_i)$ 是归一化项。

因为对 π_i 进行最大化,所以可以删除那些不依赖于这个变量的项,并结合余下的项得到

$$\hat{\pi}_i = \arg\max_{\pi_i} \prod_{k=1}^{N_c} \pi_i(k)^{Y_i(k)+\omega_i(k)-1} \qquad (8.42)$$

这里仍要满足向量 π_i 中所有元素的总和为 1 的约束条件。

通过使用拉格朗日乘子,可以直接得到该约束优化问题的封闭解,得到混合颜色状态的最大似然估计的公式,即

$$\hat{\pi}_i = \left[\frac{Y_i(1)+\omega_i(1)-1}{\sum_{k=1}^{N_c}(Y_i(k)+\omega_i(k)-1)}, \cdots, \frac{Y_i(N_c)+\omega_i(N_c)-1}{\sum_{k=1}^{N_c}(Y_i(k)+\omega_i(k)-1)} \right]$$

$$(8.43)$$

式中,由 Y_i 表示的颜色直方图是根据分区估计 $\hat{Z}$ 来计算的。现在可以根据 $\hat{Z}$ 推导出所有 π_i 的闭式估计,需要一种方法来优化基于分区的联合概率分布。

因为分区变量实质上控制用于形成特征直方图的选择函数,所以希望最大化联合概率对于分区状态是不可微的。这限制了用于估计最佳状态的数值搜索技术的适用的范围。完全搜索各组成部分位置的所有组合是不切实际的,而可以使用一种称为迭代条件模式(ICM)的方法,该方法为贪婪搜索的某种形式[15]。

首先,将分区变量的初始值设为其可能性最高的先验值,由参数 μ_{base} 给出正态分布的均值并结合查表得到的包裹位置的最大似然估计(如果需要)。然后依次对每个组成部分(全身、头、躯干、下、包裹)进行估计,搜索使模型的联合概率分布最大的边界框的位置,在当前估计时,所有其他组成部分的位置被认为是固定的。这样,ICM 就可以用于维度相对较高的搜索空间并将其分解为一系列更易于计算的四维搜索空间。虽然不能保证结果收敛于全局最大值,但这种近似优化技术往往实际工作效果良好。

8.3.3 评分算法

本节概述了评分算法的具体步骤。首先,为了方便,调整匹配分数的定义为联合概率分布的最大对数似然率,即

$$\hat{s} = \ln p(O, \hat{H}) \tag{8.44}$$

因为对数函数是单调的,所以对隐藏状态的最大似然估计不会改变。该对数似然可以表示为

$$\hat{s} = s_0 + \sum_{i=1}^{N} s_i \tag{8.45}$$

式中

$$s_0 = \ln p(\hat{Z} | A, \theta) = \ln \mathcal{N}(\hat{z}_{\text{base}} | \mu_{\text{base}}, \Sigma_{\text{base}}) + \ln T_{b_t}(\hat{z}_{\text{bag}}) \tag{8.46}$$

称为分区得分,并且

$$s_i = \ln p(\hat{\pi}_i | A, \alpha) + \ln p(Y_i | \hat{Z}, \hat{\pi}_i) \tag{8.47}$$

称为第 i 个分量得分。

将相关的条件概率代入分量得分并简化得

$$s_i = -\sum_{k=1}^{N_c} \ln Y_i(k)! + \sum_{k=1}^{N_c} (Y_i(k) + \omega_i(k) - 1) \ln \hat{\pi}_i(k) + \phi_i \tag{8.48}$$

式中,ϕ_i 项是不依赖于图像的归一化常数,因此在评分过程中没有意义。评分算法的目标是最大化分区得分总和而且所有组成部分的分数与隐藏状态的估计有关。

算法 8.1 详细描述了匹配分数计算算法的步骤。首先,该算法设置分区的初始估计值和相应的颜色主题状态的最大似然估计,这些估计值用于设置

$\hat{s}_0$ 和 $\hat{s}_1$ 到 $\hat{s}_N$ 的初始值。在达到收敛或最大迭代次数之前,算法循环遍历头部、躯干、下身和包裹的位置估计并更新对应分区边界框的 z_i 的估计值。当且仅当算法可以在现有估计局部空间的邻域内找到某一特定值时,位置才会被更新,要求这个特定值能使其对所有隐含变量都有一个更高的对数似然值(隐含变量中包括更新后的颜色主题状态)。当所有更新完成后,最终匹配分数是所得分量和组成部分分数的和。

算法 8.1 基于迭代优化的评分

输入:特征概述,图像,模型参数
输出:$\hat{s}$,评估匹配分数

1: 初始化分区的估计值: $\hat{z}_{base} \leftarrow \mu_{base}, \hat{z}_{bag} \leftarrow \arg\max_{z_{bag}} T_{b_t}(z_{bag})$
2: 基于 $\hat{Z}$ 得到的分区评分 $\hat{s}_0$ (式(8.46))
3: for $i = 1 \to N$ do
4:　　基于初始分区 $\hat{Z}$ 计算直方图 Y_i (式(8.14))
5:　　基于 Y_i 计算隐藏主题向量 $\hat{\pi}_i$ (式(8.43))
6:　　基于 $\hat{\pi}_i$ 计算分量得分 $\hat{s}_i$ (式(8.48))
7: end for
8: repeat
9:　　for $i = 1 \to N$ do
10:　　　for 位置 $x \in$ 区域($\hat{z}_i$) do
11:　　　　基于 x 设置分区分数 s_0 (式(8.46))
12:　　　　基于候选位置 x 更新直方图 Y_i (式(8.14))
13:　　　　基于直方图 Y_i 估计隐藏主题向量 $\hat{\pi}_i$ (式(8.43))
14:　　　　基于隐藏主题向量 $\hat{\pi}_i$ 计算修改后的分量得分 s_i (式(8.48))
15:　　　　if $s_0 + s_i > \hat{s}_0 + \hat{s}_i$ then
16:　　　　　$\hat{z}_i \leftarrow x$
17:　　　　　$\hat{s}_0 \leftarrow s_0$
18:　　　　　$\hat{s}_i \leftarrow s_i$
19:　　　　end if
20:　　end for
21:　end for
22: until $\hat{Z}$ 收敛或超过最大迭代次数
23: $\hat{s} \leftarrow \hat{s}_0 + \sum_{i=1}^{N} \hat{s}_i$

可以直接修改评分算法来适应在 8.2.3 节所讨论的扩展模型。要考虑性别,只需评估式(8.17)中的条件概率,为最终匹配分数添加一个额外项,因为这个估计不与任何隐藏状态有关。为合并其他类型的特征图元(如边缘),将组成部分的分数 s_i 重新定义为每个特征类型的条件概率链的对数似然和。算法流程保持不变。

图 8.12 所示为样本图像隐藏状态估计的迭代估计以及对特征组合表的匹配过程,最左边是分区状态的初始估计 Z,最右边是分区状态的最终收敛估计,使得匹配得分增加,未显示的内容是隐含混合状态 $\{\pi_i\}_{i=1}^N$ 的相应估计,其确定了每个组成成分中各观测值的条件概率。在这个例子中,可观测的图像与匹配的特征组合表配对,使得结果中对潜在状态的估计成功地反映了图像的形成。图中显示了优化过程中初值(最左边)到收敛(最右边)的样本分区的估计值。注意,分区状态从所有图像边界框的均值开始(在训练过程中学习)。

图 8.12 样本图像隐藏状态的迭代估计以及对特征组合表的匹配过程(见彩图)

随着 ICM 优化的进行,各个组成部分的边界框拟合得更加合适,其中更好的拟合会使分区的联合概率和潜在主题向量的最大似然增加。使用该技术,当图像片段与特征组合表相匹配时,最终优化的分数会显著增加(因为该算法根据概率模型找到对数据的良好"解释")。然而,当图像不匹配时,得分通常不会提高。这种方法的有效性与评分算法在这两种情况下的表现紧密相关。

8.4 性　　能

为衡量生成模型方法的价值，可以将这种技术应用于多个视频监控环境中的特征搜索任务。查看一系列特征搜索的结果，并与视频内容的真实信息相比，可以从定量和定性两个方面来分析性能。本节将所提出的搜索技术应用于以下两个代表性的数据源，以描述其性能。

(1) 在伦敦盖特威克机场收集了来自于机场的一个航站楼内三台不同位置的摄像机的两小时监控视频[8]。可观测到，人群的密度有显著变化，活动水平定期达到峰值。以 1 Hz 的频率在这个数据集内应用在 8.1.2 节中描述的移动人检测过程，可以得到一个约有 14 000 个移动人员的数据库。

(2) 在美国主要机场收集的监视视频数据集由机场的一个航站楼内安置的来自六个不同位置的摄像机摄制的约五小时的视频组成。以 1 Hz 的频率应用于检测过程，最终得到约 175 000 个移动人员的实例。

使用这些数据集进行实验有助于揭示特征搜索技术在实际应用中至关重要的两个方面：一是搜索的准确性，这影响了操作员在查看结果时成功找到嫌疑人的能力；二是搜索时间，或计算所需匹配分数的时间，一旦操作员开始搜索，搜索时间必须相对较短以避免操作员等待时间过长。

8.4.1　搜索准确性

图 8.13 所示为简单的启发式颜色匹配技术和概率生成模型技术分别得到的特征颜色搜索结果。简单的启发式方法往往使匹配结果较差，而概率模型在将图像匹配到指定特征方面做得更好。图中使用了一个特征维度较低的特征组合表和一个特征维度较高的特征组合表。对于每个搜索案例，根据简单(非概率)颜色匹配方法，最上面一行描述最佳的六个匹配对象。在这种方法中，统计图像片段的所有前景像素的颜色类别，形成颜色直方图。所得直方图根据其与目标直方图的相似性来评分，目标直方图由特征描述中对颜色的描述组成。换句话说，简单搜索方法只搜寻正确的前景颜色的混合，而不使用概率模型来考虑图像形成中的隐藏状态。从图中可以看出，这种方法通常不会返回对特征表的良好匹配，通常会提取到与待检测移动人员不相关的图像区域。

图 8.13 中每个搜索案例的最后一行显示了使用本章描述的概率生成模型的结果。因为模型可以将诸如颜色、边缘图元的空间布局和分区特征分布之类的未被可观测的因素考虑在内，所以它确实能找到与描述更匹配的图

像。对于图8.13(a),特征维度较低,六个最优结果中的五个是完全匹配,而剩下的一个结果是部分匹配(由于其他行人的扰乱);对于图8.13(b),特征维度较高,模型返回一个有效匹配结果(只有一个结果的得分高于某个最小阈值),这是数据中唯一正确的匹配。定性地说,这个比较证明了使用概率生成模型在相对简单的颜色匹配方法上对匹配评估的价值。但是,这样的例子并没有给出对模型性能的定量测量。

(a) 红上衣黑裤子

(b) 黑或白上衣/深蓝裤子/红行李箱

图8.13 简单的启发式颜色匹配技术和概率生成模型技术分别得到的特征颜色搜索结果(见彩图)

为了对搜索性能进行定量表示,选择机场视频数据收集区域中的一个特定区域监视,并且对固定时间范围内该区域内所有行人活动的真实状况进行标记。这个区域(约50 m^2)的监视视频图像的分辨率使得对不同行人高度,其像素值约为80~120像素,这足够进行准确的移动人员检测。标记每个通过这个区域的人的位置和外观特征能得到150个不同人的1 000帧图像。根据这个数据集讨论以下几个性能指标。

1. 检测

对于标记数据集中每个通过感兴趣区域的人,如果8.1.2节中描述的检测算法在至少一个经分析的视频帧中对该人进行了标记,则将其记为一个正确的检测。任何不能包含整个人的检测都算作虚警。测试环境中的虚警来自于阴影效应、一部分行人和行李车。

当使用针对拥挤室内环境优化后的阈值时,检测概率为150中的145个(或约97%),持续遮挡或与感兴趣区域短暂重叠会导致漏警。相应的虚警概率约为每200 s一次。

在实践中,检测算法对搜索能力提供了良好的支持,因为它能发现每一个穿过场景的行人都能被摄像机无遮挡地观测到至少一次,而且虚警以较低的概率只占检测数据库中很小一部分。值得注意的是,检测性能在很大程度上由场景的特征决定,特别是观测人群的密度和图像的分辨率。

2. 外观模型

每个图像片段都是某个指定特征集描绘一个人的似然,概率外观模型提供了对这个似然的评分机制。当模型正确运行时,所有与描述相匹配的人的实例将出现在匹配列表的顶部,该匹配列表按概率得分呈降序排列。

可以对标记数据集进行多个样本搜索并将实际结果与预期结果进行比较来评估模型的准确性。图8.14所示11个搜索实例的特征匹配精度列出了一组特征组合表,使用这组特征进行了11次搜索,这些特征从准确标记的特征中随机选择,且这些特征应与视频中出现的一个或多个人相匹配,虚线表示随机选择算法的预期性能,图例中的前五个对特征的搜索具有良好的准确性。

对于每个测试搜索,通过改变搜索返回的最优匹配结果的数量来获得性能曲线。提高结果的数量增加了找到所有正确匹配的机会,但它也增加了虚警或返回的图像片段与指定特征不完全匹配的情况。图8.14中的垂直轴表示召回(Recall),或搜索返回的所有正确匹配的百分比;而水平轴表示返回的虚警的数量,用数据库中虚警个体的总数来进行归一化。注意,由这些度量标准,对图像片段分配随机匹配分数的算法的预期性能由图8.14中的虚线表示。

如预期的那样,使用生成模型搜索的所有结果都要比作为对照的随机评分模型更好。然而,对特定的特征组合表,虚警率有显著的变化。11个样本搜索中的五个(如图8.14中的红线所示)能在返回任何虚警之前找到所有真实匹配,因此这些搜索是完美的准确搜索。其他搜索在返回所有匹配前,会返回多个虚警。

更特殊的搜索过程,特别是那些在所有行人之中只有一个确切匹配的搜索往往会得到更好的结果,因为这些特征组合表包含最多的可鉴别信息。更一般的描述倾向于在所有正确的检测结果中引入一些虚警。因为评分算法产生与观测概率相关的匹配分数,所以虚警结果(其具有相对高的匹配分数)会与特征组合表匹配紧密,与描述的偏离通常较小。

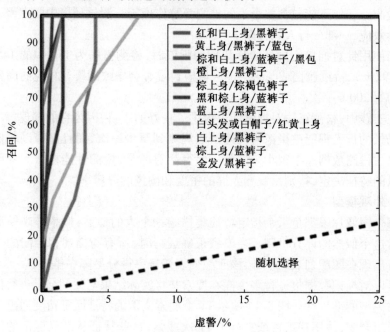

图 8.14 11 个搜索实例的特征匹配精度(见彩图)

8.4.2 搜索时间

为了具有可操作性,必须在合理的时间内完成特征搜索。由于对每个候选图像片段都分配了匹配得分后,搜索才结束,因此执行搜索的时间与计算单个匹配得分的平均时间直接相关。这一操作必须快速完成,因为典型的搜索过程可能涉及检测数据库中数万或数十万个候选对象(只可能更多)。

而算法 8.1 中概述的评分算法是快速收敛的模型隐藏状态近似最优算法,可以采取下面的步骤来加速运算。

(1)执行初步检查,查看图像片段中的特征基元值是否与特征组合表中预期观测值相近。例如,如果检测片段的颜色直方图与特征组合表指定的任一颜色的直方图都有显著差异,可以不用其优化隐藏状态并自动为其分配一个低匹配率。对该类样本有如下假设:没有能使匹配分数足够高的隐藏状态,所以这类样本不会显示给操作员。对于许多搜索标准,这个初步检查将所需的匹配分数计算量减少了一半以上。

(2) 不重复计算相对复杂的函数,如式(8.48)中的对数阶乘。因为在这个应用中的对数阶乘只能对 0~100 的整数值进行评估,所以预先计算这些值并预存它们会大幅提高计算效率。

(3) 对优化算法的迭代次数施加合理的限制。在去除对最终匹配分数影响相对较小的多余的迭代的同时,限制迭代次数使估计足以接近收敛。

计算两个机场监控数据集得分的平均时间见表 8.2。因为处理时间的函数与特征组合表的复杂程度部分相关,所以要取大量特征搜索实验的计算时间的均值。对于任一数据集,单个评分计算所需的平均时间约为 50 μs,因此每秒最多可以计算出 20 000 张图像的得分。

表 8.2 计算两个机构监控数据集得分的平均时间

任务	盖特威克机场	美国机场
平均计算得分时间 /μs	57	50
平均搜索一个摄像头一小时视频所用时间 /s	0.4	1.75

对于每个数据集,表 8.2 还显示了处理摄像机摄制的一小时视频所需的平均时间。对于人流密度较低的 Gatwick 数据集(每小时检测的数据总数较少),它对一个摄像机摄制一小时的视频进行分析只需不到半秒的时间。对于美国的机场数据集,在相对较广的相机视野内可以捕获到更多的行人,它搜索一个摄像机摄制一小时的视频需接近 2 s 的时间。然而,在这两种情况下,在一两分钟内完成数十小时的相机数据和数百万条记录的搜索,评分算法都是能够有效工作的。

8.5 交互式搜索工具

基于概率特征的图像评估与交互式搜索能力相结合会发挥最大效力。本节描述这种工具如何实现,并在样本视频数据上显示其功能。该工具直接与移动人员检测数据库相连(分析视频后自动创建),并提供了搜索这些检测结果的一种方法。

该工具具有以下功能。

(1) 允许操作员通过图形用户界面输入一组搜索条件,包括特征组合表和时间及位置的约束。

(2)检索数据库中指定时间段和位置内的所有记录。

(3)应用8.2节中描述的概率模型来评定每个记录与指定的特征组合表的匹配程度。

(4)按降序排列匹配结果,从数据库中提取前 N 个匹配项(只要其匹配得分超过某个基线阈值)。

(5)使用非最大值抑制的方式滤除匹配列表中的最高分,以消除同一人在视频连续帧中重复出现造成的冗余。

(6)以一组可浏览的图像片段的形式,将那些最优匹配项返回给操作员。

(7)最后,操作员可以通过从最优匹配集中选择单个图像片段来查看相关视频。

通过一系列搜索和视频审查步骤,该系统使操作者能有效地交互式地探索场所内可观测的行人数据库。

图 8.15 所示为交互式搜索工具实例的屏幕截图。启动搜索之后会出现一个搜索条件输入菜单,分为特征组合表部分(上半部分)和搜索定位部分(下半部分)。图 8.15(a) 为搜索条件输入接口,操作员在其中指定了黄色衬衫颜色和黑色裤子。图 8.15(b) 为搜索结果搜索界面,显示与这些搜索标准最优的匹配。图像片段按照匹配得分降序排列,按从左到右和从上到下的顺序排列,该搜索是在来自机场数据集的大约 30 min 的数据上执行的。在特征组合表部分中,操作员可以选定菜单中特征选项的任意组合,其他操作员未提供的输入的特征默认为未指定,并且它们不会影响搜索结果。

 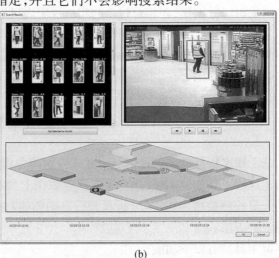

(a) (b)

图 8.15　交互式搜索工具实例的屏幕截图

除特征组合表外,操作者选定开始时间和结束时间来进行搜索,对于视频存档来说,起止时间可以跨越多天。如果需要的话,操作员还可以选择要搜索的摄像机视图的子集,重点关注各个摄像机场景内的特殊区域(如门口或行人通道)。一旦输入了所有特征和可能要搜索的局部区域,搜索进程就会启动。最少仅需几秒钟就能完成该处理,并且搜索时间与搜索面积和时间窗以及行人的密度大致成正比。

搜索结果界面有三个面板,如图 8.15(b) 所示。

第一个面板包含一组与特征搜索条件匹配度最高的图像片段。虽然这些片段经过筛选以避免显示上的冗余,但是同一个人可能在不同的时间和地点出现多次。操作者可以通过滚动这些图像片段来查看结果并点击其中任意一个来检索相应的视频内容。

第二个面板显示所选的匹配检测所在的视频帧,并允许操作者使用一组标准的回放控件来查看视频。

第三个面板显示时间轴和场所的地图,并包含每个最佳匹配的估计时间和位置。除从图像片段组中选择外,操作员还可以直接从地图或时间轴中选择检测结果来回放视频。

在实践中,不能保证所有搜索结果都能成功地与特征描述匹配。然而,由于概率评分过程,因此那些不完全匹配的结果通常为近似匹配,其中只有特征组合表的某一个方面是不匹配的。由于能输入软件的特征限制或外观生成模型的局限性,因此不能保证与分析者的需求最相关的观测结果将作为第一个(得分最高的)图像片段出现。但是,如果有用内容存在于最佳匹配结果的集合中,那么对于操作员来说,浏览一组图像片段并且集中注意力在与结果更相关的内容上会更加容易,这与操作员进行手动扫描大量的原始视频相比会更加快捷。

8.6 小　　结

基于内容描述的视频搜索对于多种监视场景都非常有用。首先,这种能力可以用于对存档视频的司法审查并复原与证人报告或事件相关的场景。其次,此功能可用于实时反馈监视视频的内容,以便与给定的描述相匹配。无论在哪种情况下,自动化搜索过程都可以使操作人员对大量视频数据进行分类,并将时间和精力投入到与特征最相关的部分。

本章讨论了基于一定距离处可观测的人以及相关的服装和包裹特征的一类特定的内容搜索。虽然通常可以通过人类视觉以高精确度来完成这类视频解释过程，但是由于符合给定描述的外观会有差异，因此该过程难以自动化。事实上，由于诸如视角、照明条件和服装之类因素的影响，因此与同一个特征组合表相匹配的观测会有许多不同的表现（像素值）。

基于概率模型方法的解决方案很适合用于解决这个问题，通过引入模糊的高阶描述解决了观测的不确定性问题。这样的模型提供了表征其不确定性的机制，并根据对解释问题十分关键的隐藏状态来构造这个模型。下面回顾一个生成外观模型的例子，该模型定义了以特征组合表为条件的可观测的像素级特征的联合概率分布以及图像形成中的隐藏状态集合。可以使用近似优化技术快速推断模型的隐藏状态，考虑隐藏状态的话会有更高的匹配估计精度。另外，生成模型的参数可以直接从（部分标记）数据中学习。

使用来自几个不同环境的实例视频实验证明了这种模型的应用价值。简单的颜色匹配方法效果不佳，因为它们没有充分考虑到观测集的预期联合分布，使得它们对图像的解释通常较差。然而，基于概率模型的评分机制在这些试验中运行良好，与搜索界面配合使用时，可以及时而且准确地对来自机场的测试视频进行交互式搜索。

然而，任何基于概率的视频解释方法的性能由监控场景的特征和视频捕获的条件决定。常见的导致失败的问题如下。

（1）感兴趣场景部分的分辨率不佳（通常总像素需要达到上百数量级来解析特征的细节）或照明不足，场景部分与背景没有形成鲜明的对比。如果监视系统没有捕获到关键的信息，则无法进行准确的解释。

（2）高人群密度或遮挡程度。如果摄像机视野被行人严重遮挡，则无论执行哪一个搜索都难以建立全面的人员观测数据库，从而难以对移动行人进行检测。当视频描绘了一大群人通过场景时，检测会变得尤其困难，对每个人看得都不会特别清晰。在这些情况下，对同一场所内人群较分散的区域进行视频分析是合理的。

（3）着装风格或其他外观特点与训练集中所呈现的特点有显著差异。例如，可观测的特征预期分布在一定程度上由当地的着装风格和天气条件决定。模型和实际需要观测的图像之间的不一致会导致图像解释性能的下降，一种解决这个问题的方法是使用更有代表性的数据集来重复模型学习过程。

大多数问题可以通过策略性的选择摄像机视图来进行视频分析或细化概率模型结构和参数来解决。

最后，本章中概述的方法可以扩展到除行人之外的其他类型场景部分的特征搜索问题。对于安保人员来说，有用的搜索功能包括：基于车辆描述（颜色和类型）的搜索；行李、包或包裹搜索；在近距离视频中捕捉到的面部特征搜索。在这些情况下,可以用概率模型有效地表示和解决图像诠释问题的不确定性。

参考文献

1. J. Vlahos, "Surveillance Society:New High-Tech Cameras Are Watching You,"Popular Mechanics,vol. 139,no. 1,pp. 64-69,2008.

2. N. Gagvani, "Challenges in Video Analytics," inEmbedded Computer Vision,B. Kisacanin,S. S. Bhattacharyya,and S. Chai,eds. ,London:Springer,2009.

3. J. Thornton,J. Baran-Gale,D. Butler,M. Chan,and H. Zwahlen, "Person Attribute Search for Large-Area Video Surveillance," inIEEE International Conference on Technologies for Homeland Security,2011.

4. P. Phillips,P. Flynn,T. Scruggs,K. Bowyer,J. Chang,K. Hoffman,J. Marques,J. Min,and W. Worek,"Overview of the Face Recognition Grand Challenge," inIEEE Computer Society Conference on Computer Vision and Pattern Recognition (CVPR),2005.

5. J. Boyd and J. Little, "Biometric Gait Recognition," inAdvanced Studies in Biometrics:Revised Selected Lectures and Papers,M. Tistarelli,J. Bigun,and E. Grosso,eds. ,Berlin:Springer,2005.

6. M. Demirkus,K. Garg,and S. Guler, "Automated Person Categorization for Video Surveillance Using Soft Biometrics," inSPIE Biometric Technology for Human Identification,2010.

7. J. Ferryman and D. Tweed,"An Overview of the PETS 2007 Dataset," in IEEE International Workshop on Performance Evaluation of Tracking and Surveillance,2007.

8. K. Sage,A. Nilski,and I. Sillett, "Latest Developments in the ILids Performance Standard:New Imaging Modalities,"IEEE Aerospace and Electronic Systems Magazine,vol. 25,no. 7,pp. 4-11,2010. doi:10.1109/MAES. 2010. 5546288.

9. D. Blei,A. Ng,and M. Jordan,"Latent Dirichlet Allocation," Journal of Machine Learning Research,vol. 3,pp. 993-1022,2003.

10. L. Fei-Fei and P. Perona, "A Bayesian Hierarchical Model for Learning Natural Scene Categories," inIEEE Computer Society Conference on

Computer Vision and Pattern Recognition (CVPR),2005.

11. N. Dalal and B. Triggs,"Histograms of Oriented Gradients for Human Detection," in IEEE Computer Society Conference on Computer Vision and Pattern Recognition (CVPR),2005.

12. J. Daugman, "Uncertainty Relation for Resolution in Space,Spatial Frequency,and Orientation Optimized by Two-Dimensional Visual Cortical Filters,"Journal of the Optical Society of America,vol. 2,no. 7,pp. 1160-1169,1985. doi:10.136 4/JOSAA.2.001160.

13. C. Elkan, "Clustering Documents with an Exponential-Family Approximation of the Dirichlet Compound Multinomial Distribution," in International Conference on Machine Learning (ICML),2006.

14. S. Kirkpatrick,C. G. Jr.,and M. Vecchi,"Optimization by Simulated Annealing,"Science,vol. 220,no. 4598,pp. 671-680,1983. doi:10.1126/science.220.4598.671.

15. J. Huang,Q. Morris,and B. Frey, "Iterated ConditionalModes for Crosshybridization Compensation in DNA Microarray Data," University of Toronto,Tech. Rep. PSI TR 2004-031,2004.

第 9 章 语音应用的动态模型

本章概述了基本的建模和决策技术在语音应用中的作用,主要讨论要从语音中提取信息的语音识别。经典方法中,主要从语音信号中提取的信息是单词序列。本章将描述基本的语音识别以及其他如性别、语言和说话人识别等应用。本章将扩展第 2 章提到的隐马尔可夫模型(HMM)和高斯混合模型(GMM),并讨论如何在各种语音处理算法中使用它们。

9.1 语音信号建模

语音处理是用于描述通过计算机或自动化系统分析人类语音并从中提取感兴趣信息这一过程的术语。通常对信号进行短时间的频率分析并对得到的频率分量建模来提取语音信号中的信息。可以直接对这些组成部分进行建模并用于模式识别,如 HMM 这类动态模型,或者用于构建诸如音素等在语言学上更重要的元素。然后,这些语言学中的重要组成成分仍可以用于对单词或句子等层次更高的元素进行建模。不同层次的语音单元以及其典型的持续时长和应用的方向见表 9.1。

表 9.1 不同层次的语音单元以及其典型的持续时长和应用的方向

单位	持续时长
频谱(基于倒频谱)/ms	10 ~ 20
韵律/ms	50 ~ 100
语音/ms	100
习语(音节)/ms	> 200
词/ms	> 200
习语(词组)/ms	> 400
语义/s	> 1

在更高层次上,语音生成机制通常用 source – filter(源 – 滤波器)进行建模[1-2]。激励信号驱动滤波器对信号进行整形以产生语音信号,所产生的语音信号具有局部高动态特性且统计上非平稳。语音信号的非平稳性使得在建模过程中需要对信号进行许多假设,如利用信号的短时平稳性对语音信号进行短时分析。

语音信号可以传递各种级别的信息,范围从像音素这样的最小单元到单词和句子。另外,该信号也会携带节拍和说话人特有的信息。本章将描述如何对语音信号进行统计建模,以及如何从这些不同级别的单元中提取感兴趣的信息。

语音处理领域里有许多应用,包括对语音信号编码、语音信号信息提取、以及从语音到语音的翻译。本节仅局限于讨论语音识别和信息提取技术,包括特征提取、分类和决策。

9.1.1 特征提取

虽然语音处理领域中会用到许多特征,但是讨论所有这些特征不在本书的范围内。本书主要讨论语音识别领域中常用的一组特征——倒谱特征。倒谱特征定义为信号傅里叶变换对数的逆傅里叶变换。在语音信号中,傅里叶变换通常指的是加窗后信号的傅里叶变换或短时傅里叶变换。倒谱特征集的最常见变型是 Mel 尺度(Mel – Scale)倒谱特征集[3-4]。

9.1.2 隐马尔可夫模型

2.1.7 节中定义的隐马尔可夫模型(HMM)是可以包含时间信息的随机模型。HMM 广泛用于语音处理领域,特别是在语音识别系统中[5-6]。

HMM 非常灵活并且能对语音信号中快速变化的部分进行建模。在语音识别的场景中,通常使用从左到右的三态 HMM 架构。此架构允许返回当前状态或转移到当前状态右侧的状态。生成观测值的过程通常建模为高斯或混合模型的概率分布。一个 HMM 模型需要定义状态之间的转移概率集、每个状态的观测的分布和初始状态分布。

一旦确定了定义 HMM 的架构和参数集,就通常关注以下三个数据建模的基本问题:

① 根据训练数据调整参数；
② 计算最可能的状态序列；
③ 计算给定模型时检测到特定序列的可能性。

对于这些问题的详细描述超出了本章的范围，但是许多算法通常使用最大似然检测或判别技术求解[7-10]。

9.1.3 高斯混合模型

如2.1.2节所述，高斯混合模型是由 M 个正态分量组成的连续概率分布，概率密度为

$$p(x|\mu_1,\Sigma_1,\cdots,\mu_M,\Sigma_M,\alpha_1,\cdots,\alpha_M) = \sum_{i=1}^{M} \alpha_i \mathcal{N}(x|\mu_i,\Sigma_i) \quad (9.1)$$

模型的参数由 $\theta = (\mu_{1:m},\Sigma_{1:m},\rho_{1:m})$ 给定。从 GMM 生成样本的一种方式是通过关于参数 $\rho_{1:m}$ 的分布从 M 个分量中选择一个，然后从该分量的分布中采样。

GMM 在语音处理的识别部分发挥了重要作用。首先，GMM 通常是 HMM 观测集分布的一种选择。此外，GMM 方法作为识别说话人的先进方法已有十多年了。近年来，基于 GMM 的语言识别技术也表现了优异的性能。在过去几年中，使用基于 GMM 的识别方法已经被用来进行抑郁症分类和语音活动检测。

9.1.4 最大期望算法

通常用最大期望（EM）算法训练 GMM[9]。EM 算法广泛应用于不同领域和各种问题。EM 算法有许多可取的特点，如至少收敛到局部最大值、易于计算等。其他方法，如梯度下降方法，往往难以计算。

EM 通常用来估计缺失数据或不可观测变量的概率模型的参数。在学习 GMM 参数的问题中，丢失的数据可能参与了生成样本的过程。如果可观测数据集是 X，不可观测数据集是 Y，那么 EM 旨在找到使 $P(X,Y|\theta)$ 最大的模型参数 θ，或者方便起见，计算使 $\ln P(X,Y|\theta)$ 最大的 θ 值。算法 9.1 中以猜测的 θ 值为初始值，记为 $\hat{\theta}$。给定 $\hat{\theta}$，有

$$\arg\max_{\theta} \sum_{Y} P(Y|X,\hat{\theta}) \ln P(Y,X|\theta) \quad (9.2)$$

并将 $\hat{\theta}$ 设为迭代最后得到的 θ 值以用于下一次迭代,重复该过程直到收敛。

算法 9.1　最大期望估计

1：function 期望最大化
2：　初始化 $\hat{\theta}$
3：　loop
4：　　$\hat{\theta} \leftarrow \arg\max_{\theta} \sum_{Y} P(Y|X,\hat{\theta}) \ln P(Y,X|\theta)$
5：　end loop
6：end function

如果涉及的分布来自指数分布族,如 GMM,则式(9.2)存在闭式解。Bilmes 概述了如何使用 EM 计算 GMM 的参数[11]。将 EM 应用于 GMM 时,通常假定混合分布的每个分量的协方差矩阵都是对角阵。对角矩阵在大多数语音应用中工作良好,并可以简化计算过程。参数 $\hat{\theta}$ 可以以不同的方式初始化,如随机分配或 k - 均值聚类。

9.2　语音识别

语音识别是计算机分析语音信号并产生语音信号的单词序列和文本的过程。如前所述,输入的语音信号被转换成特征向量流。所产生的特征向量流通常被解码成一系列具有语言含义的单元集或标记集,这些标记可能会是解码获得的音素或子字节单元。通常,将声音解码与相应语言的附加知识相结合,该附加知识用于约束可能的声音序列集合。

语音识别涉及将贝叶斯准则运用于各种信息片段,包括也称为语言词典的单词集 W 和语音信号的特征向量集 X。语音识别技术会产生从输入声音序列 $X = x_{1:n}$ 到单词集 $W = w_{1:m}$ 之间的映射,其中 n 通常远大于 m。

HMM 是语音识别模型的一种。通常,为给定语言中的所有音素创建一个 HMM,并且通过前向-后向估计将各个音素 HMM 相结合以产生词组 HMM。将 X 解码成单词的计算十分复杂,可以使用不同算法加速这一过程。在该类任务中,通常使用维特比算法[5-12]。一般用长达数小时的包括不同单词和音素的数据训练声学模型。

解码过程与语言知识结合的方式有两种。首先,对发音建模以约束感兴趣语言中单词的数量。该步骤在搜索过程中是关键的,因为它减少了可行解码方案的数量及其对计算的需求。发音模型通常以指定给定语言中单词的所

第9章 语音应用的动态模型

有可能的规范发音来构建,这个模型也称为发音字典。

其次,语言模型约束了语言中可能被观测的潜在单词序列,语言模型在搜索过程中也起到很大的作用,其作用为确定假设的单词序列,通过计算词库中单词序列的概率来训练语言模型。在传统方法中,常用三元组(三个字的序列)来权衡稳健的估计序列的统计特性所需的训练数据量和语言模型的辨别潜力。在语言模型中,使用数百甚至数千小时来训练语言模型。该过程的数学表达为

$$\arg\max_{W} p(W|X) = \arg\max_{W} \frac{p(X|W)p(W)}{p(X)} = \arg\max_{W} p(X|W)p(W) \tag{9.3}$$

以下列公式合并发音和语言模型,即

$$\arg\max_{W} p(W|X) = \arg\max_{W} p(X|A)p(A|W)p(W) \tag{9.4}$$

式中,$p(X|A)$ 是对语言的声学特性进行建模的 HMM 集合;$p(A|W)$ 是给定所有可能发音序列时声学序列的发音模型;$p(W)$ 是用于约束语言中可能可观测序列的语言模型。

语音识别以极快的速度发展,其知识跨越多个研究领域。心理学、语言学、计算机科学和模式识别等多学科之间的融合在过去几十年来成为了提高性能的关键。通常,通过识别约束条件将其变为已经解决的问题来获得进展,然后在性能提高后放宽这些条件。语音识别领域中的常见性能度量是单词错误率,单词错误率是由三种错误率之和来衡量的,这些错误包括与参考相比所删除、添加和替换的单词。通过将参考(已知)副本与通过动态规划系统获得的副本相对比可查出错误。

还有许多出色的方法可解决语音识别算法中的问题[13-14]。本章没有讨论如何处理计算问题以及如何处理训练期间未见过的词语(词库外词汇)。多年来大量技术被用于减小对模型进行求解所需的搜索空间,大多数技术通过去除最不可能的求解路径来修改有望实现的备选方案。

当前,自动语音识别存在几种趋势。第一,随着计算能力的增加,具有大量参数的复杂模型成为了趋势之一。例如,现有的许多系统涉及观测分布中有数百万个参数的 HMM 模型。第二,使用判别技术训练模型。在判别技术中,重点是优化决策区域,而不是专注于最大化模型的似然度。第三,出现了使用神经网络的新技术。最近,深层神经网络成为了该领域的可选方案之一[15]。深度神经网络利用复杂的神经网络架构和训练技术来解决语音识别问题。第四,扩展到其他语言。鉴于需要用大量已标记数据训练系统,目前正在致力于获得可应用于低数据资源语言的数据驱动单元[16-17]。在低数据资

源语言中,可获得的训练数据是有限的,这方面的研究兴趣集中在从日渐增加且丰富的语言中探索自举数据。

9.3 主题识别

主题识别是在识别语音文档中确认主题的过程。多年来,有多种处理主题识别任务的解决方案可供选择。目前,大多数技术都能对单词或子单词单元进行提取从而完成对语音信号的预处理。这些方法中的每一种都具有优点和缺点。在基于单词的系统中,往往趋向于使用具有较高的计算复杂度和有限语言覆盖的专用词汇表。在语音系统中,趋向于以更多的标记错误为代价换来可适应新条件和新语言的灵活性。

在预处理阶段中,处理以单词或音素序列为形式呈现的系统输出从而得到特征集用于主题识别。词袋模型(Bag-of-Word)广泛用于处理语音识别的输出。词袋表示解码语音中被观测到的单词或标记的向量化总数。特别地,对单词集进行滤波就是要减少那些在语音文件中对内容非描述性的单词,包括停顿(如 ah、uh、um)或非描述词(如 the、of、that)。

分类的最后一步包括对解码后输入语音向量和感兴趣主题的代表性向量集合之间距离的度量。在这一步,技术从简单的距离度量,如余弦距离,推广到更广泛的方法,如逆文档频率[18]和潜在语义分析[19]。逆文档频率技术依赖于这样的概念:那些不频繁出现的单词或记号能较大地提升辨别能力,并可能会对主题是一个很好的指示;而频繁出现的单词或记号的辨别能力却较弱。潜在语义分析试图将特征空间的变化限制在较小的维度。

最近,主题识别中的一个新兴领域涉及无监督训练系统,使得所使用的子单词单元直接从数据而不是从标注数据导出[17,20]。这种不需要对训练数据进行标注的系统使得对新语言的扩展变得更容易。将语音识别和主题识别扩展到仅有少量可用未标注数据的语言中是一个活跃的研究主题,这些技术的另一个优点是能灵活地适应于新的声学和环境条件。

9.4 语言识别

语言识别是识别语音表达中所使用何种语言的过程。多年来,语言识别已应用在多种应用中。第一种应用包括将语言识别过程用于预处理,为接下来的自动处理做准备。这类应用包括语音识别系统的初始阶段,首先假设语言的使用地点从而确定使用哪些模型对信号进行解码。同样,在机器翻译中,语言识别用于确定使用哪个模型集将源语音翻译成已知的目标集合。

该类算法在过去十年中得到了迅速的发展。在过去十年的大多数时间中，主要技术都基于 n 元音素。n 元音素系统也称为音位结构学，是研究解码语音信号所获得的音素序列的过程。基本原理是这些序列在不同语言中是不同的，而且有助于对不同语言进行区分。通常，这些系统由三个阶段构成。

第一阶段是音素解码阶段。在这一阶段中，将输入的语音信号解码成一系列音素。该解码步骤类似于语音识别系统中的第一阶段，但有微小的差别。在语音识别中，$p(X|A)$ 也是 HMM 模型，但是以开环方式解码，而不受发音或语言模型的约束。该阶段最终将输入的语音标记为音素序列，期间没有任何用于减少搜索量的语言知识。具体地，使用已经用音素训练过的 HMM 集合将观测值 $X = x_{1:n}$ 映射到一组音素 $P = p_{1:m}$ 上。这个过程可以针对特定或通用语言。需要注意的是构成语音清单的一种或多种语言与想要识别的目标语言之间不需要存在关系[16]。

第二阶段是语言模型阶段。类似于之前提出的语音识别模型，在这个阶段用指定语言的数据训练语言模型。被训练的语言模型的数量通常与目标语言集相关。这一阶段是区分不同语言的关键。语言模型所利用的辨别能力是基于下面的这个事实：在不同语言之间，观测到的标记序列所出现的频率变化很大，但在一些情况下，对于给定的语言，这个频率几乎是唯一的。多年来，研究人员研究了二元到五元序列，而大多数系统通常使用三元序列。插值语言模型被包括 Zissman[21] 在内的不同研究者广泛应用于语言建模技术。下面给出了内插二元（$n=2$）语言模型的一个实例。在这种情况下，序列以如下方式建模，即

$$P(p_t|p_{t-1}) = \alpha_2 P(p_t|p_{t-1}) + \alpha_1(p_t) + \alpha_0 P_0 \tag{9.5}$$

式中，$P(p_t|p_{t-1})$ 是观测音素 p_t 的条件概率，假定已经观测到音素 p_{t-1}，并且 $\alpha_{0:2}$ 是与给定 n 元序列置信度相关的权值。

语音系统的最后一个阶段是后处理程序，有时称为后端。后端可以是简单的评分归一化过程，或者可以如线性分类器一样通过已有集合训练得到，并且用于对语言模型分布在不同类别上的评分进行建模。这样的决定是为了最大化所有目标类中语言模型的得分。通常，可以通过组合多个语言－特定语音组件以获得额外的性能增益。

近来关于声学或频谱系统的工作已经可以对语音架构中较低级别的信息加以利用。这类系统包括 GMM、支持向量机（SVM）或二者的组合。在过去十年中，GMM 系统的性能主要通过下列三个因素被大幅改善：

① 移位 δ 倒谱特征,该特征涉及时间信息[22];
② 高阶模型,系统包括高达 2 048 个混合成分;
③ 引入判别训练。

过去几年中,在这一领域,判别训练系统占主导地位。最近,基于将 GMM 与 SVM 组合的系统已经可以比基于 GMM 的系统获得更大的增益。举例来说,基于 GMM 的语言识别系统通常假定已有大量被语言标记过的观测知识。因此,为每种目标语言构建一个 GMM,并依据下式计算每类的似然,即

$$\ell = \arg\max_{p} \ln p(X|\theta_\ell) \tag{9.6}$$

式中

$$\ln p(X|\theta_\ell) = \frac{1}{T}\sum_{t=1}^{T}\ln p(x_t|\theta_\ell) \tag{9.7}$$

式中,ℓ 是使参数集合 θ_ℓ 对给定观测 X 产生最大似然的语言。

目前,这个领域的最先进的性能是通过采用子空间补偿方法得到的,特别地,这项技术也称为 i 向量技术[23]。i 向量算法将因子分析方法扩展到语言识别。在该方法中,训练与语言无关的 GMM 模型,并将其用于为每个训练中的语音句型创建超向量(一系列均值向量)。从所有可用训练数据中可得到矩阵 T,然后使用该矩阵将每个超向量投影到较低维空间中。通过对训练数据的协方差矩阵进行主成分分析可以得到特征值矩阵,矩阵 T 与该特征值矩阵有关。通常,i 向量子空间的维度是 200 ~ 600 维。一旦数据已经被投影到 i 向量子空间中,就可以用简单的距离度量或常规分类器(如 SVN 或 GMM)分类。

虽然语音和声学(基于频谱的)算法已经成为语言识别中的主要技术,但是研究人员也使用了其他技术,并取得了一定的成功。这种情况下最引人注目的想法包括韵律和 n 元单词。基于韵律的系统尝试利用在不同语言类别中观测到的节奏差异。这些系统通常观察基频(音调)及其对音节速率的导数获取的特征。n 元单词系统表现出了优异的性能,但通常需要有一个可用于目标语言的已经训练好的系统。缺乏在大语言集上全尺度且已训练完成的系统限制了该技术的应用[24-26]。

在语言识别领域,自 20 世纪 90 年代中期以来,国家标准与技术研究所(NIST)开展了语言识别评估[27]。可以用这套数据集比较不同的系统,目的是通过提供统一的数据集来评估技术现状。评估的范例如下:创建先前未见的数据集,并使参与评估的机器在不知道数据类别的情况下提供分类决策。图 9.1 所示为国家标准和技术语料库语言识别系统的性能趋势。这些系统是

通过对各种系统进行组合得到的,如各种倒频谱系统组合而成的语音系统[28-29]。

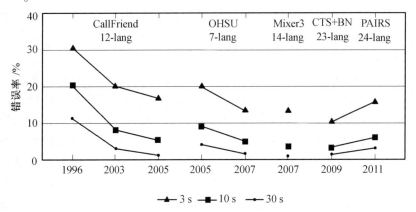

图 9.1 国家标准和技术语料库语言识别系统的性能趋势

9.5 说话者识别

说话者识别是通过其声音识别说话者的过程,主要有两方面应用:一是说话者验证,包括语音样本和一个指定的说话者,在这种情况下,根据指定的说话者的模型来处理语音样本并且对其进行评分,并且当语音样本的得分高于特定阈值时,确定匹配;二是身份验证,由名称可见,这种技术适用于更广阔的领域。在身份验证中,有以下两种典型情况。

(1) 闭集场景。这种场景中预计说话者是一组模型中的某人。通常选择该组模型中得分最高的那个为说话者。

(2) 开集场景或超集场景。这种场景中不能保证预定的模型集合内有说话者。仅当某个模型的分数高于某个阈值时,才选定该说话者。

在过去 20 年中,识别说话者的领域一直由基于 GMM 的算法主导,该算法将说话者的显著特征通过概率建模。这一领域的基础工作[30-31]使用通用背景模型来对一般说话者群体建模,并作为假设检验中的竞争假说。此外,在考虑多个说话者时,通用背景模型在计算上有优势[31]。

最近的进展使常规的 GMM 方法的性能得以改进。首先,将基于 GMM 的系统与其他提供互补信息的系统组合可以提高性能。这些系统中的第一个被使用的是分类器,如使用 SVM 对说话者的特性进行建模[32]。其次,将基于 GMM 和 SVM 的系统与另一类系统相结合,不仅使用一组不同的分类器,还要关注不同的特征集[33]。这些新的高级特征通常是超越常规倒谱特征的,它们通过信息提取得到,如音素、单词和单词用法这些长期特征[33-34]。一般认为如果有足够的说话者数据来训练模型,就能在音素和词语用法这些高层次上提取到说话者的特定行为表现。另外,将 SVM 的强大性能与从语音识别系统中得到的特征相结合又可得到一种新系统。

近期,为解决影响说话者识别性能的主要原因之一(即信道变化性),提出了一种新系统。众所周知,用于训练说话人模型的标记数据来自用于评估系统性能的训练数据,这些训练数据具有不同的来源,因此说话者识别的性能会受到不利影响。特别地,基于因素分析和扰动属性投影的系统特意利用了说话者中每一个人的多个注册语音,以提取需要补偿的信道信息。在扰动属性投影中,基本思想是将说话者语音建模为基于说话者语调与通用背景模型比对的通用说话者成分和信道信息相关偏移量的加性组合。该信道信息被约束到较小的子空间,然后从原始语音中剔除。现在,原始的因子分析系统已经进一步扩展到称为联合因子分析(JFA)的技术,不仅试图减轻信道变化而且减轻不同说话者之间的变化。

最近对 JFA 框架的扩展催生了一种称为 i 向量的新方法[35]。i 向量法与 JFA 方法依赖于相同原理,但是对变化有不同的看法。i 向量法的基本假设是,不仅信道差异与说话者有关,而且所有变化都与说话者相关,且都可以捕获在在小的子空间中。这种类型的系统现在提供了语音识别领域中最优异的性能[36]。

9.5.1 用于司法的说话者识别

用于司法的说话者识别是在过去十年中重新被重视的应用。典型情况是,确定未知语音样本是否来自语音样本已知的特定说话者。近年来,已经开发了一些满足司法界需求的原型系统。其中一个是 Vocalinc,它建立在 NIST 对演讲者识别评估的经验之上。图 9.2 所示为当前 Vocalinc 用户界面图形的屏幕截图。在司法分析中,类似 Vocalinc 的工具被司法从业者以所谓的"人在回路"的交互式方式使用。

用户界面允许用户选择分析中要使用的说话者识别算法。该工具中包括的算法有 GMM、SVM、JFA、IPDF 和 i 向量。其中,内积判别函数(IPDF)是 GMM 和 SVM 混合系统的推广[37]。所有这些算法可以单独或组合使用,用户可以决定以 1 对 1 模式操作该工具,该过程在之前已经讲过,其中存在已知和存疑的语音样本,或者以列表模式运行两个彼此对照的音频文件列表。列表模式允许进行 n 对 m 组的比较。

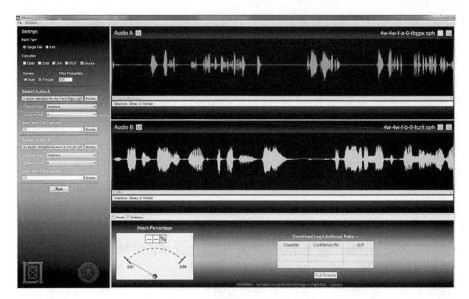

图 9.2　当前 Vocalinc 用户界面图形的屏幕截图（见彩图）

该工具允许使用音频文件，用户可以指示与性别、通道类型、通道左右位置（在立体声文件的情况下）和节标记等相关的元数据。算法使用这些元数据来选择分析期间应使用哪些模型。在分节标记的情况下，标记指示语音信号中要分析的部分。如果使用分节标记，通常是通过以下两点来确定分节位置：一是对收听信号的分析，二是标记嫌疑说话者可能存在的区域。

该界面为用户显示音频信号和比较的结果，它给出了两个语音片段的匹配概率。表格则显示用户所选各分类器的匹配结果。在列表或矩阵操作的情况下，列表操作的结果可在结果部分的结果选项卡中获得。

该原型将扩展到若干领域。随着新算法的出现，它们将会被应用到系统中。减少用户元数据输入并且允许系统自动确定诸如性别和通道信息可以改善性能。在未来，系统将能得出说话者的本质信息，如情绪、健康状况和压力。目前尚未能很好地了解说话者的本质信息如何影响演讲者识别系统的性能，预计这将成为未来几十年的研究焦点。

9.6　机器翻译

机器翻译也称自动机器翻译，是将一种语言的音频或文本转换为另一种语言的过程。多年来，主要有两种系统用于解决翻译问题。第一种是基于规则的系统，先基于单词翻译，然后使用语言规则来对单词或标记进行重新排序;第二种系统基于统计技术,其中的训练数据可用于两种语言,使用对单词和短语出现的统计值来将一种语言的观测值映射到另一种语言上。

基于规则的系统通常依赖于三个基本组成部分。词典组件将单词从输入语言映射到输出语言。系统的第二和第三部分通常是一组用于源语言和目标语言的语言规则,这些语言规则通常包括每种语言的句子结构和语法规则[39]。

在过去二十年里,统计机器翻译一直是机器翻译的主要方法。虽然在20世纪50年代就提出了统计系统,但20世纪80年代末IBM[40]开展的工作使得统计技术转向现代。现代统计技术的核心是平行语料库,即源语言和目标语言的语料库,其中目标语言数据是对源语料库数据的人工翻译,所提出的模型中包括基于单词和短语的模型。在基于单词的模型中,典型的步骤包括将源语言中的每个单词(或标记)转换到目标语言中的单词(或标记)。这种系统在第二步会重排目标语言中单词的顺序,以最大化单词序列的概率。

在基于短语的系统中,该方法与基于单词的系统相似,但它使用短语作为处理单元。这里,源语言中的句子通常被解析为被简单定义为符号序列的短语,然后这些短语被转换为目标语言中的短语。接着使用与基于单词的系统类似的方法对在目标语言中获得的短语集合重新排序。Lopez[41]对统计机器翻译方法进行了很好的综述。

评估翻译系统的性能并不容易,对研究人员也是一个艰巨的挑战。对生成的输出进行人工评估往往会对翻译性能有不同的度量。在机器翻译领域需要一种自动化测量方法来对系统性能提供一致、自动和无偏的估计。一个众所周知和广泛接受的度量建立在称为双语语言评估研究(BLEU)的方法之上[42]。BLEU测量是基于精度概念的量测。该量测对生成的翻译和高质量的人工参考翻译中单词和单词序列的匹配度进行对比。

在过去十年中,研究集中在机器翻译中的人为因素方面[43]。即使机器翻译结果有误,但系统的当前状态仍有可能是有用的。过去,评估只侧重于简单地减少翻译错误。然而,对一个系统有效性的衡量是非常重要的。不完善或不准确的系统仍可用于某些应用。最近的研究工作涉及开发新的衡量标准和有效性评估,这可以帮助理解当前系统的可用性。

9.7 小　　结

本章主要讨论了当前活跃研究领域中的语音处理系统,特别讨论了自动语音识别、语言识别、说话人识别和机器翻译领域中的应用,综述了这些领域中的算法,并讨论了这些算法适用的应用领域。语音处理系统仍然是一个活跃的研究领域,我们相信,在许多领域中仍可以做出改进,并在未来几年中会开发出新的应用。

参 考 文 献

1. L. R. Rabiner and R. W. Schafer, Theory and Applications of Digital Speech Processing. Upper Saddle River, NJ: Prentice Hall, 2011.

2. J. R. Deller Jr., J. H. L. Hansen, and J. G. Proakis, Discrete-Time Processing of Speech Signals. New York: IEEE Press, 2000.

3. D. G. Childers, D. P. Skinner, and R. C. Kemerait, "The Cepstrum: A Guide to Processing," Proceedings of the IEEE, vol. 65, no. 10, pp. 1428-1443, 1977. doi: 10.1109/PROC.1977.10747.

4. S. B. Davis and P. Mermelstein, "Comparison of Parametric Representations for Monosyllabic Word Recognition in Continuously Spoken Sentences," IEEE Transactions on Acoustics, Speech, and Signal Processing, vol. 28, no. 4, pp. 357-366, 1980. doi: 10.1109/TASSP.1980.1163420.

5. L. Rabiner, "A Tutorial on Hidden Markov Models and Selected Applications in Speech Recognition," Proceedings of the IEEE, vol. 77, no. 2, pp. 257-286, 1989. doi: 10.1109/5.18626.

6. A. B. Poritz, "Hidden Markov Models: A Guided Tour," in International Conference on Acoustics, Speech, and Signal Processing (ICASSP), 1988.

7. L. E. Baum and J. A. Eagon, "An Inequality with Applications to Statistical Estimation for Probabilistic Functions of Markov Processes and to a Model for Ecology," Bulletin of the American Mathematical Society, vol. 73, no. 3, pp. 360-363, 1967. doi: 10.1090/S0002-9904-1967-11751-8.

8. L. E. Baum, "An Inequality and Associated Maximization Technique in Statistical Estimation for Probabilistic Functions of Markov Processes," in Inequalities III, O. Shisha, ed., New York: Academic Press, 1972.

9. A. P. Dempster, N. M. Laird, and D. B. Rubin, "Maximum Likelihood from Incomplete Data via the EM Algorithm," Journal of the Royal Statistical Society, Series B (Methodological), vol. 39, no. 1, pp. 1-38, 1977.

10. L. R. Bahl, P. F. Brown, P. V. de Souza, and R. L. Mercer, "Maximum Mutual Information Estimation of Hidden Markov Model Parameters for Speech Recognition," in International Conference on Acoustics, Speech, and Signal

Processing (ICASSP), 1986.

11. J. Bilmes, "AGentle Tutorial of the EM Algorithm and Its Application to Parameter Estimation for Gaussian Mixture and Hidden Markov Models," International Computer Science Institute, Tech. Rep. TR-97-021, 1997.

12. A. J. Viterbi, "Error Bounds for Convolutional Codes and an Asymptotically Optimum Decoding Algorithm," IEEE Transactions on Information Theory, vol. 13, no. 2, pp. 260-269, 1967. doi:10.1109/TIT.1967.1054010.

13. L. R. Rabiner and R. W. Schafer, "Introduction to Digital Speech Processing," Foundations and Trends in Signal Processing, vol. 1, no. 1-2, pp. 1-194, 2007. doi:10.1561/2000000001.

14. L. Rabiner and B.-H. Juang, Fundamentals of Speech Recognition. Upper Saddle River, NJ: Prentice Hall, 1993.

15. G. E. Dahl, D. Yu, L. Deng, and A. Acero, "Context-Dependent Pre-Trained Deep Neural Networks for Large-Vocabulary Speech Recognition," IEEE Transactions on Acoustics, Speech, and Signal Processing, vol. 20, no. 1, pp. 30-42, 2012. doi:10.1109/TASL.2011.2134090.

16. H. Gish, M.-H. Siu, A. Chan, and W. Belfield, "Unsupervised Training of an HMM-Based Speech Recognizer for Topic Classification," in Annual Conference of the International Speech Communication Association (INTERSPEECH), 2009.

17. T. J. Hazen, "Topic Identification," in Spoken Language Understanding: Systems for Extracting Semantic Information from Speech, G. Tur and R. De Mori, eds., Hoboken, NJ: Wiley, 2011.

18. K. S. Jones, "A Statistical Interpretation of Term Specificity and Its Application in Retrieval," Journal of Documentation, vol. 28, no. 1, pp. 11-21, 1972. doi:10.1108/eb026526.

19. S. Deerwester, S. T. Dumais, G. W. Furnas, T. K. Landauer, and R. Harshman, "Indexing by Latent Semantic Analysis," Journal of the American Society for Information Science, vol. 41, no. 6, pp. 391-407, 1990. doi:10.1002/(SICI)1097-45 71(199009)41:6 < 391::AID-ASI1 > 3.0.CO;2-9.

20. T. Hazen, M.-H. Siu, H. Gish, S. Lowe, and A. Chan, "Topic Modeling for Spoken Documents Using Only Phonetic Information," in IEEE Workshop on Automatic Speech Recognition and Understanding (ASRU),

2011.

21. M. Zissman,"Comparison of Four Approaches to Automatic Language Identification of Telephone Speech," IEEE Transactions on Speech and Audio Processing,vol. 4,no. 1,p. 31,1996. doi:10.1109/TSA.1996.481450.

22. P. A. Torres-Carrasquillo,E. Singer,M. A. Kohler,R. J. Greene,D. A. Reynolds,and J. R. Deller Jr., "Approaches to Language Identification Using Gaussian Mixture Models and Shifted Delta Cepstral Features," in Annual Conference of the International Speech Communication Association (INTERSPEECH),2002.

23. N. Dehak,P. A. Torres-Carrasquillo,D. A. Reynolds,and R. Dehak, "Language Recognition via I-Vectors and Dimensionality Reduction," in Annual Conference of the International Speech Communication Association (INTERSPEECH),2011.

24. S. Kadambe and J. Hieronymus, "Language Identification with Phonological and Lexical Models," in International Conference on Acoustics, Speech,and Signal Processing (ICASSP),vol. 5,1995.

25. J. Hieronymus and S. Kadambe, "Spoken Language Identification Using Large Vocabulary Speech Recognition," in International Conference on Spoken Language Processing (ICSLP),vol. 3,1996.

26. W. Campbell,F. Richardson,and D. Reynolds, "Language Recognition with Word Lattices and Support Vector Machines," in International Conference on Acoustics,Speech,and Signal Processing (ICASSP),vol. 4,2007.

27. A. Martin and C. Greenberg, "The 2009 NIST Language Recognition Evaluation," in Odyssey:The Speaker and Language Recognition Workshop, 2010.

28. P. Torres-Carrasquillo,E. Singer,T. Gleason,A. McCree,D. Reynolds, F. Richardson,and D. Sturim,"The MITLL NIST LRE 2009 Language Recognition System," in International Conference on Acoustics,Speech,and Signal Processing (ICASSP),2010.

29. E. Singer,P. A. Torres-Carrasquillo,D. A. Reynolds,A. McCree,F. Richardson,N. Dehak,and D. Sturim"The MITLL NIST LRE 2011 Language Recognition System," in Odyssey:The Speaker and Language Recognition Workshop,2012.

30. D. A. Reynolds, "Speaker Identification and Verification Using

Gaussian Mixture Speaker Models,"Speech Communication,vol. 17,no. 1-2, pp. 91-108,1995. doi:10. 1016/0167-6393(95)00009-D.

31. D. A. Reynolds,T. F. Quatieri,and R. B. Dunn,"Speaker Verification Using Adapted Gaussian Mixture Models," Digital Signal Processing,vol. 10, no. 1-3,pp. 19-41,2000. doi:10. 1006/dspr. 1999. 0361.

32. V. Wan and W. Campbell, "Support Vector Machines for Speaker Verification and Identification,"in IEEE Signal Processing Society Workshop on Neural Networks for Signal Processing,vol. 2,2000.

33. D. Reynolds,W. Andrews,J. Campbell,J. Navratil,B. Peskin,A. Adami,Q. Jin,D. Klusacek,J. Abramson,R. Mihaescu,J. Godfrey,D. Jones, and B. Xiang, "The SuperSID Project:Exploiting High-Level Information for High-Accuracy Speaker Recognition,"inInternational Conference on Acoustics,Speech,and Signal Processing (ICASSP),vol. 4,2003.

34. W. D. Andrews,M. A. Kohler,J. P. Campbell,J. J. Godfrey,and J. Hernandez-Cordero, "Gender-Dependent Phonetic Refraction for Speaker Recognition," in International Conference on Acoustics,Speech,and Signal Processing (ICASSP),vol. 1,2002.

35. N. Dehak,P. Kenny,R. Dehak,P. Dumouchel,and P. Ouellet, "Front-End Factor Analysis for Speaker Verification,"IEEE Transactions on Audio,Speech,and Language Processing,vol. 19,no. 4,pp. 788-798,2011. doi:10. 1109/TASL. 2010. 2064307.

36. L. Burget,O. Plchot,S. Cumani,O. Glembek,P. Matejka,and N. Briimmer, "Discriminatively Trained Probabilistic Linear Discriminant Analysis for Speaker Verification,"in International Conference on Acoustics,Speech,and Signal Processing (ICASSP),2011.

37. W. M. Campbell,Z. N. Karam,and D. E. Sturim,"Speaker Comparison with Inner Product Discriminant Functions,"in Advances in Neural Information Processing Systems (NIPS),2009.

38. W. J. Hutchins, "Machine Translation:A Brief History,"in Concise History of the Language Sciences:From the Sumerians to the Cognitivists,E. F. K. Koerner and R. E. Asher,eds. ,Oxford:Elsevier,1995.

39. B. J. Dorr,P. W. Jordan,and J. W. Benoit, "A Survey of Current Paradigms in Machine Translation,"Advances in Computers,vol. 49,pp. 1-68, 1999. doi:10. 1016/S0065-2458(08)60282-X.

40. P. F. Brown, J. Cocke, S. A. D. Pietra, V. J. D. Pietra, F Jelinek, J. D. Lafferty, R. L. Mercer, and P. S. Roossin, "A Statistical Approach to Machine Translation," Computational Linguistics, vol. 16, no. 2, pp. 79-85, 1990.

41. A. Lopez, "Statistical Machine Translation," ACM Computing Surveys, vol 40, no. 3, pp. 1-49, 2008. doi:10.1145/1380584.1380586.

42. K. Papineni, S Roukos, T. Ward, and W. -J. Zhu, "BLEU:A Method for Automatic Evaluation of Machine Translation," in Annual Meeting of the Association for Computational Linguistics (ACL), 2002.

43. D. Jones, W. Shen, and M. Herzog, "Machine Translation for Government Applications," Lincoln Laboratory Journal, vol. 18, no. 1, pp. 41-53, 2009.

第 10 章 机载防撞优化系统

由于传感器误差和飞机路径的不确定性,因此通常希望开发出的飞机防撞系统既能够有效防撞,又具有一定的鲁棒性,并且虚警率较低。显然,开发出这样的系统极具挑战性。在过去的几年中,动态规划是研究的主流,该方法能够为空中防撞问题给出优化决策。本章将介绍最新的研究成果,将防撞问题建模为部分可观测马尔可夫决策过程,并且使用动态规划求解最优策略。为评估系统性能,将统计空域模型表示为可从雷达数据中学习获得的动态贝叶斯网络。

10.1 机载防撞系统

因为天空是如此之大,而飞机如此之小,所以在早期航空史中几乎没有出现过空中碰撞。到了 20 世纪 50 年代,航空旅行已经变得司空见惯,天空也变得更加拥挤。1956 年,科罗拉多大峡谷上空的空中碰撞系统的发展造成 128 人死亡,在当时称为历史上最严重的商业性空难。空难引发了极大的关注,并促使美国国会召开了相关听证会,最终促成 1958 年建立的联邦航空局(FAA)。

FAA 的建立让空域设计和空中交通管制得到了重大改进。空域的设计旨在保持飞机间的距离。例如,会根据飞机是向西还是向东飞行,来给飞机安排不同的飞行高度。空中交通管制员依靠地面雷达,通过向飞行员提供交通信息和使用无线电导航来保持飞机间的安全距离。

对空域设计和空中交通管制的改进显著提高了空域的安全性。然而,空中碰撞仍会发生。1978 年加利福尼亚州圣地亚哥的商业客机空中碰撞造成 144 人死亡,1986 年加利福尼亚州喜瑞都市的另一次商业客机碰撞造成 82 人死亡。这两个碰撞使得国会相信,客机需要一层额外的碰撞保护,且该保护系统应当配备在飞机上。它将提供一个独立的安全措施,以防止无论是由空中交通管制员还是飞行员造成的人为失误。

10.1.1 交通警报和防撞系统

在科罗拉多大峡谷空中碰撞发生后不久,机载防撞措施开始得到发展。早期的防撞措施主要使用原始的雷达监视方法,通过发出能量脉冲并测量回波的时间来推断距离。基于各种原因,这种方法工作效果很差,如不能准确地估计入侵者的高度。研究重点转向到基于信标的系统,该系统使用大多数飞机上所装载的应答机。飞机通过无线电数据链路发出询问,并测量另一飞机回复所需的时间。高度和预计的机动方向也可以共享在无线电数据链路上。这个称为信标防撞系统(BCAS)的原始系统用在低密度空域中。圣地亚哥的空中碰撞系统的发展推动了交通警报和防撞系统(TCAS)的发展,该系统基于 BCAS,但增强了其在高密度空域中的使用效果。TCAS 系统发展了几十年。墨西哥塞里托斯市的空中碰撞促使美国国会强制在美国推行 TCAS,现在全世界所有大型客机和货机上都需要安装 TCAS。

TCAS 对空域进行监视,使用安全逻辑计算建议,并通过音频和显示器将这些建议传递给飞行员。如果另一架空中飞行器被视为潜在威胁,那么 TCAS 发出交通建议(TA),向飞行员发出音频通告"交通警报、交通警报"并且在交通显示器上高亮入侵者。TA 旨在帮助飞行员可视化其他飞机,并让驾驶员为潜在的回避机动做好准备。如果需要进行机动,则系统会发出解决建议(RA),来指示飞行员爬升或下降以保持安全距离。所须进行的垂直机动会以音频的形式播放出来,在垂直速度指示器上会标出可接受的垂直速度范围。在一些飞机上,TCAS 会向飞行员提供额外的俯仰角引导。

TCAS 可以发出各种不同形式的垂直机动建议,包括:
① 不要爬升或下降;
② 限制爬升或下降的速度在 500 ft/min、1 000 ft/min 或 2 000 ft/min 以下;
③ 水平飞行;
④ 以 1 500 ft/min 的速度爬升或下降;
⑤ 增加爬升或下降的速度到 2 500 ft/min;
⑥ 保持当前的垂直速度。

根据遭遇过程中的变化,TCAS 可能会建议加强、削弱或扭转飞行的方向。RA 仅提供垂直方向上的建议,TCAS 不提供水平方向机动的建议,如航向变化或转弯。在遭遇问题解决后,TCAS 会宣布"冲突清除"。

用于指定何时发出警报和发出什么建议的防撞判断逻辑是大量规则的集合。TCAS 逻辑使用直线外推法来估计两飞机达到最接近距离所需的时间和此时两飞机会错开的距离。如果二者都很小,该逻辑会选择发出警报。如果需要发出警报,则逻辑将模拟假设飞行员反应延迟 5 s 且以 $0.25g$ 为加速度进行加速爬升和下降,选择的是可与入侵者形成最大间隔的机动方向。然后,使用所选方向的不同建议机动速率进行仿真。TCAS 会选择实现所需分离间隔的最低速率。

虽然 TCAS 用于选择建议的步骤是相对直接的,但是其逻辑的细节是复杂的。在 TCAS 逻辑说明书中嵌入了许多启发式规则和参数设置,旨在补偿传感器噪声和误差以及用于处理飞行员的不同反应。还有规则用来管理何时加强、削弱和调头的建议,以及如何处理同时与多个飞机相遇的情况。

10.1.2 现存系统的局限

多年来,TCAS 在空中防撞方面取得了成功,但是逻辑运行的方式限制了其鲁棒性。TCAS 的基础是确定性模型。然而,记录的雷达数据显示飞行员并不总是如逻辑所假设的那样动作。正如 2002 年两架飞机在德国吕伯林根的碰撞所证明的那样,飞行员无法参与到响应中限制了 TCAS 的鲁棒性。TCAS 指示一架飞机爬升,另一架下降。然而,接收到爬升指令的飞行员却根据空中交通管制员的指令采取了下降动作,导致与遵循 TCAS 指令下降的另一架飞机发生碰撞。如果 TCAS 检测到其中一架飞机的行为不符合预期,并将对遵循建议的飞机实施建议反转,即将建议由下降改为爬升,则可以防止碰撞。后来开发了一种修改措施来处理这种特定情况,但为了提高逻辑的整体鲁棒性,需要更改基本的设计。

正如空域自 20 世纪 50 年代以来的发展一样,它将在未来十年继续发展。随着具有卫星导航的下一代空中交通管理系统的使用,还将会发生重大变化。改进的监视方式将允许飞机靠得更近,以支持交通行业的增长。此外,还有几类用户,如通用航空和无人驾驶飞行器将会从防撞能力中受益。不幸的是,目前的 TCAS 不能支撑对新空域安全和操作的要求。当飞机靠得很近时,TCAS 会过于频繁地警告飞行员而使得建议不再具有效用。

为了满足这些要求,需要对 TCAS 逻辑和监视系统进行大幅改进。TCAS 目前仅能够支持满足其硬件和功率要求的大型飞机。飞机还必须具有足够的性能以实现当前建议所需的垂直爬升或下降速率。小型飞机的防撞系统会提高通用航空的安全性,但是若进行昂贵的重新设计,TCAS 是无法适用于小型飞机的。

10.1.3 无人机感知和防撞

无人机在科学、执法和商业应用方面具有巨大的潜力,但目前未经特殊授权,它们就不能在民用空域中飞行。灵活的空域通行需要具备有效感知和避开其他飞机的能力。符合民用航空当局的严格安全要求的自动机载防撞系统将大大扩展无人机的实用性。

有几个原因导致 TCAS 不能直接用于感知和防撞。传统系统假定配有 TCAS 的飞机可以达到至少 1 500 ft/min 的速率来遵循初始爬升和下降建议以及 2 500 ft/min 的加强爬升和下降建议。许多无人飞行器平台只能实现约 500~1 000 ft/min 的速率。由于垂直高度上的约束,因此无人机进行水平机动会更有利。然而,TCAS 不是为了提供航向或空速引导而设计的。

TCAS 逻辑设计成假设信标存在的监视系统,但是无人机不能仅依赖于该类监视系统。由于无人机上没有能直接看到并且避开其他飞机的飞行员,因此无人机监视系统必须避开所有种类的飞机,包括那些没有配备信标应答器的飞机。在没有应答器的情况下,可以检测出飞机的传感器系统包括雷达、光电和红外。这些传感器具有不同的误差特性和尺寸、质量和功率约束。

由于开发和认证 TCAS 需要许多年的时间,因此对传感器系统和飞机平台的各种组合都开发和认证不同的防撞系统将极具挑战性。无人机工业的精力主要放在特定平台和传感器的解决方案上,但是可以适应不同传感器配置和飞行特性的通用系统将显著降低开发和认证的成本。

10.1.4 机载防撞系统 X

过去几年来的研究集中在把防撞问题视为一个部分可观测马尔可夫决策过程并且使用动态规划算法来优化防撞系统。使用雷达记录数据的仿真研究已经证实,这种方法可以显著提高安全性和操作性能。FAA 已经组织了一个团队,致力于将该技术发展成一种称为机载防撞系统 X(ACAS X)的新防撞系统。该系统旨在成为有人和无人飞机的防撞系统的下一个国际标准。

ACAS X 将为监视和建议逻辑带来重大改进。该系统将从 TCAS 的仅信标监视架构转移到即插即用监视架构,支持基于全球定位系统(GPS)的监视,并且适应新的传感器。这些新的监视能力还会为包括目前没有配备 TCAS 的小型通用航空飞机在内的新用户提供防撞保护。ACAS X 代表了建议生成及表示的一场重大革命。ACAS X 不使用特定的逻辑表示规则,而是使用已经用空域模型优化后的数值表来表示大部分逻辑。这种新方法提高了鲁棒性、支持新的需求并减少了不必要的警报。ACAS X 所采用的流程极大地简化了开发过程,并且将大幅降低实施和维护成本。

10.2 防撞问题的表达

防撞问题可以不同方式表示为部分可观测马尔可夫决策过程(POMDP)[14]。本节介绍的公式在 ACAS X 的早期原型中用于大型运输机和货运飞机防撞。

10.2.1 防撞建议

TCAS 通过语音向飞行员发布建议,如"爬升、爬升",并使用视觉显示。视觉显示的方式并不相同,但它通常在垂直速度指示器、垂直速度标识带或主飞行显示器上的俯仰角指示区域上显示出来。TCAS 给出的建议可以视为垂直速率的一个范围。如果当前垂直速率在给出的垂直速率范围外,则飞行员应该将飞机的速率调至指定速率范围。如果当前垂直速率在目标范围内,则不需要调整,但飞行员应该注意不要让速率脱离指定范围。

ACAS X 提供的建议与 TCAS 提供的建议相同,建议集见表 10.1。在 POMDP 问题的阐述中,离散动作各自对应于各种建议,除了 MCL 和 MDES 被合并成"维持"动作以减小动作空间。在执行期间根据当前速率确定维持动作是 MCL 还是 MDES。

如果当前垂直速率在建议给出的规定范围内,则该建议称为预防建议。反之,该建议称为纠正建议。表 10.1 中,DES1500、CL1500、SDES1500、SCL1500、SDES2500 和 SCL2500 在任何情况下都是校正建议。DNC 和 DND 可以是校正建议或预防建议。如果 DNC 或 DND 作为校正建议,则它会显示为"Level – off, Level – off"(LOLO),否则将显示为"监视垂直速度"(MVS)。其他所有 MVS 建议都是预防建议。

这 16 个离散动作是否可用由当前建议决定。例如,SDES2500 只能在 MDES 或 DES1500 之后发出。该系统从原 TCAS 设计中移除了对建议转换的限制,以减少训练新飞行员所需的时间。

建议要么指示向上,要么指示向下(或在 COC 的情况下都不是)。向上建议指示飞行员爬升或不下降,向下建议指示飞行员下降或不爬升。从一种建议转换到另一种建议的过渡称为反转。相同功能的两个建议之间的转换称为加强或减弱,取决于新的建议是否要求更快的垂直速率。区分建议转换的类别有助于对飞行员的响应建模。

表 10.1 建议集

名称	垂直速率范围		听觉报警
	最小值/(ft·min^{-1})	最大值/(ft·min^{-1})	
COC	$-\infty$	∞	碰撞风险消失(或无)
DNC2000	$-\infty$	2 000	监视垂直速度
DND2000	$-2\,000$	∞	监视垂直速度
DNC1000	$-\infty$	1 000	监视垂直速度
DND1000	$-1\,000$	∞	监视垂直速度
DNC500	$-\infty$	500	监视垂直速度
DND500	-500	∞	监视垂直速度
DNC	$-\infty$	0	平飞,平飞(或监视垂直速度)
DND	0	∞	平飞,平飞(或监视垂直速度)
MDES	$-\infty$	当前	维持垂直速度,维持
MCL	当前	∞	维持垂直速度,维持
DES1500	$-\infty$	$-1\,500$	下降,下降
CL1500	1 500	∞	爬升,爬升
SDES1500	$-\infty$	$-1\,500$	下降,立即下降,下降,立即下降
SCL1500	1 500	∞	爬升,立即爬升,爬升,立即爬升
SDES2500	$-\infty$	$-2\,500$	逐渐下降,逐渐下降
SCL2500	2 500	∞	逐渐爬升,逐渐爬升

10.2.2 动态模型

ACAS X 原型使用相对简单的动态模型来描述飞机的行为。出于多种原因,需要保持模型尽可能简单,同时能捕获飞机行为的必要特征。更简单的模型更易于设计人员进行验证,并且不太可能受限于特定空域的特性。此外,因为模型越简单所需的状态变量越少,所以更容易使用动态规划计算最佳建议。

POMDP 公式中有以下六个状态变量：

① h，入侵者相对于自己飞机的高度；

② $\dot{h}_0$，自己飞机的垂直速度；

③ $\dot{h}_1$，入侵飞机的垂直速度；

④ τ，潜在碰撞的时间；

⑤ s_{adv}，当前建议；

⑥ s_{res}，飞行员是否响应建议。

在过去版本中，s_{adv} 和 s_{res} 被合并为一个离散变量，但将这两个变量分开可以简化理解。

假定离散时间动态模型的步长为 $\Delta t = 1$ s，对应于 TCAS 的决策频率。在下一时间段的建议响应由当前建议 s_{adv}、响应 s_{res} 和新的建议 a 根据相应概率确定，即

$$P(s'_{res} = \text{true} \mid s_{adv}, s_{res}, a) = \begin{cases} 1, & a = \text{COC} \\ 1, & s_{res} = \text{true}, s_{adv} = a \\ 1/(1+5), & s_{adv} = \text{COC}, a \neq \text{COC} \\ 1/(1+5), & s_{adv} \text{ 与 } a \text{ 相反} \\ 1/(1+3), & s_{adv} \text{ 与 } a \text{ 相同} \end{cases} \quad (10.1)$$

因为针对建议的响应是由伯努利过程确定的，所以响应延迟遵循几何分布。如果过程中每个时间段发生响应的概率为 $(1/1+k)$，则建议到响应发生时的平均时间为 k。因此：

① 飞行员总是响应到 COC；

② 一旦飞行员做出回应，飞行员继续在建议的持续时间内响应；

③ 初始建议的平均响应延迟为 5 s；

④ 反转的平均响应延迟为 5 s；

⑤ 加强或减弱的平均响应延迟为 3 s。

有人提出了一个更复杂的飞行员响应模型，但它的增益很小，而且显著增大了状态空间[5]。

本机的加速度 $\ddot{h}_0$ 由 s'_{res} 和 a 随机确定。如果飞行员没有响应建议，则 $\ddot{h}_0$ 从具有 3 ft/s² 标准差的零均值高斯分布中采样。如果飞行员响应，则选择将垂直速率转换到建议要求的范围内。加速度的大小从具有 1 ft/s² 标准差的高斯分布中得出。一般来说，该高斯分布的均值为 8.33 ft/s²，但是如果一个建议被反转或加强爬升或者下降，则使用更大的 10.7 ft/s² 加速度作为均值。这些加速度被用来与 TCAS 使用的加速度相匹配。

该模型假设入侵者遵循随机加速度,每秒独立采样一次。入侵者加速度简单地从具有 3 ft/s² 标准差的零均值高斯分布中得出。在过去的研究中,更复杂的模型考虑了入侵者自身防撞系统的影响,但是分析显示其益处较小[6]。

给定 a、s'_{res}、$\ddot{h}_0$ 以及 $\ddot{h}_1$,状态以如下方式更新,即

$$\begin{bmatrix} h \\ \dot{h}_0 \\ \dot{h}_1 \\ \tau \\ s_{adv} \\ s_{res} \end{bmatrix} \leftarrow \begin{bmatrix} h + \dot{h}_1(\Delta t) + \frac{1}{2}\ddot{h}_1(\Delta t)^2 - \dot{h}_0(\Delta t) - \frac{1}{2}\ddot{h}_0(\Delta t)^2 \\ \dot{h}_0 + \ddot{h}_0(\Delta t) \\ \dot{h}_1 + \ddot{h}_1(\Delta t) \\ \tau - 1 \\ a \\ s'_{res} \end{bmatrix} \quad (10.2)$$

10.2.3 奖励函数

奖励函数旨在综合考虑安全以及可操作性。为了方便地应用动态规划,奖励函数只由六个状态变量和当前动作决定。在早期系统中,只有近距离接触、初始建议、加强建议和扭转建议具有代价。对系统性能的仿真的分析表明,各种额外的代价参数是必需的,它们能使建议更合适且有效[7]。

对各种事件的奖励见表 10.2。要使用表格中的奖励,指定的距离、关闭条件和事件必须全部成立。给定一个状态和动作,表中的事件都有助于立即确定奖励。除了 COC,表中的所有奖励都是负的。一些奖励由垂直分离距离(即 $|h|$)和垂直合并率(即 $|\dot{h}_1 - \dot{h}_0|$)决定,其他则取决于建议是否交叉,交叉建议定义为当入侵者在下面时指示向下,或当入侵者在上面时指示向上。交叉建议会导致飞机在高度上相互交叉,可能的话可由 TCAS 规避。

表 10.2 中有两行是由变量 $\Delta \dot{h}$ 决定的。该变量定义为垂直速率与建议范围区间的最小差值。换句话说,如果建议具有所需的范围 $[\dot{h}_{min} \dot{h}_{max}]$,则

$$\Delta \dot{h} = \min(|\dot{h}_{min} - \dot{h}_0|, |\dot{h}_{max} - \dot{h}_0|)$$

后文中将看到,开发过程的重要部分包括确定如何设置这些奖励参数,可以调整这些参数权衡安全和可操作性以满足不同的安全和操作需求。例如,可以减少校正建议的代价以增加校正建议的速率,从而提高安全性。

表 10.2　对各种事件的奖励

回报	分离距离 /ft	关闭条件 /(ft·min^{-1})	事件
-1	≤ 175		$\tau \leq 0$
-1			以 $\dot{h}_0 < 1\,500$ ft/min 保持建议
-1			禁止建议转换
-1			预防交叉建议
-0.1	> 650	$< 2\,000$	校正建议
-3×10^{-2}	$> 1\,000$	$< 4\,000$	校正建议
-1×10^{-2}	> 650	$< 2\,000$	预防建议
-1×10^{-2}	> 500		交叉建议
-8×10^{-3}			反转
-5×10^{-3}			加强
-1×10^{-3}			弱化
-1.5×10^{-3}		$> 3\,000$	非 MVS/LOLO
-2.3×10^{-3}		$< 3\,000$	任何建议
-5×10^{-4}		$> 3\,000$	MVS/LOLO
$-4 \times 10^{-4} \times \Delta\dot{h}$			当 $|\dot{h}_0| > 500$ ft/s 并且 $\dot{h}_0$ 与建议的方向相反时,交叉建议
-4×10^{-4}			维持
-1×10^{-4}			MVS/LOLO
$-3 \times 10^{-5} \times \Delta\dot{h}$			任何建议
-1×10^{-5}			校正建议
-1×10^{-9}			COC

10.2.4　动态规划

动态规划(4.2 节)用于计算完全可观测的价值函数 U^*。如 10.2.2 节所述,动态被描述为加速度 $\ddot{h}_0$ 和 $\ddot{h}_1$ 指定的连续概率分布,因此下一个状态 T 的分布也是概率密度。因此,贝尔曼方程中是积分而不是求和,即

$$U^*(s) = \max_a \left(R(s,a) + \gamma \int T(s' \mid s, a) U^*(s') \mathrm{d}s' \right) \quad (10.3)$$

使用积分分析来计算价值是不可行的,但是可以使用任何标准数值积分方法。在 ACAS X 原型中使用 σ 点采样生成 $\dot{h}_0$ 和 $\dot{h}_1$ 的一组加权值[8]。由于给定 s 的下一状态 s' 和动作 a 的集合是有限的,因此贝尔曼方程变为

$$U^*(s) = \max_a \left(R(s,a) + \gamma \sum_{s'} T(s'|s,a) U^*(s') \right) \quad (10.4)$$

因为状态空间是连续的,所以使用局部近似价值迭代算法(4.5.1 节)来计算 U^*。特别地,ACAS X 在状态空间的网格离散化上使用多线性插值。h 变量在 ±4 000 ft 的范围内被离散范围内 33 个点,在 0 ft 附近离散化更精细。垂直速率变量在 ± 10 000 ft/min 离散化为 25 个点,在 0 ft 附近离散化更精细。潜在碰撞时间 τ 在 0 ~ 40 s 以间隔 1 s 进行离散化。

由于问题的结构,因此只需要用高斯 – 赛德尔值迭代(4.2.6 节)进行单次扫描。因为 $\tau = k$ 的状态仅取决于 $\tau = k-1$ 的状态,所以按 τ 值递增地扫描可以得到最优值函数。虽然存在超过 2 600 万个顶点,但该扫描在现代工作站上只需要几分钟就能完成。通过动态规划产生的状态动作值 $Q^*(s,a)$ 保存在查找表中。最近的研究减小了查找表,以用于存储容量有限的机载设备[9]。

10.3 状态估计

10.2 节解释了如何在完全可观测的假设下计算查找表。在飞行期间,需要实时考虑状态变量的不确定性。系统估计置信分布 b 用于选择最佳动作,即

$$\pi^*(b) = \arg\max_a \int b(s) Q^*(s,a) \mathrm{d}s \quad (10.5)$$

式中,$Q^*(s,a)$ 可由离线计算得出的查找表使用多线性插值得到。这种用 QMDP 技术逼近 POMDP 问题解的方法在 6.4.1 节中介绍。为了提高式(10.5)的计算效率,不将置信 b 表示为概率密度函数,而用样本 $s^{(1)}, \cdots, s^{(n)}$ 与相关权重 $w^{(1)}, \cdots, w^{(n)}$ 来表示。因此,式(10.5) 变为

$$\pi^*(b) = \arg\max_a \sum_i w^{(i)} Q^*(s^{(i)}, a) \quad (10.6)$$

置信状态 b 可以被分解为

$$b(s) = b(h, \dot{h}_0, \dot{h}_1, \tau, s_{\mathrm{adv}}, s_{\mathrm{res}}) = b(h, \dot{h}_0, \dot{h}_1) b(\tau) b(s_{\mathrm{adv}}, s_{\mathrm{res}}) \quad (10.7)$$

本节将讨论这三个部分以明晰其意义,说明如何估计这三个部分的分布,介绍在线计算的成本,以讨论如何实时地将其他需要考虑的因素合并在内。

10.3.1 传感器误差

飞机使用测量大气压的高度计来估计它们的高度。这些估计会有一些误

差,误差由压力梯度的变化和校准上的变化引起。当飞行器通过无线电数据链路将其高度信息发送给另一飞行器时,根据应答器的类型,量化间隔为25 ft或100 ft。

当量化间隔为25 ft时,TCAS使用一个简单的 $\alpha-\beta$ 滤波器来估计垂直速率[10];但当量化间隔在100 ft时,它使用一个更复杂的非线性滤波器来进行估计[11]。TCAS滤波器仅对高度和垂直速率提供一个估计。

在ACAS X开发的早期,发现明确考虑 h、$\dot{h}_0$ 和 $\dot{h}_1$ 的估计的不确定性可以提高性能[12]。进一步的研究修改了基于卡尔曼滤波器(6.2.2节)的灵活滤波器以更好地适应量化误差[13]。滤波器会输出一组加权状态样本。此外,还开发了类似的滤波器以考虑角位置测量中的噪声[14]。

10.3.2 飞行员响应

关于飞行员是否响应先前发布的建议的分布可根据贝叶斯定理随时间更新[5]。更新函数是关于自身垂直速率 $\dot{h}_0$、发布的建议以及式(10.1)给出的飞行员响应模型的函数。

10.3.3 潜在碰撞时间

我们无法精确确定潜在碰撞时间 τ,因为它由飞机的未来轨迹决定。有许多不同的模型可以描述飞机的横向位置如何随时间变化[15],但最简单的模型之一是假设加速度为白噪声。使用这个模型,ACAS X估计一段时间内的分布,直到另一个飞机在本机的某个固定横向距离内为止。

有不同的方法来估计潜在碰撞时间,如蒙特卡罗采样。给定飞行器的初始位置和速度,可以对加速度进行采样,并且对未来的路径进行模拟。在对轨迹的采样数量足够时,可以建立碰撞时间的直方图。采样方法的一个缺点是,它对计算能力的要求太高,不能实时完成。此外,证明一个依赖于随机数的系统能作为安全系统的关键部分是十分困难的。

在ACAS X中采用的方法是离线计算出飞行员的响应分布并将它们存储在查找表中。可以通过使用迭代来有效地计算分布。令 $D_k(s)$ 表示另一飞行器在 k s 内进入固定横向距离内的概率。计算 $D_0(s)$ 是简单的,因为如果 s 为其他飞行器在固定横向距离内的状态,则 $D_0(s)$ 为1,否则为0。概率 $D_k(s)$ 可以从 D_{k-1} 计算得来,计算方式为

$$D_k(s) = \sum_{s'} T(s,s') D_{k-1}(s') \tag{10.8}$$

式中,$T(s,s')$ 是从一个水平状态 s 转换到另一个水平状态 s' 的概率。上面的

等式可以重复应用直到达到某个期望的范围。在 ACAS X 的早期原型中,该范围为 40 s,能够在潜在碰撞之前提供足够多的预警时间。给定状态 s 时,$\tau \geq 40$ 的概率是 $1 - \sum_{k=0}^{39} D_k(s)$。

通过利用对称性,可以使用三个变量来表示水平状态空间(参见文献[16])。为了将分布存储在表中,水平状态空间必须离散化。因为只有三个变量,所以可实现精细地离散化。为了确定不对应于离散顶点的任意水平状态的分布,ACAS X 使用多线性插值。

当然,不能精确地确定水平状态,但是可以从传感器的测量结果来推断其分布。为不同的监控系统开发了基于不敏卡尔曼滤波器(Unscented Kalman Filter)的专用状态估计算法[8]。这些算法输出加权水平状态的样本,它们的联合分布可以通过组合得出。

在飞机彼此水平靠近的情况下,将 $b(\tau)$ 表示为关于 h、$\dot{h}_0$ 和 $\dot{h}_1$ 的分布是有益的,可以使用与式(10.8)中相同的过程来计算垂直分布表。垂直动态模型假定加速度服从白噪声,并且可以使用三个状态变量(即,h、$\dot{h}_0$ 和 $\dot{h}_1$)来表示。

10.4 实时执行

ACAS X 的实时执行主要包括估计置信状态并通过在查找表中内插来计算相关状态-动作的价值。然而,在某些情况下,状态-动作价值会被在线修改(在执行逻辑时)。本节介绍了在线代价,并讨论了如何处理多个威胁和交通警报。

10.4.1 在线代价

如 10.2.2 节所述,查找表只是六个变量的函数。然而,在执行期间需要考虑不在离线优化部分中的几个变量(如高出地面的高度)。当然,这些额外的变量可以添加到离线优化中来,但会增大表格。

由于 ACAS X 的早期原型受表格大小的限制,因此有研究探索了替代在离线优化中增加状态变量数量的方案。实验表明,直接将该代价添加到在线动作价值判断中去是十分有效的。在 ACAS X 的开发中,第一个被研究的在线代价之一是高度抑制。传统的 TCAS 具有抑制高度的建议以防着陆过程的中断,希望这些规则将在 ACAS 中得以保留,所以如果在飞行期间抑制建议被触发了,那么相应的动作的代价就会变为无限大。

在线代价的另一个例子与从 TCAS 继承来的协调机制有关。当一架飞机得到一个关于入侵者的建议时,它会通过无线电数据链向入侵者发送它获得的建议。如果入侵者可选的建议与其收到的建议兼容,入侵者会根据收到的信息调整其建议(如飞向相反方向)。在同时选择动作时,会根据唯一的转发器标识号来断开连接。如果表格大小不是问题,那么入侵者的感知可以被并入到离线优化中[17]。离线优化可以说明,入侵者可能会根据其收到信息进行机动,并且系统一般不会在未来选择不兼容的感知。虽然在线代价法的成本是次优的,但实验表明该方法在实践中有效[17]。

ACAS X 原型中包含的一组在线代价有:
① 高度禁止可以在低于某个高度时给出建议;
② 建议转换或重新启动会更改不利建议或在规定时间范围内重启;
③ 初始化阻止在系统启动前几秒内给出建议;
④ 多次反转可防止多次反转(除非多机协作需要);
⑤ 不良转换阻断了 TCAS 不允许建议序列的产生;
⑥ 当飞行员没有响应时,无响应垂直追踪会对连续发出同一建议进行惩罚;
⑦ 兼容性可以防止发布的建议与其他飞机不兼容;
⑧ 当入侵者发出横穿己方高度的建议时,横穿会给出相应建议。

在这些代价中,有一些代价实际上是无限大的(如高度禁止),但是其他成本相对较小(如建议转换和重启)。管理这些在线代价的规则是用代码实现的,其复杂度是任意的且对内存要求小。

10.4.2 多重威胁

10.2 节中的 MDP 预估只有一个入侵者。可以直接对每个额外的入侵者添加额外的状态变量,但表格大小将随着入侵者的数量呈指数增长。传统的 TCAS 单独为每个入侵者确定最好的建议,然后用一套复杂规则组合这些单独的建议产生一个建议后提供给飞行员。

ACAS X 与 TCAS 相反,它将与不同入侵者相关的状态-动作代价融合在一起[18]。实验结果表明,这种方法十分有效,而且适用于入侵者数量较多的情况[17]。在某些情况下,系统会发出多重威胁平稳(MTLO)建议,它不属于 MDP 可用的动作集。如果两个不同的入侵者有不同的垂直动作时,会发出 MTLO 建议。因为 MTLO 既不向上也不向下,所以本机的动作可以与两个入侵者保持兼容。MTLO 在"三明治"遭遇中是有用的,即飞行器必须在两个其他飞行器之间飞过。

与 TCAS 不同,ACAS X 能够针对不同飞机提供不同保护模式。这种能力在诸如密集空域并行操作的情况下特别有用[19]。系统可能想对已知不断接近的一架飞机采用非常规的警报行为,但对所有其他飞机仍然采取标准的警报行为。ACAS X 的早期原型使用用于不同保护模式的不同查找表和状态估计参数来实现此功能,然后将状态 - 动作值融合在一起。

10.4.3 交通警报

ACAS X 上的大部分开发工作集中在生成 RA 建议,但 TA 在视觉警告和让飞行员准备对 RA 做出响应方面起着重要作用。根据以下目标,可以采用以下几种不同的方法来产生优化后的 TA。

① 允许适当地提前时间。TA 和 RA 之间的理想时间间隔在 10 ~ 15 s 左右。小于 6 s 的提前时间称为意外 RA,准备时间可能会不足。

② 避免滋扰警报。应避免发布没有 RA 的 TA。因为飞行员响应是多变的,无法预测在将来是否需要发出 RA,所以必须容忍一些没有 RA 的 TA。限制滋扰 TA 时必须与限制意外 RA 这一要求取得平衡。

③ 避免拆分警报。系统应尽量避免一次遭遇期间发出多个 TA 建议。

ACAS X 中采用的方法不需要扩大或修改当前的查找表,通过"无警报"动作价值生成 TA。无警报价值的大小主要受到碰撞代价的影响,可以用来衡量威胁程度。无警报价值越小,碰撞的可能性越大。如果将该值只与单个阈值进行比较,那么该值接近阈值时会引起颤振(即 TA 在开启和关闭之间的频繁切换)。为了消除 TCAS 原始设计中的颤振,TA 至少要保持 8 s。ACAS X 继承了这个要求。为了进一步消除颤振并提高操作性能,ACAS X 使用以下三个阈值。

① 开启阈值是一个常量阈值。当无警报值下降至低于开启阈值时,则确定现有建议已经足够。

② 挤压阈值是无警报值的偏移量,是一个常量,以防提前时间过长或发出不必要的 TA。当警报代价超出无警报代价较多时,该阈值使系统抑制 TA 警报。如果警报代价低于挤压阈值,即无报警代价加上偏移量,并且达到了开启阈值,则针对入侵者发出 TA。

③ 关闭阈值是常量阈值,其类似于开启阈值。如果一个 TA 保持活动持续时间超过 8 s,而且无警报代价降至低于关闭阈值,则 TA 将被中断。

通过对雷达数据进行系统仿真可以获得这些阈值[20]。

图 10.1 所示为使用开、关和挤压阈值的 TA 的理论行为,比较了在一次相遇过程中的无警报代价与最高警报代价(警报值)。首先,无警报代价高于开

启阈值,但警报代价高于挤压阈值,因此不发布 TA。最后,当最高警报代价低于挤压阈值时,发出 TA;当最高警报代价低于无警报代价时,发出 RA[20]。

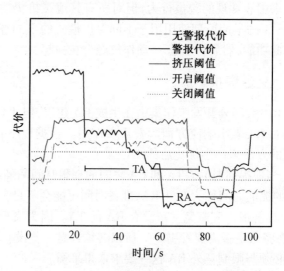

图 10.1 使用开、关和挤压阈值的 TA 的理论行为

10.5 评 价

ACAS X 必须满足许多操作性目标和约束,同时满足既定的安全要求。重要的是提供有效的防撞系统,不会不必要地打扰飞行员和空中交通管制系统。除尽可能地少发出警报外,还必须发布一些建议,以飞行员和操作人员认为合适且可接受的方式来解决防撞问题。本节讨论安全性并对操作性进行分析,讨论逻辑的调整和 ACAS X 原型的飞行测试。

10.5.1 安全分析

使用遭遇模型估计碰撞风险,该模型可生成具有代表性的空域遭遇实例。从遭遇模型中对遭遇的条件进行采样,可以构成一个集合,通过对得到的条件进行仿真分析,可以得到使用和不使用防撞系统时的碰撞风险。该风险在很大程度上依赖于遭遇模型给出的遭遇分布。因此,应保证模型给出的遭遇的几何模型和飞机行为尽可能代表实际空域中的情况,否则,可能过分低估或高估防撞系统的碰撞风险。为了确保模型的代表性,通常使用大量的监视数据来提取各种遭遇变量的状态概率。

在评估 ACAS X 时使用的遭遇模型基于美国 130 个短距和远距雷达的雷

达数据流,其更新间隔为 4.5 s 和 12 s,每天的数据量约有 10 GB。原始数据会提供距离、方位角、高度和应答器代码。这些数据被转换为纬度和经度坐标,并且由多个传感器数据融合得出轨迹[21]。从 2007 年 12 月到 2008 年 8 月的跟踪数据库中提取满足一定距离和时间标准的遭遇数据,选择数据的限制比 TCAS 更少。

提取的 393 077 次遭遇中有静态特征,如飞行器的水平相遇距离和初始垂直速率,还有动态特征,如转弯速率和空速加速度[22]。贝叶斯网络结构学习(2.4 节)给出了初始和转换贝叶斯网络的拓扑结构,空域遭遇模型结构如图 10.2 所示。分布参数可以使用 2.3.2 节中给出的过程通过学习得到。

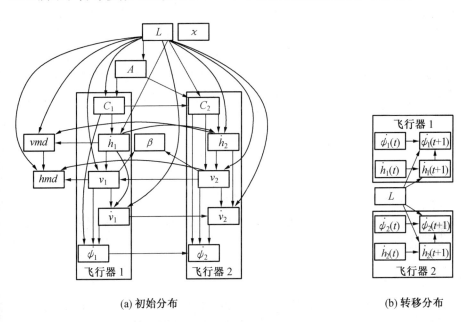

图 10.2 空域遭遇模型结构

从模型中抽样能产生空域中代表性的遭遇。然后,可以使用遭遇数据仿真防撞系统以估计碰撞风险。在研究安全性时,通常会将飞机模拟为质点,然后估计半空中碰撞(NMAC)的概率,定义两架飞机水平间距在 500 ft 之内,垂直间距在 100 ft 之内。安全性分析中最重要的指标之一是风险比,即有防撞系统的 NMAC 概率除以无防撞系统的 NMAC 概率。如果要估计实际空中碰撞的概率,那么必须模拟飞机的外轮廓并估计飞机类型的分布[23]。

可以从模型中直接采样并计算 NMAC 的平均数,这样能提供遭遇会发展为 NMAC 的概率的无偏估计。然而,由于空域中 NMAC 事件的罕见性,因此直接从遭遇分布采样所产生的 NMAC 肯定相对较少。模拟不太可能产生 NMAC 的遭遇,是低效的。相反,产生碰撞最好的方法是产生最接近时又有较低垂直和水平距离的遭遇,然后对这类碰撞适当加权[22]。这种方法称为重要性采样,它作为减小估计方差的技术被广泛研究[24]。第 4 章介绍的交叉熵方法可用于找出合适的重要性采样分布[25]。即使采用重要性采样,通常也需要几十万次的遭遇才能使风险比估计值的置信区间相对较窄。

假设都使用高度测量偏差、主动监测和飞行员响应的标准模型,当前 ACAS X 原型的风险比不到 TCAS 的风险比的 40%。ACAS X 的总体风险比较小,还在进行的工作包括在 ACAS X 可以进一步改进的领域中进行识别和分类。有一个领域的研究涉及分析其在欧洲空域系统中的安全性,这是因为使用的空中交通控制程序不同,因此也知道其遭遇分布也不同。除分析被设计用来表现实际空域的遭遇模型的失败案例外,开发团队研究了防撞逻辑面对压力测试模型时的性能。这些压力测试模型测定了系统在处理某些偏差极大的遭遇类型时的表现,测定了系统的能力范围[26],对 ACAS X 的分析也使用了概率模型检验[27]和混合系统定理来检验模型[28]。

10.5.2 操作适宜性和可接受性

使用 TCAS 防撞建议监视系统(TRAMS)在 FAA TCAS 监视计划下收集的真实 TCAS 数据来模拟评估 ACASX 的操作性能,数据包括在 21 个高航运量航站楼日常运行期间发生的超过 100 000 次的遭遇[29]。这些碰撞反映了所有的空域类别、海拔高度、国内和国外航空公司和商务飞机运营路线及航路和航站楼航空交通分离和程序、机场出入航线,以及各种入侵飞机类型和可能的遭遇的几何情形。

除 TRAMS 数据外,还使用程序指定的微型模型来仿真当前和未来感兴趣的遭遇过程以全面评估模型性能[7]。这些迷你模型包括 500 ft 和 1 000 ft 垂直距离的相遇过程、间隔极小的平行飞行过程和 3 海里间隔航线。随着未来空中交通管制程序的成熟,将能为评估 ACAS X 的安全性和操作兼容性提供更多模型。

操作适用性关键指标之一是总体警报率。总体警报率用 ACAS X 模型使用 TRAMS 数据集估计,比 TCAS 低 30%。警报率明显低于 TCAS 的原因如图 10.3 所示。在这些情境下,两架飞机之间水平接近。对于该遭遇情形,ACAS X 有比 TCAS 小得多的报警区域。除加强爬升和加强下降外,所有警报都在 TCAS 之后发生。

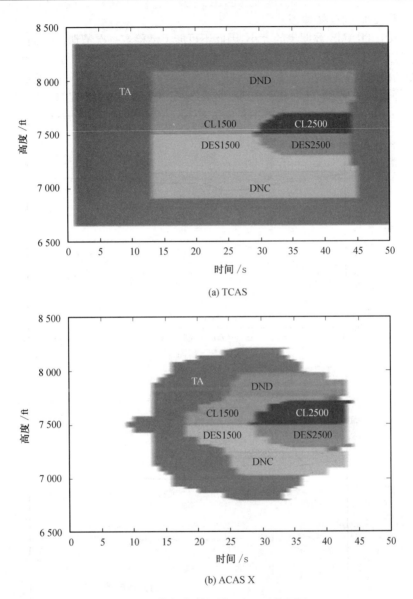

图 10.3　警报率明显低于 TCAS 的原因

确保飞行员信任 ACAS X 警报是逻辑调整的重要目标。在原始 TCAS 开发期间，由于对机组的影响，因此飞行员需要额外考虑反转和高空交叉警报。在这些领域对 ACAS X 性能进行了具体评估，以确保 ACAS X 的性能与 TCAS 相当或更好。使用 TRAMS 数据评估逆转性能，并且人工地在许多遭遇中进行了模拟，以确保它们的发生概率是可接受的。总体而言，目前的 ACAS X 原型减少了 22% 的反转建议。

由于 TRAMS 数据集的大小,因此不可能手动检查每次遭遇。然而,在九次逻辑迭代中共检查了数百个遭遇。用特定的单个遭遇对模型进行评定是测定逻辑是否鼓励特定行为的重要步骤。图 10.4 所示为一个保持高度的遭遇实例。在水平界面上,两航线(未示出)呈 90° 交叉,这在许多遭遇过程中是很常见的。

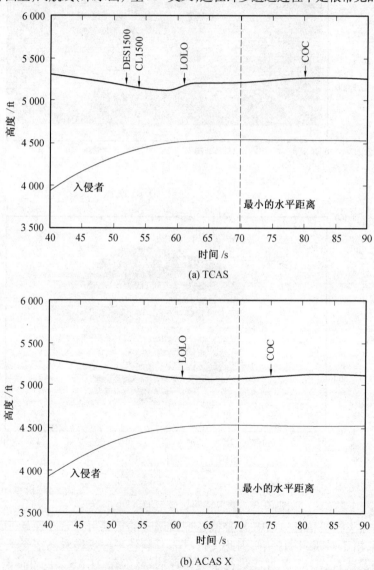

图 10.4　一个保持高度的遭遇实例

具有防撞系统的飞机先下降,然后爬升,再保持高度。TCAS 发出初始交叉下降警报,然后反转为爬升建议。在爬升警报之后,TCAS 发出"弱化"的保持高度建议,其旨在达到足够的垂直间隔时,将高度变化降到最低。最后,在水平距离达到最小值之后,刚好发布冲突解除建议。

相比之下,ACAS X 的等待时间比 TCAS 长一点,并且只发出一个保持高度建议。冲突解除建议在水平距离达到最小值之后不久发出。在这个例子中,ACAS X 解决了该次遭遇,并且没有发出交叉或反转警报。只发出保持高度警报不会与飞行员保持平稳飞行意图相违背,使建议变得可接受,同时在飞行时提供垂直方向上的安全引导。

10.5.3 参数调谐

设计师可以修改 ACAS X 中的许多设计参数以实现系统目标。设计参数包括警报的离线代价、重新给出建议的在线代价,以及在 MDP 中使用的服从白噪声的加速度,可以对这些设计参数进行调整以权衡性能。例如,增加警报的代价可以减少警报的数量,其代价是降低安全性。

这些设计参数应与系统参数区分开来。系统参数是控制系统行为的参数,但不一定由设计师直接调整。在 ACAS X 中,有许多设计参数也是系统参数,但系统参数也包括存储在查找表中的数百万个值。因此,系统参数比设计参数多得多。大量的系统参数允许对警报行为(图 10.3)进行更精细的调整以实现更好的性能。

ACAS X 设计方法的优点之一是设计参数的数量小于系统参数的数量。一般来说,设计过程的复杂性随着设计参数的数量呈指数级增长。对每个设计参数组合的评估需要使用各种模型进行数百万次的模拟。使用具有 64 个节点的高性能计算群,评估单个设计参数的组合也需要一个小时。此外,仅凭单个评估的结果判断接下来要对哪个设计参数组合进行测试也是具有挑战性的。因此,在 ACAS X 的早期开发过程中,自动调整设计参数的方法引起了极大的兴趣。

为使该过程自动化,需要在设计空间中定义一些标量的效用函数 u。如果存在两个设计参数的组合 θ_1 和 θ_2 并且 $u(\theta_1) > u(\theta_2)$,则 θ_1 优于 θ_2。对于 ACAS X,u 由各种模型生成的数百万个不同模拟结果产生。因为 u 是一个标量函数,所以各种度量函数必须适当地加权以生成 u。虽然未来的工作将探索如何使用正式的启发性技术来确定权重(3.1.4 节),但在最近的参数调整过程中,权重是由特定专家委员会经协商一致选择的。

代理优化过程概览如图 10.5 所示。第一步是筛选设计参数。通过筛选对系统性能几乎没有影响的参数,使得设计空间的搜索变得更容易。参数的基本影响是通过改变单个参数值来估计的。对度量函数没有显著影响的参数不会考虑在设计搜索中[19]。

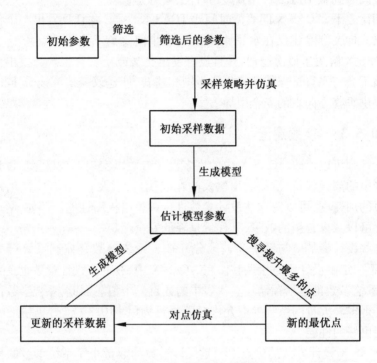

图 10.5 代理优化过程概览

一旦确定了重要的设计参数,代理优化模型就在设计空间中搜索使效用最大化的点。代理优化模型涉及使用设计点以往的评估值来构建效用函数的替代模型。优化过程的每个步骤都旨在设计空间中搜索由代理模型给出的最大预期改进的点,然后在仿真中评估该点,使用贝叶斯法则更新模型,重复该过程直到找到设计性能最高的点。类似的替代优化过程已被用于各种其他应用,包括翼型设计[30]。

10.5.4 飞行试验

ACAS X 开发利用建模和仿真的优势,但飞行测试仍然是关键的,需要飞行测试来验证仿真结果并更新模型。它们还使系统能够接受真实环境的挑战,对于收集飞行员在接受性上的反馈意见也很重要。

ACAS X 的首次飞行试验于 2013 年 8 月在新泽西州大西洋城的 FAA

William J. Hughes 技术中心进行。麻省理工学院林肯实验室提供了算法规范和查找表，约翰·霍普金斯大学应用物理实验室在霍尼韦尔公司提供的改进的已有硬件上实现了算法。ACAS X 包在 Convair 580 上使用 TCAS 信标监视飞行。遭遇在装有 S 模式转发器的 Beechcraft King Air 和另一个带有 TCAS 的 Convair 580 之间发生。

原型机在 11 次航班中成功运行了 21 个小时，没有任何硬件或软件故障。飞行中没有必要进行系统重置。因为传统硬件的内存限制，查找表进行了压缩[9]，所以使用的算法没有显著影响实时查找性能。为确保处理在每个监控周期内完成，逻辑处理仅处理四个最接近的入侵者。目前正在研究每个处理周期容纳更多入侵者的处理方法。

该逻辑在各种不同的遭遇情形下进行测试，包括在 10.5.2 节讨论的那些情境，总共有 127 次飞行测试以测试不同情形。这些遭遇涉及交通建议和由 TCAS 提供各类决议建议。在这些遭遇中，ACAS X 与传统 TCAS 协调运行。无论飞行员是否对这些建议进行了回应，这些空中遭遇也都是一闪而过。

ACAS X 在大多数测试场景中的执行方式与预期相符。但是，在几个领域中，其性能仍可被提高。在某些间隔 500 ft 水平飞行时，发出了一些预期外的警报。未来几轮的优化将旨在尽可能多地移除这些警报，同时仍然提供危险场景中所需的安全性。在无风险平行飞行情况下也观测到了警报，预期最终在 ACAS X 系统中对监视系统的改进将有助于消除这些警报。遭遇也揭示了已知的用于测试飞行的旧逻辑存在的问题，如在某些情况下不发出所需的反转建议。已观测到的飞行试验和仿真之间的一些差异可指导下一次分析和优化的迭代修正。

10.6 小 结

本章介绍了如何将飞机防撞问题建模为一个部分可观测马尔可夫决策过程，并使用动态规划解决。建模和仿真表明，这种方法可以得到一个比 TCAS 更少打扰飞行员的系统，同时获得更高的安全性。这个研究促成了 ACAS X 的建立，其目标是成为下一个国际防撞标准。与 TCAS 一样，需要更多地调整以取得国际认可。飞行试验后，联邦建议委员会、无线电航空技术委员（RTCA）将开始标准化进程。该系统将在下一代商用航空中发挥重要作用，并支持将无人机安全引进民用航空领域。

参考文献

1. S. Temizer, M. J. Kochenderfer, L. P. Kaelbling, T. Lozano-Pérez, and J. K. Kuchar, "Collision Avoidance for Unmanned Aircraft Using Markov Decision Processes," in AIAA Guidance, Navigation, and Control Conference (GNC), 2010.

2. M. J. Kochenderfer and J. P. Chryssanthacopoulos, "A Decision-Theoretic Approach to Developing Robust Collision Avoidance Logic," in IEEE International Conference on Intelligent Transportation Systems (ITSC), 2010.

3. T. B. Wolf and M. J. Kochenderfer, "Aircraft Collision Avoidance Using Monte Carlo Real-Time Belief Space Search," Journal of Intelligent and Robotic Systems, vol. 64, no. 2, pp. 277-298, 2011. doi:10.1007/s10846-010-9532-6.

4. H. Bai, D. Hsu, M. J. Kochenderfer, and W. S. Lee, "Unmanned Aircraft Collision Avoidance Using Continuous-State POMDP," in Robotics:Science and Systems, 2011.

5. J. P. Chryssanthacopoulos and M. J. Kochenderfer, "Collision Avoidance System Optimization with Probabilistic Pilot Response Models," in American Control Conference (ACC), 2011.

6. M. J. Kochenderfer and J. P. Chryssanthacopoulos, "Robust Airborne Collision Avoidance Through Dynamic Programming," Massachusetts Institute of Technology, Lincoln Laboratory, Project Report ATC-371, 2011.

7. J. E. Holland, M. J. Kochenderfer, and W. A. Olson, "Optimizing the Next Generation Collision Avoidance System for Safe, Suitable, and Acceptable Operational Performance," Air Traffic Control Quarterly, vol. 21, no. 3, pp. 275-297, 2013.

8. S. Julier and J. Uhlmann, "Unscented Filtering and Nonlinear Estimation," Proceedings of the IEEE, vol. 92, no. 3, pp. 401-422, 2004. doi:10.1109/JPROC.2 003.823141.

9. M. J. Kochenderfer and N. Monath, "Compression of Optimal Value Functions for Markov Decision Processes," in Data Compression Conference, 2013.

10. RTCA, Minimum Operational Performance Standards for Traffic Alert

and Collision Avoidance System II (TCAS II),DO-185B,2008.

11. J. W. Andrews, "An Improved Technique for Altitude Tracking of Aircraft," Massachusetts Institute of Technology, Lincoln Laboratory, Project Report ATC-105,1981.

12. J. P. Chryssanthacopoulos and M. J. Kochenderfer, "Accounting for State Uncertainty in Collision Avoidance,"AIAA Journal on Guidance, Control, and Dynamics, vol. 34, no. 4, pp. 951-960,2011. doi:10.2514/1.53172.

13. D. M. Asmar, M. J. Kochenderfer, and J. P. Chryssanthacopoulos, "Vertical State Estimation for Aircraft Collision Avoidance with Quantized Measurements,"AIAA Journal on Guidance, Control, and Dynamics, vol. 36, no. 6, pp. 1797-1802,2013. doi:10.2514/1.58938.

14. A. Panken and M. J. Kochenderfer, "Error Model Estimation for Airborne Beacon-Based Surveillance,"IET Radar, Sonar and Navigation, vol. 8, no. 6, pp. 667-675,2014. doi:10.1049/iet-rsn.2013.0266.

15. K. V. Ramachandra, Kalman Filtering Techniques for Radar Tracking. New York:Marcel Dekker,2000.

16. M. J. Kochenderfer and J. P. Chryssanthacopoulos, "Partially-Controlled Markov Decision Processes for Collision Avoidance Systems," inInternational Conference on Agents and Artificial Intelligence (ICAART),2011.

17. D. M. Asmar, "Airborne Collision Avoidance in Mixed Equipage Environments," Master's thesis, Massachusetts Institute of Technology,2011.

18. J. P. Chryssanthacopoulos and M. J. Kochenderfer, "Decomposition Methods for Optimized Collision Avoidance withMultiple Threats,"AIAA Journal on Guidance, Control, and Dynamics, vol. 35, no. 2, pp. 398-405,2012. doi:10.2514/1.54805.

19. K. Smith, M. J. Kochenderfer, W. Olson, and A. Vela, "Collision Avoidance System Optimization for Closely Spaced Parallel Operations Through Surrogate Modeling," in AIAA Guidance, Navigation, and Control Conference (GNC),2013.

20. B. Puntin and M. J. Kochenderfer, "Traffic Alert Optimization for Airborne Collision Avoidance Systems," in AIAA Guidance, Navigation, and Control Conference (GNC),2013.

21. M. J. Kochenderfer, L. P. Espindle, J. K. Kuchar, and J. D. Griffith, "Correlated Encounter Model for Cooperative Aircraft in the National Airspace

System," Massachusetts Institute of Technology, Lincoln Laboratory, Project Report ATC-344, 2008.

22. M. J. Kochenderfer, M. W. M. Edwards, L. P. Espindle, J. K. Kuchar, and J. D. Griffith, "Airspace Encounter Models for Estimating Collision Risk," AIAA Journal on Guidance, Control, and Dynamics, vol. 33, no. 2, pp. 487-499, 2010. doi:10.2514/1.44867.

23. M. J. Kochenderfer, J. D. Griffith, and J. E. Olszta, "On Estimating Mid-Air Collision Risk," in AIAA Aviation Technology, Integration, and Operations Conference (ATIO), 2010.

24. R. Srinivasan, Importance Sampling: Applications in Communications and Detection. Berlin: Springer, 2002.

25. Y. Kim and M. J. Kochenderfer, "Improving Aircraft Collision Risk Estimation Using the Cross-Entropy Method," in AIAA Modeling and Simulation Technologies Conference, 2015.

26. B. J. Chludzinski, "Evaluation of TCASII Version 7.1 Using the FAA Fast-Time Encounter Generator Model," Massachusetts Institute of Technology, Lincoln Laboratory, Project Report ATC-346, 2009.

27. C. von Essen and D. Giannakopoulou, "Analyzing the Next Generation Airborne Collision Avoidance System," in International Conference on Tools and Algorithms for the Construction and Analysis of Systems (TACAS), 2014.

28. J.-B. Jeannin, K. Ghorbal, Y. Kouskoulas, R. Gardner, A. Schmidt, E. Zawadzki, and A. Platzer, "A Formally Verified Hybrid System for the Next-Generation Airborne Collision Avoidance System," in International Conference on Tools and Algorithms for the Construction and Analysis of Systems (TACAS), 2015.

29. W. A. Olson and J. E. Olszta, "TCAS Operational Performance Assessment in the U.S. National Airspace," in Digital Avionics Systems Conference (DASC), 2010.

30. A. I. J. Forrester, A. J. Keane, and N. W. Bressloff, "Design and Analysis of Noisy Computer Experiments," AIAA Journal, vol. 44, no. 10, pp. 2331-2339, 2006. doi:10.2514/1.20068.

第 11 章 持续监测的多智能体规划

无人驾驶飞机的一个重要应用是对感兴趣区域进行持续监视。例如,一组飞机可用于监测森林生物活动、水灾灾区或战区的移动。在这样的情景下,监控的持续时间必须足够长,飞机也是随地形分布的。重要的是规划算法必须考虑通信约束和飞机的续航状况。本章介绍一个多智能体合作的方法,并展示该方法在仿真和四旋翼飞行试验中的鲁棒性。

11.1 任 务 描 述

为了评估多智能体规划算法,设计了一个模拟任务:搜索目标车辆,同时持续跟踪那些已检测到的车辆[1-2]。任务区分为三个区域:基地、通信中继区和监控区。飞机从基地起飞,前往其他地区执行任务并履行通信职责。如果燃料耗尽或发生故障,则飞机返回基地进行加油或修理。通信区域是基站和监视区之间的过渡区域,需要使用智能体来充当与基地通信的中继链路。待跟踪的目标车辆位于监视区域中。

持续监视存在以下几个挑战。

(1) 通信中继约束。在许多自动化系统中,有必要在执行任务的智能体和基地之间保持通信链路。人类操作者或地面上的自动规划系统可以使用这一链路来向智能体发送命令,或者实时地收集和分析来自智能体的传感器数据。例如,配备摄像头的飞机在进行搜索和救援任务时,人类操作员可能需要观测来自每个飞行器的实时视频以确定要救援人员的可能位置。在许多情况下,监视区域会在基地的范围以外,因此必须建立通信中继。

(2) 燃料限制。每个飞机携带的燃料有限,因此只能在通信或监视区域内运行有限的时间。如果飞机在这些地区中用完燃料,那么它将无法返回。电池更换和充电的设施都位于基地区内。燃料消耗的速率是随机的。

(3) 系统续航特性。监控需要传感器,移动需要执行器。在任务期间的任何时候,传感器或执行器都可能会发生故障。当传感器发生故障时,智能体在监控区起不到作用。然而，智能体仍然可被用作通信中继。返回基站时，可以修复传感器。当执行器损坏时，智能体无法执行任何任务，但是可以在基地修复执行器。

本章描述的方法是一种基于模型的强化学习方法(5.2节)。计划者用假设来初始化模型，然后迭代这个模型以生成一个最优策略，再在实际环境中执行该策略一段时间，并且将观测结果反馈到模型学习算法，重复该过程。计划者使用以上述方式更新的模型生成新的策略。因为规划的范围是有限的，所以需要基于最新模型用足够快的规划算法更新当前的策略。与真实环境交互通常会消耗资源较多，因此算法必须能充分利用数据。本章介绍一种能满足持续监测任务需要的规划算法。

11.2　集中问题的表达

如7.3.3节所述，MMDP是一个多元马尔可夫决策过程。本节介绍持续监测问题的MMDP公式[2-3]。该公式需要指定状态空间、动作空间、状态转移模型和奖励函数。

11.2.1　状态空间

状态空间 $\mathscr{S}$ 可以分解为每个智能体状态空间的乘积。如果 $\mathscr{S}_i$ 是智能体 i 的状态空间，则 $\mathscr{S} = \prod_i \mathscr{S}_i$。每个智能体的状态由位置、剩余燃料量和续航能力这三个离散变量确定。智能体 i 的位置表示为 y_i，有

$$y_i \in Y = \{Y_B, Y_C, Y_S\} \tag{11.1}$$

式中，Y_B 是基地；Y_C 是通信区域；Y_S 是监视区域。

智能体 i 的燃料量用 f_i 表示，有

$$f_i \in F = \{0, \Delta f, 2\Delta f, \cdots, F_{\max} - \Delta f, F_{\max}\} \tag{11.2}$$

式中，Δf 是燃料量的间隔，能良好表示出剩余燃料量。

智能体 i 的续航能力用 h_i 表示，有

$$h_i \in H = \{H_{\text{nom}}, H_{\text{sns}}, H_{\text{act}}\} \tag{11.3}$$

式中，H_{nom}、H_{sns} 和 H_{act} 分别表示正常运行、传感器故障和执行器故障。

如果有 n 个智能体，则状态空间的总大小由 $|\mathscr{S}| = (|Y| \times |F| \times |H|)^n$ 决定。由于状态空间不能过大，因此很难对具有多个智能体的问题给出最优策略。

11.2.2 动作空间

智能体 i 可用的动作取决于智能体的当前位置 y_i 及其剩余燃料量 f_i，即

$$a_i \in \begin{cases} \{A_B, A_R, A_S\}, & y_i = Y_C \\ \{A_B, A_R\}, & y_i = Y_S \\ \{A_R, A_S\}, & y_i = Y_B \\ \{A_R\}, & f_i = 0 \end{cases} \qquad (11.4)$$

式中，A_B 为向基地移动；A_R 为保持在当前位置；A_S 为向监控区移动。

动作空间的大小为 $|A| = (|a_i|)^n = 3^n$。

11.2.3 状态转移模型

给定在时间 t 时智能体 i 的剩余燃料量、位置和动作，该智能体在 $t+1$ 时的位置为

$$y_i(t+1) = \begin{cases} y_i(t), & f_i(t) = 0 \text{ 或 } a_i(t) = A_R \\ Y_B, & y_i(t) = Y_C \text{ 和 } a_i(t) = A_B \\ Y_S, & y_i(t) = Y_C \text{ 和 } a_i(t) = A_S \\ Y_C, & y_i(t) = Y_S \text{ 和 } a_i(t) = A_B \\ Y_C, & y_i(t) = Y_B \text{ 和 } a_i(t) = A_S \end{cases} \qquad (11.5)$$

燃料剩余量 f_i 的变化是随机的，其中参数 P_{fuel} 表示燃料以标称速率 $\dot{F}_{burn}$ 燃烧的概率。若燃料消耗量是标称速率的两倍，则概率为 $1 - P_{fuel}$。如果智能体到达基地，则剩余燃料量以 $\dot{F}_{refuel}$ 的速率增加到 F_{max}。

每个智能体的续航能力也是一个随机模型。如果没有燃料，那么续航能力的状态保持不变。如果 $y_i(k) = Y_B$，则 $h_i(k+1) = H_{nom}$。如果智能体 i 不在基地并且在步骤 k 其正常续航，则 $h_i(k+1)$ 由下列概率确定，即

$$h_i(t+1) = \begin{cases} H_{nom}, & \text{以概率}(1-P_{sns})(1-P_{act}) \\ H_{sns}, & \text{以概率} P_{sns}(1-P_{act}) \\ H_{act}, & \text{以概率} P_{act} \end{cases} \qquad (11.6)$$

式中，P_{sns} 是传感器故障的概率；P_{act} 是执行器故障的概率。

11.2.4 奖励函数

奖励函数鼓励在具有通信中继的监视区域内飞机的数量最少。如果在监

视区域需要 n_d 飞行器,但只有 n_S 个飞行器,则当前的惩罚为 $C_{gap} \times \max((n_d - n_S), 0)$,其中 C_{gap} 是对每个缺少的飞机的惩罚。如果通信无法中继,则给出一个较大的惩罚 C_{fail}。

11.3　分散问题的近似表达

11.2 节中的 MMDP 公式完整地考虑到了所有智能体间所有的交互,并且可以通过动态规划来找到最优策略,但这种方法在处理多个智能体的时表现乏力。即使处理只有三个智能体的问题,计算解决方案也会耗费较长时间[2]。本节介绍两个问题的近似表达,可以扩展到多个智能体问题。在给出关于其他智能体状态和动作近似信息的情况下,两种方法都可由单一智能体计算出分散策略。

11.3.1　因式分解

集中式问题将状态空间 $\mathscr{S}$ 分解为 $\times_i \mathscr{S}_i$,其中 $\mathscr{S}_i = (Y \times F \times H)$。可以从智能体 i 的角度近似这个公式,通过将 $\mathscr{S}_j$(对于所有 $j \neq i$)定义为智能体 i 与智能体 j 组成的位置-方向对的集合。在这个问题中,有六个位置-方向对可用,即

$$(Y_B, A_S), (Y_C, A_B), (Y_C, A_R), (Y_C, A_S), (Y_S, A_B), (Y_S, A_R) \quad (11.7)$$

(Y_B, A_R) 这对不包括在内,因为留在基地通常是没有价值的。状态空间的大小仍然随着无人机的数量呈指数增长,但是位置-方向对的数量小于 $|Y| \times |F| \times |H|$。

对智能体 i, $\mathscr{S}_i$ 的状态转换模型与集中问题的状态转换模型是一样的。对于 $\mathscr{S}_j, j \neq i$,从智能体 i 的角度,智能体 j 的状态可以近似为

$$s_{ij}(k+1) = \begin{cases} (Y_C, A_R), & s_{ij}(k) = (Y_B, A_S), \text{以概率} 0.5 \\ (Y_C, A_S), & s_{ij}(k) = (Y_B, A_S), \text{以概率} 0.5 \\ (Y_B, A_S), & s_{ij}(k) = (Y_C, A_B) \\ (Y_C, A_R), & s_{ij}(k) = (Y_C, A_R) \\ (Y_S, A_R), & s_{ij}(k) = (Y_C, A_S) \\ (Y_C, A_B), & s_{ij}(k) = (Y_S, A_B), \text{以概率} 0.5 \\ (Y_C, A_R), & s_{ij}(k) = (Y_S, A_B), \text{以概率} 0.5 \\ (Y_S, A_R), & s_{ij}(k) = (Y_S, A_R) \end{cases} \quad (11.8)$$

11.3.2 群聚分解

另一个近似方法使用一个简化的模型来近似所有队友的行为[4]，而不是跟踪每个队友的位置和方向。为了更准确地近似，需要跟踪下列三个特征：
① 预计是否至少有一个队友在通信区域；
② 预计监测区域中智能体数量；
③ 预计监测区域中健康智能体的数量。

从单个智能体的角度看，状态空间的大小仅为 $|Y \times F \times H| \times 2n^2$，与无人机数量的二次方呈正比。为了预测在下一时间步骤中队友的位置，使用单智能体策略 $\pi^{(n=1)}$。在本章的实验中，$\pi^{(n=1)}$ 被设置为在不需要通信中继的集中问题中单智能体的解。

虽然可以使用集中问题中的奖励函数，但并不能明确地指定三个聚合特征的转移概率。一种方法是使用含有五个智能体的因式分解模型来创建一个状态转换表[2]。当有五个以上的智能体时，可以使用双三次插值[4]。

11.3.3 规划

上述两种分解方法都是从单一智能体角度出发的。因为它们相应的 MDP 计算复杂度较低，所以它们可以通过传统的动态规划算法如价值迭代来解决。输入的价值函数和策略是分散的。从智能体 i 的角度来看，分散状态为

$$\bar{s}_i = \mathrm{DceState}(s, a, i)$$

式中，s 是集中状态；a 是所有智能体的动作集合。

给定 $\bar{s}_i$，智能体 i 采取的动作是 $a_i = \pi^*(\bar{s}_i)$。重要的是要注意状态 $\bar{s}_i$ 含有其余队友动作遵循 $\pi^{(n=1)}$ 策略而产生的状态。然而，因为预测的队友动作可能不同于他们的实际动作，所以性能可能会有一些下降。考虑到智能体之间的状态 - 动作对的关系，可以使用一种规划方案，其中每个智能体依次选择其动作。产生的动作被传递给序列中的下一个智能体，下一个智能体使用该动作来规划自己的动作，而不是去预测其他智能体的动作。最终智能体根据团队其他成员的实际动作来规划其动作。算法 11.1 总结了该方案。在这个算法中，函数 v 指定了固定的排序顺序，意味着第 i 个选择动作的智能体是智能体 v_i。

算法 11.1 有序搜索

1: function 有序搜索$(v, \pi^{(n=1)}, s)$
2:　　for $i \leftarrow 1$ to n do
3:　　　　$a_{v(i)} \leftarrow \pi^{(n=1)}(s)$
4:　　end for
5:　　for $i \leftarrow 1$ to n do
6:　　　　$\bar{s}_{v(i)} \leftarrow$ Dec 状态$(s, a, v(i))$
7:　　　　$a_{v(i)} \leftarrow \pi^*(\bar{s}_{v(i)})$
8:　　end for
9:　　return a
10: end function

顺序 v 的选择可以影响最终策略的质量。因此,可能需要在每个步骤尝试几种不同的顺序。这些排序可以从 $n!$ 个排列组合中取样。最好的排列顺序可以由预期效用确定。算法 11.2 为方案的实例,其使用 m 个不同排序 $v_{1:m}$,并用生成模型对下一个状态 $s' \sim T(s, a)$ 和奖励 $r \sim R(s, a)$ 进行采样。算法 11.3 表示了运行到深度 d 的有序采样搜索过程。在本章的实验中,$d = 2$。

算法 11.2 采样有序搜索

1: function 采样有序搜索$(v_{1:m}, \pi^{(n=1)}, s)$
2:　　$(a^*, q^*) \leftarrow (\text{NIL}, -\infty)$
3:　　for $i \leftarrow 1$ to n do
4:　　　　$a \leftarrow$ 有序搜索$(v_i, \pi^{(n=1)}, s)$
5:　　　　$s' \sim T(s, a)$
6:　　　　$r \sim R(s, a)$
7:　　　　$\bar{s}_1 \leftarrow$ Dec State$(s', a, 1)$
8:　　　　if $r + U^*(\bar{s}_1) > q^*$ then
9:　　　　　　$(a^*, q^*) \leftarrow (a, r + U^*(\bar{s}_1))$
10:　　　end if
11:　　end for
12:　　return (a^*, q^*)
13: end function

算法 11.3　正向有序采样搜索

1: function 正向有序采样搜索($v_{1:m}, \pi^{(n=1)}, s, d$)
2:　if $d = 0$ then
3:　　return (NIL, 0)
4:　end if
5:　$(a^*, q^*) \leftarrow (\text{NIL}, -\infty)$
6:　for $i \leftarrow 1$ to m do
7:　　$a \leftarrow$ 有序搜索($v_i, \pi^{(n=1)}, s$)
8:　　$s' \sim T(s, a)$
9:　　$r \sim R(s, a)$
10:　　$(a', q') \leftarrow$ 正向有序搜索($v_i, \pi^{(n=1)}, s', d-1$)
11:　　if $r + q' > q^*$ then
12:　　　$(a^*, q^*) \leftarrow (a, r + q')$
13:　　end if
14:　end for
15:　return (a^*, q^*)
16: end function

11.4　模型学习

前面的章节提出了一种在已知动态转换过程情况下的多智能体规划方案。在现实中,转移概率的参数在任务之前是不可知的并且必须在线习得。智能体必须根据可观测状态转移来估计传感器发生故障的概率。由于计划空间过大,准确估计并且存储这些转换概率是不可行的,因此需要近似。对于这项工作,本章采用了依赖探索的特征增量算法。该算法使用可观测状态转移自动灵活地调整近似值,设计者不需要人工确定固定的转移概率。可以在 Geramifard 等的论文中[5]找到算法的细节。学习状态不确定的应用可以在 Ure 等的工作中找到[6]。

之前的研究会在假设这个概率在整个状态空间是均匀分布的前提下估计传感器的故障概率[7]。但是,考虑状态和传感器故障概率之间的相关性是十分重要的。例如,监视区域中的飞行器可以执行更具进攻性的机动,并且可能在更恶劣和不确定的环境中操纵飞行器进行目标跟踪。因此,与通信区域或基地区域内传感器故障的概率相比,监测区域内的传感器故障概率更高。类似地,低燃料的飞行器功率会减小,这可能会使传感器故障或传感器失效的概率升高。

为了评估整合模型学习与各种规划算法的有效性,运行一个 30 个仿真的集合。每个仿真包括 9 次学习和规划的迭代。在图 11.1 中绘制不同方法的规划和学习性能,在特定计划表图中的每个点显示在每次学习更新之间累积的平均代价,误差线代表代价的标准差。随着经验的积累,学习算法的性能会更好。因式分解规划提供的性能比集中式规划所提供性能低 5%~7%,群聚的总性能约比因式分解性能低 2%~3%,尽管其计算效率更高。

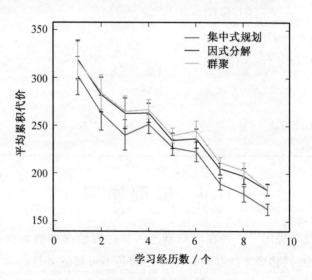

图 11.1 不同方法的规划和学习性能

11.5 飞行测试

在麻省理工学院宇航控制实验室的 RAVEN 测试环境下,运行了持续监测任务[8-9]。RAVEN 测试区域配有 Vicon 运动捕捉系统,能对飞行器位置和速度进行准确判断。用机载陀螺仪和加速度计来估计姿态会使飞行器姿态控制更为稳定。三个四旋翼飞机作为执行任务的智能体[2]。实验设置显示的

第 11 章 持续监测的多智能体规划

四旋翼飞行器和地面车辆如图 11.2 所示,四旋翼飞行器由电池供电。当充满电后,电池能够为飞行器供电 8 ~ 10 min。因此,为了能让飞行器执行长达数个小时的任务,在实验区安置了三个自动充电站。

图 11.2 实验设置显示的四旋翼飞行器和地面车辆

性能取决于执行的策略和对不确定度的考虑程度。特别是,对特征进行增量分析来降低不确定性,以改善规划算法的性能。在这种情况下,传感器故障的概率是不确定的,出于飞行测试的目的,假定故障概率在整个状态空间中是恒定的(0.05),这样就得到了一个简单的状态独立的不确定性模型。

图 11.3 所示为持续性监视任务使用因式分解进行规划的飞行测试结果,由三个子图组成。顶部的图显示了在任务中每个智能体合作规划所产生的累积代价总和,该代价越低越好,图中线条的斜率表示代价产生的速率;中间的图是顶部图筛选后的分段导数,指出了代价是如何快速产生的;底部的图显示了单个智能体产生传感器故障的概率的估计值。可以看出,随着估计的不确定性的提高,代价的产生速率较低。这些飞行结果证明了规划和学习算法从经验中学习的能力以及整体性能提升之间理想的相互作用。

自主飞行试验持续了三个小时,其中三个充电站共进行了约 120 次自动电池更换。学习框架被悲观地初始化为在所有状态下具有 30% 的传感器故障概率。学习到的传感器各种故障模型的参数见表 11.1。每次学习更新后,都会重新计算策略。图 11.4 所示为分解因式规划方法和依赖探索的增量特征的飞行测试结果,以平均累计代价的形式显示了每个学习周期后策略的性能,图中表示出因学习过程而导致的平均累积代价降低的结果。

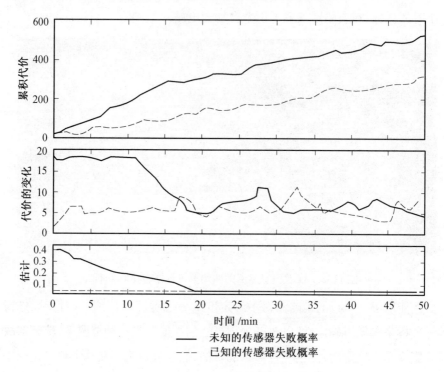

图 11.3 持续性监视任务使用因式分解进行规划的飞行测试结果

表 11.1 学习到的传感器各种故障模型的参数

地点	高油量/L	低油量/L
基地	0.0	0.0
通信	0.067	0.132
监视	0.123	0.351

由于初始化的故障概率模型较为悲观,因此初始策略的代价较高,因为它会经常呼叫四旋翼飞机返回基地进行维修。随着学习的进行,对参数的估计会更好,规划算法对飞机无故障运行的能力更有信心,并在基地和任务区之间更有效地分配它们。图 11.5 所示为作为时间的函数的电池交换次数,交换的减少表明了基地和监视区域之间更有效的协同作用。

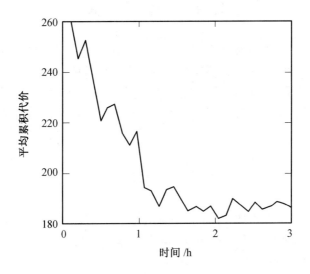

图 11.4 分解因式规划方法和依赖探索的增量特征的飞行测试结果

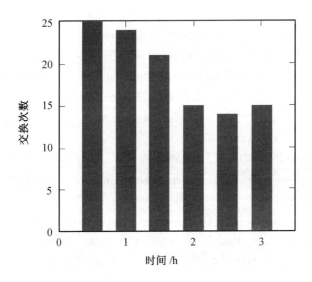

图 11.5 作为时间的函数的电池交换次数

11.6 小　　结

本章介绍了一个持续任务的多智能体规划实验。规划算法被表示为可近似团队动态特性的马尔可夫决策过程的解。近似分解显著减少了所需的计算量,而且性能损失很小。通过可观测的状态转换来进行学习,从而更新模型参数。整个方法在具有未知传感器故障转换概率的持续搜索和跟踪任务上进行验证。

参 考 文 献

1. B. Bethke, J. P. How, and J. Vian, "Multi-UAV Persistent Surveillance with Communication Constraints and Health Management," in AIAA Guidance, Navigation, and Control Conference (GNC), 2009.

2. J. D. Redding, T. Toksoz, N. K. Ure, A. Geramifard, J. P. How, M. Vavrina, and J. Vian, "Persistent Distributed Multi-Agent Missions with Automated Battery Management," in AIAA Guidance, Navigation, and Control Conference (GNC), 2011.

3. J. D. Redding, "Approximate Multi-Agent Planning in Dynamic and Uncertain Environments," PhD thesis, Massachusetts Institute of Technology, Department of Aeronautics and Astronautics, Cambridge, MA, 2012.

4. J. D. Redding, N. K. Ure, J. P. How, M. Vavrina, and J. Vian, "Scalable, MDP-Based Planning for Multiple, Cooperating Agents," in American Control Conference (ACC), 2012.

5. A. Geramifard, F. Doshi, J. Redding, N. Roy, and J. How, "Online Discovery of Feature Dependencies," in International Conference on Machine Learning (ICML), 2011.

6. K. Ure, A. Geramifard, G. Chowdhary, and J. P. How, "Adaptive Planning for Markov Decision Processes with Uncertain Transition Models via Incremental Feature Dependency Discovery," in European Conference on Machine Learning (ECML), 2012.

7. B. M. Bethke, "Kernel-Based Approximate Dynamic Programming Using Bellman Residual Elimination," PhD thesis, Massachusetts Institute of Technology, Department of Aeronautics and Astronautics, 2010.

8. M. Valenti, B. Bethke, G. Fiore, J. P. How, and E. Feron, "Indoor Multi-Vehicle Flight Testbed for Fault Detection, Isolation, and Recovery," in AIAA Guidance, Navigation, and Control Conference (GNC), 2006.

9. J. P. How, B. Bethke, A. Frank, D. Dale, and J. Vian, "Real-Time Indoor Autonomous Vehicle Test Environment," IEEE Control Systems Magazine, vol. 28, no. 2, pp. 51-64, 2008. doi:10.1109/MCS.2007.914691.

第 12 章 人机自动化集成

本书的重点是如何决策。想要成功应用这些方法建立辅助决策系统，需要特别考虑使用该系统的人。本章讨论人机系统一体化所面临的挑战，并提供有效应对的策略。

12.1 人的能力及其应对

通常，如果系统未考虑到所有可能情形，人机系统一体化会成为一种补救措施。设计者依赖于这样一个事实：人类通常是灵活的，以弥补技术的脆弱性。本节探讨人类的感知和认知能力以及应对策略。

本节中特定设计所需考虑的信息清单见表 12.1。并不是它包含所有信息或它能取代专业人员在设计中的作用，它们只是指出最佳做法和常常被忽略的问题，倾向于在实现过程中解决系统出现的问题，可以为算法设计师和开发专家提供一个设计的出发点。

12.1.1 感知和认知能力

处理信息的三个核心能力是注意力、认知能力和记忆[2-3]。人能感知到信息，同时，人的注意力允许对所感知信息的一部分进行处理。人随后认知这部分信息，使用记忆帮助理解信息的含义。下面将更详细地描述每个功能。

注意力是一种让人类处理有限信息的能力[2]。心理学中有三个隐喻经常用于描述注意力：滤波器、聚光灯和水池。人的注意力集中在什么信息上是由信息的显著性和人们如何转移注意力决定的[4]。控制面板上的闪光灯使操作员注意到了不正常的读数。人能在嘈杂的聚会上听安静的故事，这说明人具有滤波信息的能力。

表12.1 特定设计所需考虑的信息清单

工作分析

进行认知分析,尤其侧重于能够帮助系统确认所处工作环境的决策[1]。分析包括识别提供的信息、认知处理能力的需求、做出决策以及如何使决策可行,这一步有助于设计者确定哪些方面是已经谈及的人类处理能力

注意力、记忆力和认知处理

① 确保操作者不需要一次关心很多项目;
② 考虑在不同的信息表达形式(听觉或视觉)和模式(空间或语音)中适当地分配要呈现的信息,以确保信息得到及时的处理;
③ 限制操作者需要短期记住的信息量;
④ 提供结构化的训练以确保任意长度及复杂度的系统信息都能传达给操作者(并适当地存储在长期记忆中);
⑤ 适当地利用以前学习到的信息、程序、环境的规范和实践经验来利用自上而下的处理优势;
⑥ 在陌生的情况下,在自下而上的处理过程中为操作员提供合适的线索

决策

① 确定是否有足够的信息和时间来支持操作环境中的经典决策(提示:很可能没有);
② 使用认知工作/任务分析信息来更好地理解对于设计来说感兴趣的操作者在系统方面的思维模型;
③ 为决策支持系统写一个简短的操作功能的概述,说明作为一个设计者期望用户怎么理解和使用系统,考虑系统中用户的思维模型及其他;
④ 期望操作者用系统做出什么样的决策可能是受到普通启发式决策(如可用性、代表性、稳定性)的何种影响;
⑤ 识别当前程序,识别这些程序是否需要或如何改变系统的实现方式

在心理学中也表明,可以对多个模式分配特定量的注意力[5-7]。人类可以在不同的模式(如听觉和视觉)、处理编码(如空间和语言)和处理阶段(如感知、认知和响应)之间有效地分配注意力。例如,专注于做数学作业时听带歌词的音乐比读一本小说时听带歌词的音乐更容易。阅读一本小说以及理解歌词所需的语言资源需求重叠,可能会导致或者需要重新阅读小说的部分内容或者需要学会忽略音乐。同样地,驾驶者在熟悉的道路上驾驶的同时进行对话(需要很少的感知和认知资源,但主要是响应资源)比它正在一个陌生的城市或路段中驾驶的同时进行对话更容易,后者可能会使感知和认知资源超载。

记忆是另一个具有局限性的能力,但如果以正确的方式使用,它也是一种

非凡的能力。对于短期记忆,普通人能够记忆 7±2 个无关联且独立的记忆项目[8]。但记忆挑战的专家有能力记住特定顺序的数百个不相关的项目[9]。对相关联项目进行记忆会更容易[10]。这种利用专业知识来扩展知识容量的能力对于复杂系统的操作员来说特别重要,如飞行员和空中交通管制员,他们必须记住数百页的程序和标准,才能在对时间敏感的环境中执行他们的日常活动。一旦信息通过实践成功地从短期记忆转变为长期记忆或信息含有特殊意义,这个记忆就可以伴随人的一生。但是,即使是长期记忆也会衰退[2]。因此,定期复习关键信息变得非常重要。

大多数信息处理强度都在认知处理能力之内。需要大量的时间和篇幅来讨论认知处理。但本章重点将放在认知处理中的自下而上与自上而下的处理过程。婴儿和在陌生环境下的人几乎完全使用自下而上的处理方式。在自下而上的处理过程中,需要注意环境的显著特征,并对这些突出特征进行感知[11]。"这里发生了什么?"是自下而上处理的普遍问题。随着儿童和成人在环境中获取知识,他们在记忆中留存下的经验有助于这个感知创造的过程。自上而下处理允许人类开始搜索信息以确认或否定关于环境中所发生事情的假设[12-13]。自上而下的处理中普遍问题是"我认为这是什么?"。这里给出一组情景,有三个灯,一个红色、一个黄色和一个绿色,三个灯竖着叠在一起,大多数成年人可以做出假设:"哦,这是一个交通灯。当我在路上时,我需要注意交通信号灯的颜色。红色表示停止,绿色意味着通行,黄色警告红灯即将亮起。"在更复杂的环境中,当系统的某些状态与显示器或控制台上信息的某些时间模式相关联时,会发生自上向下的处理。例如,根据所负责的区域内两部雷达的扫描信息,经验丰富的空中交通管制员可以检测是否存在任何潜在的违规分离行为。

12.1.2 自然的决策

一旦信息被处理和理解,人类就会对环境做出反应。决策领域有两种建模方式:经典决策理论(给出"应该"如何做出决策的规范模型)和自然决策(给出人"实际"是如何做出决策的描述性模型)[14]。经典决策对可能选择的决策的效用进行定量评估(见第 3 章和文献[15])。虽然这是一个合理的、公平的决策手段,但现实是人没有使用具体的值来计算某一等式,也可能没有时间获取信息或认知资源来执行此过程。

然而,决策的描述性模型确定了人类实际的决策方式。满意度是一种常用的方法,人类不会去评估所有的潜在选择,而是做出"足够好"的选择[16]。在选取替代飞行路线时,飞行员不会列出所有可能的飞行计划,然后逐个评估它们,而可能会选择与原来不受天气影响时选择的航线偏差最小的那个路线,即使这个选择可能不是"最佳"飞行路线。

Kahneman、Slovic 和 Tversky 给出了多个启发式算法以简化决策过程[17]。"可用性"启发算法表明人类会偏向于最近做过的选择或最常见的选择;"代表性"启发算法表明人类做出的选择应与其他选择具有类似属性。"锚定"启发式算法表明初始数值估计将提供初始"锚点",并使任何随后的估计偏离初始估计。这些启发式算法(和其他[2])能够减少日常及更复杂情况下工作记忆和认知处理的负担。然而,这些启发式方法具有人类决策的缺点,产生的选择极可能为"次优"。但对人类来说,这种决策过程有效且结果"足够好"。

生成人类决策描述性模型的科学家对消防、航空、医学和作战等各领域专家的决策开展了广泛研究。他们的典型决策是在以下条件下做出的:时间压力、高风险、长时间的训练、不足的信息、变化的条件和团队协作[18]。其中一位专家对决策过程的最具启发性的声明是:"我不做决定。我不记得我什么时候做过决定[19]。"换句话说,对专家而言,有一个选择是显而易见的,成千上万类似的经验指出该选择会成功。这种模式将以前的类似经验与特定情境相关联,快速准确地产生一个令人满意的选择,称为认知主导决策(Recognition-Primed Decision Making)。

认知主导决策建立在专家思维模型之上,是具有丰富经验的系统。思维模型代表着一种实际系统,允许人类从环境中获取信息,并预测未来情况的演变[20-21]。消防队员具有火势在不同类型建筑中蔓延发展的思维模型;天气预报员具有对流运动(雷暴)发展和衰减的思维模型;飞行员具有飞机对不同控制响应的思维模型。这些思维模型必须足够简单,以允许专家能够快速处理不同输入。然而,他们必须足够详细充分地描述系统的复杂性,这些模型也必须能够推广到类似的情况。例如,有在波音飞机上飞行经验的飞行员可以使用他的思维模型来预测空客飞机将如何对控制作出反应(在某些情况下,这种思维模式预测成功率更高)。凭借经验,专家确定思维模型的哪些部分是正确预测的关键,哪些是可以被放弃的,从而降低工作量。

还有一种简化方法可确保认知处理的工作量是可管理的,即使用上下文结构来约束情况的可能结果。结构被定义为系统功能的共享知识,它可以限制系统的状态演变[22-23]。这种结构可以是系统的固有属性,例如波音 737 飞机的最大上升剖面。这种结构也可以是人工施加的,如进出纽约地铁机场的出入程序。通过了解这种结构,飞行员会知道飞机在一分钟内不能飞达 30 000 ft。空中交通管制员知道,如果遵守(和符合)飞离纽约 LaGuardia 机场的出发程序,那么这架飞机不会违反任何到达或离开纽瓦克或肯尼迪国际机场的起飞限制。关于系统结构的知识对于预测系统的演变和消除不可能的结果以及节省认知资源都起着重要的作用。

12.2 设计中人为因素的考量

前面描述了人类表现出来的许多能力和限制。这部分将讨论这些能力和限制给系统设计带来的影响。一系列关于可信度、信息不确定度、长时间决策制定这些问题在设计中的考量见表 12.2。

表 12.2 一系列关于可信度、信息不确定度、长时间决策制定这些问题在设计中的考量

信任
① 如果可能,在设计系统时传达系统限制的阈值(如显示阈值);   ② 设计一个系统来传达这个系统的思维模型给那些与系统起着相同作用的操作者;   ③ 如果这个操作者能够在决策过程中运用系统的可靠性和置信度的数据,就把这些信息提供给他;   ④ 让操作者对决策支持的准确性给出反馈来建立系统的信任;   ⑤ 确保操作者在系统中的角色适合人来做,且不会导致操作者承受不必要的疲劳或压力
确定度和不确定度
① 尝试提供可靠的信息;   ② 提供稳定的信息和建议避免在决策制定过程中由于信息和建议的不断变化而对用户产生的阻碍;   ③ 如果操作者能够处理这些信息,显示决策建议背后的理由;   ④ 当系统的建议不确定时,提供补充信息来帮助操作者进行动作方针的制定
大时间尺度上的决策
① 确定错误的决策建议,以在决策时间内为操作者提供特定的动作;   ② 了解操作者对于每个行为的不确定度的可接受程度;   ③ 确定完成每个行为的最小的时间;   ④ 在可接受的决策空间内给操作者提供信息和决策支撑建议;   ④ 用如何动作、何时动作以及信息何时改变(需要重新评估动作)来回答操作者的问题:"哪个行为最好?""我应该等吗?"以及"何时我该再次寻求建议?"

12.2.1 决策逻辑的可信度和价值

在这个领域部署一个决策支持系统时,需要解决的首要问题便是确保用户能信任这个系统提供的信息和建议[24-25]。这里所说的信任是从 Muir[25] 那里有选择地改编而来的。信任度是指一个系统成员所持有的对系统另一成员在可靠性和技术能力方面的期望,它与对质量的客观度量有关,但不一定与其相同。"可靠性"是指系统的一致性与可预测的性能。"技术能力"是指那个成员执行带有特定约束条件的功能的能力。信任度并不直接代表这些质量,这意味着基于人类对这些属性的感知有所差异,这种差异可能会引起偏差。这些偏差可能产生于上文中所提及的先天认知处理能力的限制、缺少足够的信息来精确地感知技术能力和可靠性,或是"有意的信任偏差"。当一个人要么因对自身能力产生焦虑而对系统过度信任,要么因对系统自动化存在的意义产生误解或担心被系统替代而产生对系统的不信任感,这些都会导致有意的信任误差[24]。其他的信任误差将在这部分之后予以讨论。

在决策支持系统中建立适当的信任所需要的两方面内容是:

① 对系统能力(以及这些能力的局限性)的了解;

② 关于信息可靠性以及系统所提供建议的相关知识。

一些由简洁算法组成的决策支撑系统十分简单。对于这些系统,只要算法的运行正确,那么输出的可靠性是能够直接并且很容易确认的。更重要的是,人可以将其嵌入到一个高度综合的思维模型系统中。简单决策逻辑的好处就是用户能够充分地吸收该决策逻辑,在系统功能的限制下可以提供准确的预测和阐述。例如,在波音 767 的水平状态指示器上,用一个"弧线"就提供了一个简单的指示,指出飞机能够使用线性外推法预计到达的水平高度(图 12.1)。这个逻辑没有考虑飞行员的意图,可能已经输入飞行管理系统,且可能与外推位置有偏差。这个弧线所具有的局限性马上就会被飞行员接受和补偿。在模拟测试中,飞行员可以改变飞机的俯仰、观测弧线如何随输入改变位置来试验弧线的功能。对某些操作的上百次响应足以让飞行员通过反馈了解弧线的功能及其约束条件。

然而,需要大量专业知识的动态决策支持系统是非常复杂的。由于系统的性质和一些潜在的不可预知的突发情况,因此确定这些系统的可靠性是非常困难的。基于第一部分所讨论的人类记忆力和认知处理过程的局限性,即使是一个专家级的用户也不能对这种系统的复杂程度有完整的认识。在这些系统中,一个好的思维模型需要能够提供不同层级的细节。这个思维模型所要求呈现细节的程度通常需要在决策支持系统的用户、训练者和设计者之间反复衡量。对一个系统的训练过少会生成一个细节较少的思维模型,不能充分满足用户对预测系统行为的需要,进而导致对系统失信。然而,对于系统冗长多余的训练,可能在训练过程中会失去用户对系统的关注,或者超过用户的理解能力。此外,决策支持系统的主要功能会淹没在一系列不那么重要的细节中。

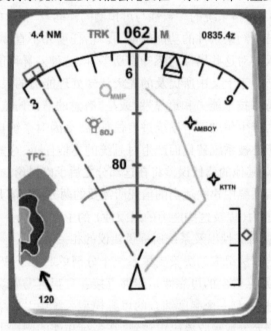

图12.1　波音767的水平态势指示器

决策支持系统能够展示一种特定的客观可靠性和技术能力。就像定义中描述的那样,还有一个感知因素对信任度有影响,它可能会导致系统信任度的偏差,从而不能反映系统属性的客观情况。这些偏差包括不信任、自满、滥用以及有意偏差[24-25]。

当一个用户对于决策支持系统没有(或者很少有)预先了解,并且作为一个操作者,对其能力也没有足够的自信时,就会发生偏差。对信任的校准如图12.2所示,将客观的技术能力和系统可靠性结合,会得到参数"可信赖度"。绘制信任关于可信赖度的函数图像,一个客观的用户对系统的信任是随着可信赖度的增大而增大的,呈对角线样式。当用户的真实信任度偏离这个对角线时,任意方向的偏离都代表了一种特定形式的偏差。

第 12 章 人机自动化集成

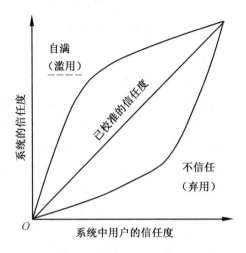

图 12.2 对信任的校准

如果用户的信任度在对角线之下,那么系统中存在一定程度的"不信任(弃用)"。怀疑被定义为"对自动化的忽略或者利用不足"。[24]当决策支持系统出现太多的错误警告时,就会使用户走向对决策支持系统利用不足的方向。

如果用户的信任度高于对角线,那么用户就会有"自满"(或"滥用"决策支持)的趋势。自满被定义为"对自动化的过度依赖,它会导致监视失败或判定产生偏差"。[24]当决策系统有一个被证明的性能良好的记录时,该偏差就会发生。当一个决策支持系统连续给用户提供准确的建议,用户就会减少认知的工作量,这样就不能准确权衡系统提供的建议。系统不能提供准确的建议,并且系统不能为用户提供足够的反馈来测试时,自满也会发生[26]。

对决策支持系统的"滥用"会呈现多种的形式。常被拿来讨论的一种形式就是当设计者令一个功能过度自动化时,使用者则认为是一个监控的角色。当自动化运行良好时,使用者的角色会变得很无聊,他会为了要保持高度的警觉而承受很大的压力[27]。当使用者开始为了非计划中的目的使用这个系统时,另一种自动化的滥用就会出现。有时候这些非计划用途是具有创新性和实用性的,它们扩大了该系统技术能力的局限性,而系统在这些领域的作用是在设计者计划之外的。一个关于系统非计划用途的有趣例子就是 M－PESA 系统,它是一个基于手机的转账服务,旨在提供简单的移动手机支付功能。然而,由于在一些非洲国家,银行系统是很不稳定的,如在肯尼亚,M－PESA 系统变成了某种特定的银行系统,因此用户对于在这个系统中存钱的信任度要高于国家的银行机构。很快,问题就出现了,那就是客户的信息保护。这并不是该系统预期需要的功能,该功能应由银行转账系统实现。

12.2.2 对于不同等级的确定度的设计

为设计一个决策支持系统,考虑到人工处理问题的能力和局限性,需要权衡为决策提供的信息和建议,可能需要迭代这个设计过程。为了校正决策支持系统中用户的信任度,设计者需要确定平衡的水平和信息的类型。在这个部分中,将会为不同的决策支持确定性水平提供所需考虑的因素。

当决策支持系统有一个明确的答案时,它应该提供如下信息和建议。

(1) 关于决策方面的信息和建议。在设计一个决策支持算法时,设计者通常会考虑需要解决的问题所包含的信息,而不一定需要用户理解这些信息。一旦决策支持系统产生了信息和建议,设计者就需要认真地把它们翻译成连贯的术语。例如,在航空天气决策支持系统的设计过程中,设计者就需要关心如何预报天气。然而,给航空交通的控制者提供当前甚至未来天气状况都是不够的。为了真正地使天气信息符合"决策支持"的定义,天气信息需要被转换成操作者需要的建议。比起"现在天气怎么样?接下来呢?"这些问题的答案,航空管理者更需要"我需要因为天气原因关闭出发线路吗?如果需要的话,什么时候关闭呢?"这样的问题的答案。

(2) 及时的信息和建议。同理,当系统提供信息和建议时,它应该在合适的时间提供。一些决定在实施之前的几个小时内做出就行,而其他的决策可能是时延敏感的,用户可能只有极短的反应时间。

(3) 可靠的信息和建议。系统的可靠性是建立用户对系统信任的关键。在系统投入使用前,需要在多种情况下评估它的可靠性。

(4) 经常查看信息或建议的可信度。为使设计者适当地校准决策支持系统的可信度,系统可信度必须经常性地传达给用户。无论建议有没有被实施,设计者都不仅要提供在不同场景下信息和建议的可靠度,还需要提供系统的运行反馈。

(5) 决策支持建议背后的原理。一些决策支持系统擅长在大时间尺度上的决策制定,从而有时间提供更多的关于决策支持信息或者建议的额外信息。尽管在信息过量和信息缺失之间需要取得平衡,一些研究还是表明提供决策支持建议背后的原理能够使用户更好地理解决策支持,提高对于系统的信任度。

当设计一个利用不确定信息的决策支持系统,但是这些信息又会起到作用时,必须考虑一些额外的因素。这时需要提供不确定信息的置信度,并且还需要提供一些额外信息,以帮助用户理解那些决策支持工具找到不确定性的信息。用路径可用性规划工具(RAPT),即一个关于航空天气的空中交通管理的决策支持工具作为处理不确定信息的例子。

对流天气下用于空中交通管理的路径可用性规划工具如图 12.3 所示,RAPT 是一个帮助空中交通管理者确定出发路线是否受天气影响的工具。这个系统还能帮助他们确认有哪些替代路线不受影响。RAPT 通过给未来 30 min 内每隔 5 min 的出发路径分配不同的颜色来给空中交通管理者提供决策辅助:"红色"(受阻塞)、"黄色"(受影响)、"深绿色"(遇到不良天气)、"绿色"(无影响)。这些状态是通过结合来自空中走廊综合天气系统(CIWS)确定的天气预报和一个包含出发空域模型的路径阻塞算法来决定的。这个路径阻塞模型计算了在出发路径的前 45 min 内天气对路径影响的程度。这个工具中的不确定性不仅来自于天气预报的准确性,还来自于飞行员是否有穿越不同天气状况的能力。当考虑天气阻塞空域的程度时,算法信任度的问题就产生了。在 RAPT 的原型设计工作中(从 2003 年以来一直在进行),对算法做出调整以使 RAPT 提供给空中交通管理者的信息符合空管模型。同时,还做了一些对工具能力有影响的定量的调整,从而提高了在对流天气(雷暴)下的飞行能力[28]。

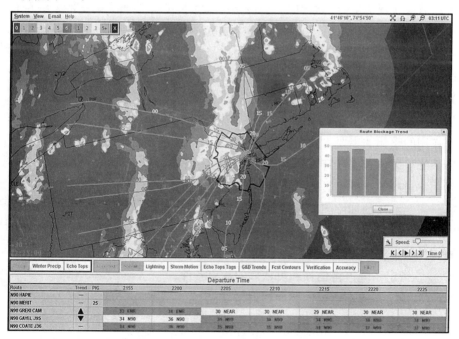

图 12.3　对流天气下用于空中交通管理的路径可用性规划工具(见彩图)

对于 RAPT 的纽约原型，当信息相当确定时，决策就会显示"绿色"和"红色"；当存在不确定性时，就把出发路线状态标记为"黄色"。这样会导致在对流天气下会有相当多的"黄色"建议。设计者通过训练用户在黄色状态下寻找更多相关信息来解决这个问题。空中交通管理者在"黄色"状况下找到的信息包含了关于波动性、范围、严重性、地理分布和天气所影响的位置等[29]。这些信息显示在图中所示的弹出窗口中，它显示了过去阻塞状态信息和在该出发路线上的风暴高度。风暴高度是很重要的指标，因为雷暴有一个出现－消失的周期，其中"回波顶"高度是一个标志。除了这些信息，空中交通管理者还可以参考 RAPT 时间线上方的 CIWS 天气图，这个天气图提供了风暴的地理位置和风暴"类型"（如一个可预测的前方对流或者不可预测的"爆米花"型对流）的预测。通过使用 RAPT 提供的阻塞建议之外的信息，空中交通管理者可以利用自己的判断来决定是否以及何时开启或关闭出发路线，从而充分利用可用空域容量。

当决策支持系统提供误导性信息或不良建议时，问题就来了。在解释不确定信息和现实生活中意料之外的复杂性之间，没有哪个决策支持系统总是正确的。基于这一点，系统的另外一个成员——人类用户对维持整个系统的功能就很关键。在整个设计过程中，对决策支持系统设计者来说，考虑人在系统中的角色是很必要的。为了确保当决策支持运行错误时人能够参与进来，并且有能力推翻或者补充决策支持系统，使用者无论在正确还是错误时都必须是一个积极的角色。对设计者来说，让用户跟决策支持和环境作为一个相互作用的整体的主要方法是提供对决策支持系统的训练。训练通常在决策支持系统安装或者用户有资格胜任这个职位的时候提供。偶尔，反复训练会更新用户对决策支持工具微妙之处的记忆。

需要解决的训练问题包括以下几点：

① 在用户决策制定的过程中，指定决策支持系统扮演的角色，用领域内特定的数据和术语概述基于场景的实例；

② 指定系统值得信赖和可依靠的约束条件；

③ 指定系统不值得信赖的约束条件；

④ 在系统不值得信赖的场合下，提供给用户预期条件下应做什么的指示。

应该明确规定决策支持系统及其用户对系统功能的责任划分。当新的工具和方法可以最好地融入到自然决策过程中时，在实时现场使用过程中，可以非常好地沟通这些信息。或者,异常情况最好在模拟场景中得到解决。至少,使用实测数据和术语的以往实例应该被应用于交互界面来实现人和自动决策系统角色之间的沟通。

训练对于交流决策支持系统的能力也是很有必要的。能力不仅包括决策支持工具的"按钮",还应该包括来自决策支持系统的信息和建议是如何影响运行中的决策的。并且,这些信息应该在上下文中通过场景传达,从而提高训练向操作决策制定的转化。场景能够帮助用户快速准确的建立系统关键部分的思维模型,从中用户能够推测其行为,因此能够快速建立对系统的信任。

同理,训练也应该解决决策支持系统能力的局限性。这些能力应该呈现给用户,同时还应该提供决策制定局限性影响下应如何操作的指示。从RAPT例子中可以看出,天气预报的主要局限之一就是对于"爆米花"对流的预报没有那些对于大的、可预测的前锋预测可靠。在训练中,应该提倡空中交通管理者使用强大的交通管理规划策略(如在不同的天气状况下,分类出可行但可能不是最佳的路线)来应对不可预测的爆米花对流型天气。如果用户知道那是一个"爆米花"对流,那么就会谨慎地减少穿越受影响区域的需求,进而应对可能出现的弹出容量的降低。

12.2.3 大时间尺度上的支持决策

在一些需要给出支持的决策中,决策制定者有几个小时甚至几天的时间来搜集信息然后实施,所提供信息的不确定性会在决策空间内发生显著变化。本节将构建对信息不确定性和大时间尺度决策制定之间关系的理解。

我所拥有的信息、所提供的最佳行为或者策略是什么?我应该现在做一个决定还是最好等等再做决定?我什么时候应该重新审视过去的决策然后更新策略?这三个问题对于许多大时间尺度的决策问题来说是至关重要的。为了解决这三个在决策制定、程序和决策支持中关键的问题,需要考虑两个关键方面:预测信息质量和逐步决策。预测信息质量定义为规划的实际约束和世界按照决策制定者预期方向发展的似然。这个预测应该用实际操作决策制定的不确定度来表述。因为许多复杂系统有一个随机的因素,信息以某种固定频率变化,所以要求用户逐步重新审视基于预测而作出决策。

选择要预测的变量是问题的关键因素,这个变量应该是决策相关且能被用户直接得到的。为了更高效地使用预测信息,决策制定者应该理解预测的信息以及它在预测范围内的质量。特别地,决策制定者应该掌握关于预测错误、偏差和波动大小及其符号的信息。图12.4所示为不确定度随着预测范围的变化曲线,预测不确定度、预测基准、可接受风险以及t_{impact}时预测策略实现的范围等因素之间的相互作用。

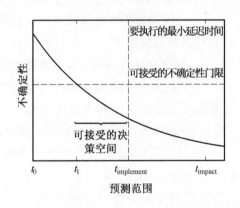

图12.4　不确定度随着预测范围的变化曲线

t_{impact}是指预计碰撞的时间点;$t_{implement}$是指一个行为或者策略被实施的最新时间。举个例子,在人群中突然爆发的突发性疾病会被公共卫生部门在一个特殊的时刻(t_{impact})宣布。卫生部门会监视这些事件是因为公共卫生部门可以采取动作来预防或减少这些事件的影响,如通过向当地医院分发疫苗或向公众发布健康警报。一些动作,如一封公共健康警报的电子邮件可以在几个小时内产生影响,所以它的$t_{implement}$接近t_{impact}。然而,另一些动作,如疫苗研制和分发,需要花费几个月的时间才能起作用,所以它的$t_{implement}$远离t_{impact}。决策制定者对信息采取动作的最早的时刻定义为t_1,这个时间在人与人之间以及同一个人不同的决策和决策之间有很大不同。例如,一个有着30年经验的公共卫生部门官员对于信息的不确定性的可接受程度比一个刚毕业的流行病学家更高。公共卫生部门官员对于发布一个公共卫生警报决策的不确定性的可接受程度会比对于关闭一所学校的决策建议要高。

一个复杂系统中的决策制定者经常会有解决同一个问题的多种潜在策略。为了试图确定最好的策略("哪个是最好的?"),首要需要考虑的方面就是预测误差(相对于事实)。如果预测误差不会影响决策者选择A还是选择B(即在预测范围内不确定性是相似的),那么无论它行为的其他特性如何,都足以使用预测进行评估。然而,如果预测误差会导致错误的决策选择从而引起显著的风险(即在预测期间某个时间点的某个决策的不确定性更大),那么进一步将预测行为特征化就是有必要的。风险的大小取决于从较差的决策中恢复原状所需的代价。

如果因预测误差过大而导致好决策的似然不可接受,那么下一步应该考虑预测可能随时间而改进("我应该等待吗?")。在图12.4中,t_0时刻预测的不确定性太高,无法提供良好的决策建议。然而,不确定性曲线的斜率表明,预测的不确定性会迅速下降。因为最近需要动作的时间$t_{implement}$还相当遥远,所以最好推迟做决定。到t_1时刻,不确定性已经下降到可接受的水平,并且决策者具有做出决定所需的预测信息和精度。只要时间尚未达到$t_{implement}$,决策者就可以继续等待一段时间,只是为了"更加确定性的决策"。

注意,根据具体情况的不同,不确定性的可接受度(阀值)可能会在操作中发生变化。例如,学生的颈部疼痛通常不会让大学医生警告公众小心健康风险。然而,如果医生知道校园里发生脑膜炎,那么他的不确定性的阈值可能会降低,他可能会下令为疾病做一些测试,并"正视"公众健康风险。类似地,根据决定,实施策略的最小滞后时间对于不同的动作和策略是不同的,或者针对同一动作的不同实施范围也是不同的(如发布城市内公共健康警报而不是整个国家的)。最后,当决策时间延长时,不确定性的下降可以让等待带来益处(如果有)。对于不确定性迅速下降的曲线区域,等待对做出正确决策是非常有益的。如果决策空间位于曲线斜率接近平坦的区域上,则此时等待对做出决定没有益处(以及显著的潜在损失)。

解决所有三个问题(哪个策略? 我要等待吗? 我什么时候重新确定推荐的策略?)的另一个需要考虑的因素是预测的波动性。低波动的预测会给予用户信心,下一次预测将类似于上一次预测,从而为决策提供稳定策略。如果因预测过程的潜在不可预测性(如高动态和迅速变化的对流天气)而导致预报不稳定,那么决策者需要知道这些过程本质上是不可预测的,较短的规划时间和频繁的调整是必要的。然而,常规或过度波动的预测(如设计不当或过度精确的预测模型)会削弱用户的信心并且其预测对决策者来说几乎没有价值。

在某些情况下,环境中关键变量的预测精度可能无法接受。随着时间的推移和情况的发展,初始决策可能不总是最佳决策。因此,需要进行渐进式决策。

渐进式决策定义为定期重新审视信息,并在战略决策适用时调整决策来更新信息。这种类型的决策涉及通过确保有多个决策在随后的操作时间内可用来做出预期需要的强有力的战略决策;重新审视更新的信息来做出的决策。渐进决策的程序和决策支持必须考虑到未来的战略和战术调整(即在预测时间范围内的不同点都有可用的决策)以及识别一步步预测中操作上重要变化的能力。军事决策文献中称为"综合规划"的类似概念强调了重新审视"设计""概念"的重要性,以减少军事规划早期阶段的潜在不确定性[30]。Davison Reynolds 等讨论如何将一个渐进的决策框架应用于空中交通管理系统[31]。

12.3 实现的系统级视角

实现有效的决策支持系统是一个迭代过程(图 12.5)。理想情况下,决策支持设计应从现场观测和分析操作数据开始,以了解用户的操作和角色。设计者对操作、用户和约束进行理解,从而形成操作模型。对于这个操作模型,可能出现对决策支持的需求并定义需求。接着进行决策支持设计和开发,产生一个算法、一个人机界面(HMI)和训练。将决策支持落实到环境中会影响操作,然后可以通过操作数据分析和现场观测来衡量决策支持的效果。本节将概述设计过程的每个阶段。有效系统实施的设计考虑因素见表 12.3。

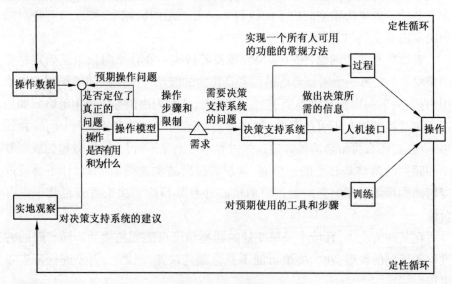

图 12.5　人为系统发展过程

表 12.3　有效系统实施的设计考虑因素

人机界面

① 将作出的决定和动作的方式显示信息或建议；
② 使用显示器来帮助传达决策支持逻辑的精确(简化)思维模型,以促进操作者对系统的信任及与系统适当地交互；
③ 及时提供信息以帮助作出决定；
④ 确保文本字体和颜色对操作员可读[32]；
⑤ 避免操作员接受到的信息是杂乱的或与决策不相关的；
⑥ 测试 HMI 在操作环境中的可理解性和可用性,以解决不可预见的情况(如噪声水平、亮度、暗度)

训练

① 指定决策支持系统在操作员的决策过程中的作用,概述基于场景的实例并使用领域内特定的数据和术语；
② 如果可能,具体说明设计者希望决策支持具有的益处,以及操作员如何帮助实现该目标；
③ 为操作员具体和切实地传达系统的能力和局限；
④ 提供操作员在系统超出其极限操作时应该做什么的指示。

程序

① 考虑当前程序如何减轻操作员的认知负荷；
② 如果可能,设计程序以维持和优化操作者的认知负荷；
③ 确保操作员按设计意图使用系统,设计程序通过 HMI 将要呈现的信息映射到预期的动作,通过在设计和训练过程中明确程序的作用,人类的响应会更好地被预测

测量系统的有效性

① 确定可以识别决策支持系统是否成功的关键指标；
② 制定一个关于决策支持将如何影响这个指标的假设；
③ 实施 Beta 系统,以获得数据来评估是否实现了预期效益；
④ 使用可观测的数据来分析系统为什么没有实现期望的效益

组织影响

① 识别操作域的目标；
② 识别操作者组织动机:什么是奖励和什么是谴责；
③ 考虑领域中的激励措施如何影响决策支持系统的使用,以及如何影响操作员对决策支持系统所提建议的可接受性和信任度

12.3.1 接口、训练和程序

当设计一个决策支持工具时,通常有一个核心思想,即该系统至少满足功能性的决策支持需求。该要求基于包括人员、操作、过程和约束条件的系统整体操作模型。一旦确定了决策支持的需求,则该需求就被转换为决策支持系统的设计。可以将决策支持系统的定义扩展,提供的决策支持可以包括由 HMI 人机界面支持的技术算法、新程序、新的或修改后的训练,或这三个项目的某种组合。决策支持系统的有效实施方式(工具、程序、训练)将作为影响操作系统的关键变量,从而对操作产生益处。

12.3.2 测量决策支持的有效性

设计过程的关键是确保决策支持系统在运行过程中实际上获得效益并产生影响。因此,设计师有责任回到现场并评估决策支持工具所具有的效力。这种衡量过程必须是定量和定性的。定量方面,应该收集改进后的决策所产生的操作数据。例如,如果正在设计的决策支持系统是机载交通防撞系统,那么就应该搜集关于机载碰撞、危险接近、一般分离的运行数据。设计系统时应包括一个假设:"如果飞行员有一个系统来帮助他知道什么时候碰撞即将发生并提出如何避免的建议,那么应该会减少事故、危险接近和空中违规分离行为的发生。"这一假设作为图 12.5 中"预期操作问题"的输入。实施决策支持系统并随后测量操作数据,使设计师能够测试这个假设。操作数据应该最终揭示设计者做出的这个假设是否是正确的(即"问题是否能体现真正存在的问题?",图 12.5)。如果操作数据显示实施的决策支持实际上能够减少事故、接近失误和违规分离行为,并使其达到期望的程度,那么设计师可以认为设计是成功的。但是,原始决策支持很少能实现其目标效益。

决策支持不成功的一个原因是设计者假设错误,所认定的问题不是真问题。搜集操作数据可以帮助纠正这个问题。例如,就 RAPT 决策支持工具而言,设计人员最初认为,运营问题是帮助交通管理人员知道雷暴期间何时关闭出发路线。在广泛的分析和思考之后,设计了对交通管理员的训练:如何解释 RAPT 各路线的模式以及对封闭出发路线意味着什么。但是,即使经过深入的训练和业务评估,该工具在恶劣天气条件下也几乎没有改进。

设计者再次分析并重新考虑测量到的数据。这时,他们发现大多数不必要的延迟并不是由交通管理员在错误的时间关闭路线造成的,而是打开路线的时间太晚了,风暴早已经过去了。这一发现让设计师们感到有些震惊。交通管理者忽视了这个简单的提示,即当 RAPT 显示屏上的路线是绿色时,就可以打开出发路线。一旦操作数据揭示真正的问题是什么,设计师就可以修正决策支持系统。他们调整了 RAPT 的显示,使之包括"绿色影响消失"(PIG)计时器,一旦红色的路线变成全绿色,就开始计时。此 HMI 的调整允许交通管理者知晓他们是否或什么时候错过了一个打开路线的机会。

  设计师配合这一 HMI 调整,修改了训练,包括向交通管理员提供他们没有尽快开放路线的统计数据,为 PIG 计时器的推广提供了动力。接下来一年,使用 RAPT 工具的收益比前一年增加了一倍,达到了预期的运行效果。

  决策支持不成功的另一个原因可能是设计者的假设是正确的,但是决策支持没有达到目标,需要对操作环境进行定性衡量以更好地理解这一点。在决策支持使用(或未使用)期间,也可以从用户那里收集关于决策支持效用的大量信息。在操作环境中,用户能够直接指出为什么决策有帮助或没有帮助。决策支持的布置、字体大小和照明等问题在操作环境中变得清晰明了。如果满足了这些基本需要,那么用户可能会指出更细微的问题,如提供的信息不完全是他们做出决定所需要的,或者当决策支持运行良好时,这个用户根本不需要做出决策。在 RAPT 评估过程中进行现场研究时,设计者最初向交通管理部门的交通管理者提供了 RAPT。在评估期间,发现了交通管理人员可以使用 RAPT 工具,决定何时应该打开路线,但负责分离飞机航线的空中交通管制员的个别部门却无法使用 RAPT 工具,因此将拒绝开放这条路线。各部门都开始使用 RAPT 时,RAPT 才开始影响决策过程。

  这些实例中的每一个都描述了图 12.5 中的迭代测量反馈回路。顶部的定量循环对操作数据的收益进行分析。这种数据分析通常采用收益分析的形式,允许设计者通过决策支持系统获得操作收益。通常,测量过程中最困难的部分是确定衡量操作收益的指标。第二个循环是定性循环。定性反馈可以通过调查、正式访谈或最好是在操作中对用户进行现场实地观察来收集。在用户提供为什么决策支持无法工作的原因时,反馈是有用的。定性反馈还为用户提供了一个机会,向设计者提出自己对决策支持系统的想法,当它来源于对作为一个系统的操作具有广泛视角的"超级用户"时,这可能是非常有洞察力的。由于每个决策支持系统的评估收集更多的定量和定性数据,因此有机会更好地将决策支持系统变为想要实现的系统。新的信息更新了操作模型,这对于在未来迭代中改进设计来说至关重要。

12.3.3 对系统有效性的组织影响

  上述反馈回路在以效益为主要驱动力的系统中工作最佳。FAA 是这种系统的一个例子,至少已经在论文、研究和采办计划方面得到了提升,将为空域系统提供既定的效率或安全效益。

然而,系统的各元素是它们所在组织的产物。除了优化系统整体功能,还可以通过其他方法来驱动用户。这些其他方法可能是个人动机,但往往是组织激励。例如,典型的为 FAA 工作的交通管理员有动机通过其设备来调整路线需求,以在任何给定时间内优化可用容量。如果需求太高,同一部门的空中交通管制员将不堪重负,并且完全停止交通量(也许在此过程中会对交通管理者很生气)。如果需求降得太低,远远低于容量,那么设施在第二天可能会从空中交通管制系统指挥中心或其他设施处收到驳回信号。交通管理员的动机是有效平衡他或她自己设施的需求和能力,这是表面上的激励意识。然而,必须考虑航空系统不是由空中交通的各"孤立岛屿"组成的,而是一个系统,其中每个设施的需求和能力会影响其他设施。交通管理者的激励仅仅是基于自己设施的需求和能力,并不影响其他设施的决策。因此,当寻求优化整个空域的空中交通时,考虑激励会成为有效实施解决方案的一个重要制约因素。考虑组织对操作用户行为的影响可以促进设计人员设计出高度成熟的操作模式,而这种努力可以产生更好的决策支持。

12.4 小 结

本章讨论了几种方法帮助设计者考虑人类能力和决策支持的局限,以框架的方式提供了一种系统方法来支撑有效的迭代设计方法,除了设计工作之外,它还包含了训练和系统测量。信任的概念被认为是算法设计和可接受性的关键组成部分。最后,指出理解自然环境下决策问题的重要性及其所有的制约因素和不确定性可以彻底改变设计方法和对不同问题的考虑方式。

总之,最好的建议是在设计决策支持系统之前作出齐心协力的努力,以真正理解设计所涉及的问题、上下文和其中的人。这种理解将会区别真正提供决策支持的系统和对操作形成障碍或根本无法使用的那些系统。

参 考 文 献

1. B. Crandall,G. A. Klein,and R. R. Hoffman,Working Minds:A Practitioner's Guide to Cognitive Task Analysis. Cambridge,MA:MIT Press,2006.

2. C. D. Wickens,J. G. Hollands,and R. Parasuraman,Engineering Psychology and Human Performance,4th ed. Boston:Harper Collins,2013.

3. C. D. Wickens,S. E. Gordon,and Y. Liu,An Introduction to Human

Factors Engineering. New York: Longman, 1998.

4. P. L. Wachtel, "Conceptions of Broad and Narrow Attention," Psychological Bulletin, vol. 68, no. 6, pp. 417-429, 1967. doi: 10.1037/h0025186.

5. D. Navon and D. Gopher, "On the Economy of the Human-Processing Systems," Psychological Review, vol. 86, no. 3, pp. 214-255, 1979. doi: 10.1037/0033-295 X. 86. 3. 214.

6. C. D. Wickens, "The Structure of Attentional Resources," in Attention and Performance VIII, R. Nickerson, ed., New York: Erlbaum, 1980.

7. ——, "Processing Resources in Attention," in Varieties of Attention, R. Parasuraman and R. Davies, eds., Orlando, FL: Academic Press, 1984.

8. G. A. Miller, "The Magical Number Seven Plus or Minus Two: Some Limits on Our Capacity for Processing Information," Psychological Review, vol. 63, no. 2, pp. 81-97, 1956. doi: 10.1037/h0043158.

9. W. G. Chase and A. Ericsson, "Skilled Memory," in Cognitive Skills and Their Acquisition, S. A. Anderson, ed., New York: Erlbaum, 1981.

10. W. G. Chase and H. A. Simon, "The Mind's Eye in Chess," in Visual Information Processing, W. G. Chase, ed., New York: Academic Press, 1973.

11. J. R. Anderson, Cognitive Psychology, 4th ed. London: W. H. Freeman, 1995.

12. D. E. Broadbent, "Language and Ergonomics," Applied Ergonomics, vol. 8, no. 1, pp. 15-18, 1977. doi: 10.1016/0003-6870(77)90111-9.

13. P. H. Lindsay and D. A. Norman, Human Information Processing. New York: Academic Press, 1972.

14. I. L. Janis and L. Mann, Decision Making: A Psychological Analysis of Conflict, Choice and Commitment. New York: Free Press, 1977.

15. L. B. Beach and R. Lipshitz, "Why Classical Decision Theory Is an Inappropriate Standard for Evaluating and Aiding Most Human Decision Making," in Decision Making in Action: Models and Methods, G. Klein, J. Orasanu, R. Calderwood, and C. Zsambok, eds., Norwood, NJ: Ablex, 1993.

16. H. Simon, Models of Man: Social and Rational. New York: Wiley, 1957.

17. D. Kahneman, P. Slovic, and A. Tversky, Judgment Under Uncertainty: Heuristics and Biases. New York: Cambridge University Press, 1982.

18. J. Orasanu and T. Connolly, "The Reinvention of Decision Making," in Decision Making in Action: Models and Methods, G. Klein, J. Orasanu, R.

Calderwood, and C. E. Zsambok, eds. , Norwood, NJ: Ablex, 1993.

19. G. Klein, Sources of Power. Cambridge, MA: MIT Press, 1999.

20. N. Moray, "A Lattice Theory Approach to the Structure of Mental Models," Philosophical Transactions of the Royal Society of London. Series B, Biological Sciences, vol. 327, no. 1241, pp. 577-583, 1990.

21. D. Gentner and A. L. Stevens, eds. , Mental Models. Hillsdale, NJ: Erlbaum, 1983.

22. H. J. Davison and R. J. Hansman, "Use of Structure as a Basis for Abstraction in ATC," in International Symposium on Aviation Psychology, 2003.

23. J. M. Histon, "The Impact of Structure on Cognitive Complexity in Air Traffic Control," Master's thesis, Massachusetts Institute of Technology, 2002.

24. R. Parasuraman and V. Riley, "Humans and Automation: Use, Misuse, Disuse, Abuse," Human Factors, vol. 39, no. 2, pp. 230-253, 1997. doi: 10. 1518/ 00187 2097778543886.

25. B. M. Muir, "Trust Between Humans and Machines, and the Design of Decision Aids," International Journal of Man-Machine Studies, vol. 27, no. 5-6, pp. 527-539, 1987. doi: 10. 1016/S0020-7373(87)80013-5.

26. R. Parasuraman and D. H. Manzey, "Complacency and Bias in Human Use of Automation: An Attentional Integration," Human Factors, vol. 52, no. 3, pp. 381- 410, 2010. doi: 10. 1177/0018720810376055.

27. J. S. Warm, R. Parasuraman, and G. Matthews, "Vigilance Requires Hard Mental Work and Is Stressful," Human Factors, vol. 50, no. 3, pp. 433-441, 2008. doi: 10. 1518/001872008X312152.

28. H. J. Davison Reynolds, R. DeLaura, and M. Robinson, "Field & (Data) Stream: A Method for Functional Evolution of the Air Traffic Management Route Availability Planning Tool (RAPT)," in Annual Human Factors and Ergonomics Society Conference, 2010.

29. N. Underhill and R. DeLaura, "Estimation of New York Departure Fix Capacities in Fair and Convective Weather," in Aviation, Range, and Aerospace Meteorology Special Symposium on Weather-Air Traffic Management Integration, 2012.

30. W. Grigsby, S. Gorman, J. Marr, J. McLamb, M. Stewart, and P. Schifferle, "Integrated Planning: The Operations Process, Design and the Military Decision

Making Process," Military Review, no. 1, pp. 28-35, 2011.

31. H. Davison Reynolds, R. DeLaura, J. Venuti, and M. Wolfson, "Uncertainty and Decision Making in Air Traffic Management," in AIAA Aviation Technology, Integration, and Operations Conference (ATIO), 2013.

32. Department of Defense, "Design Criteria Standard," Standard MIL-STD-1472F, 2012.

名 词 索 引

中文	英文	对应小节
BDe	BDe	2.4.3
BDeu	BDeu	2.4.3
Dyna	Dyna	5.2.1
HSV 颜色空间	HSV (Hue-saturation-value) color space	8.2.1
l 向量	l-vector	9.4
K2	K2	2.4.2
LAO	LAO	4.9
NEXP-complete	NEXP-complete	7.2.2
NP	NP	2.2.4
NP-complete	NP-complete	2.2.4
NP-hard	NP-hard	2.2.3
P-complete	P-complete	7.2.2
Perseus 算法	Perseus algorithm	6.7
Polya 分布	Polya distribution	8.3.1
probit 模型	Probit model	2.1.6
PSPACE-complete	PSPACE-complete	6.3.3
QMDP	QMDP	6.4.1
Q 学习	Q-learning	5.4.2
Sarsa	Sarsa	5.4.3
Sigmoid	Sigmoid	2.1.6
logit k-级	logit level-k	3.3.3

名词索引

中文	英文	对应小节
v 结构	v-structure	2.1.5
α-β 滤波	Alpha-beta filter	10.3.1
α 向量	Alpha vector	6.3.1
β 分布	Beta distribution	2.3.2
ε-贪婪算法	ε-greedy exploration	5.1.3
安全	Safety	1.2.1
半空中碰撞	NMAC (Near midair collision)	10.5.1
贝叶斯参数学习	Bayesian parameter learning	2.3.2
贝叶斯策略梯度法	Bayesian policy gradient	5.7
贝叶斯评分	Bayesian score	2.4.1
贝叶斯强化学习	Bayesian reinforcement learning	5.3.1
贝叶斯网络	Bayesian network	6.2.3
贝叶斯准则	Bayes' rule	2.1.1
贝叶斯-自适应马尔可夫决策过程	Bayes-adaptive Markov decision process	5.3.3
本地信息	Local information	7.1
闭环规划	Closed-loop planning	4.2.7
边缘化	Marginalization	2.2.3
编程	Programming	1.3.1
变量消除	Variable elimination	2.2.3
标准状态累积分布函数	Standard normal cumulative distribution function	2.1.2
伯努利过程	Bernoulli process	10.2.2
博弈论	Game theory	3.3
不可计算	Uncomputable	6.3.3
不可判定的	Undecidable	7.4.3
不敏卡尔曼滤波	Unscented Kalman filter	10.3.3
不完善状态信息	Imperfect state information	4.9
部分策略	Partial policy	7.4.2

中文	英文	对应小节
部分可观测的随机博弈	POSG (Partially observable stochastic game)	7.1.1
部分可观测马尔可夫决策过程	POMDP (Partially observable Markov decision process)	5.3.3
部分可观测蒙特卡洛规划	Partially Observable Monte Carlo Planning	6.7
部分有向图	Partially directed graph	2.4.4
部分有向图	Partially directed graph	2.4.4
采样	Sampling	10.5.1
彩票	Lottery	3.1
策略	Policy	4.2.1
策略迭代	Policy iteration	4.2.3
策略迭代评估	Iterative policy evaluation	4.2.2
策略改进	Policy improvement	4.2.3
策略评估	Policy evaluation	4.2.2
策略树	Policy tree	7.1.3
策略损失	Policy loss	4.2.4
策略组合	Strategy profile	3.3.1
叉	Fork	2.1.5
插值	Interpolation	10.2.4
查询变量	Query variable	2.2
查找表	Lookup table	8.2.2
颤振	Chatter	10.4.3
超前	Lookahead	6.5.1
超图	Hypergraph	7.3.2
持续的监视	Persistent surveillance	1.2.2
抽象	Abstraction	5.5.3
传递性	Transitivity	2.1.1
纯策略	Pure strategy	3.3.1
代理优化模型	Surrogate model optimization	10.5.3

名词索引

中文	英文	对应小节
带宽	Bandwidth	2.3.3
单次决策问题	Sngle-shot decision problem	3.2
单峰	Unimodal	2.1.2
单形插值	Simplex-based interpolation	4.5.1
倒叉	Inverted fork	2.1.5
倒谱特征	Cepstral feature	9.1.1
狄利克雷分布	Dirichlet distribution	2.3.2
递归贝叶斯估计	Recursive Bayesian estimation	2.2.2
迭代条件模式	ICM (Iterated conditional modes)	8.3.2
动态规划	Dynamic programming	4.2
独立的	Independent	2.1.3
独立观测的	Observation independent	7.3.1
独立奖励	Reward independent	7.3.1
独立性	Independence	3.1.1
独立转移的	Transition independent	7.3.1
对称狄利克雷分布	Symmetric Dirichlet distribution	2.3.2
对数阶乘	Log-factorial	8.4.2
对数似然	Log-likelihood	2.3.1
多变量效用函数	Multiple variable utility	3.1.6
多树	Polytree	2.6
多线性插值	Multilinear interpolation	4.5.1
多元高斯分布	Multivariate Gaussian	2.1.7
多智能体 A	MAA (Multiagent A)	7.4.2
多智能体规划	Multiagent planning	11.1
多智能体马尔可夫决策过程	MMDP (Multiagent Markov decision process)	7.3.3
多智能体强化学习	Multiagent reinforcement learning	5.7
多智能体置信状态	Multiagent belief state	7.2.3

中文	英文	对应小节
二项式分布	Binomial distribution	2.3.1
反馈	Feedback	2.1
反向传播	Backpropagation	5.5.2
反转	Reversal	10.1.2
泛化	Generalization	5.6
防撞	Collision avoidance	3.1.2
仿射变换	Affine transformation	3.1.2
飞行测试	Flight test	10.5
非线性滤波	Nonlinear filter	10.3.1
斐波那契序列	Fibonacci sequence	4.2
分布式部分可观马尔可夫决策过程	Dec-POMDP (Decentralized partially observable Markov decision process)	7.6
分布式马尔可夫决策过程	Dec-MDP (Decentralized Markov decision process)	7.3.1
分段均匀密度分布	Piecewise-uniform distribution	2.1.2
分类	Classification	1.3.2
分类器	Classifier	2.2.1
分散策略	Decentralized policy	11.3
分支界定	Branch and bound	4.9
风险比	Risk ratio	10.5.1
风险规避	Risk averse	3.1.5
风险中立	Risk neutral	3.1.5
冯·诺依曼-莫根斯坦公理	Von Neumann-Morgenstern axioms, 58	3.1.7
复合狄利克雷多项式分布	Compound Dirichlet-multinomial distribution	8.3.1
伽马函数	Gamma function	2.3.2
概率密度函数	probability density function	2.1.2
感知和防撞	Sense and avoid	10.1.3
感知机 Q 学习	Perceptron Q-learning	5.5.2

名词索引

中文	英文	对应小节
高斯分布	Gaussian distribution	2.1.2
高斯混合模型	GMM (Gaussian mixture model)	2.1.2
高斯-赛德尔价值迭代	Gauss-Seidel value iteration	4.2.6
功能边缘	Functional edge	3.2
观测	Observation	1.1
观测-动作循环	Observe-act cycle	1.1
观测模型	Observation model	6.1.2
广义置信状态	Generalized belief state	7.2.3
归一化常数	Normalization constant	2.2.1
归一化效用函数	Normalized utility function	3.1.2
规划	Planning	1.3
过度依赖	Overreliance	12.2.1
含有通信的分布式部分可观马尔可夫决策过程	Dec-POMDP-Com (Decentralized partially observable Markov decision process with communication)	7.6
行为博弈论	Behavioral Game theory	3.5
行为克隆	Behavioral cloning	1.3.2
合作	Cooperation	11.5
核函数	Kernel function	2.3.3
后验	Posterior	2.2.1
混合策略	Mixed strategy	3.3.1
混合整数线性规划	Mixed integer linear programming	7.8
货币的效用	Utility of money	3.1.5
机会节点	Chance node	3.2
机器翻译	Machine translation	9.4
机载防撞系统	ACAS (Airborne Collision Avoidance System)	3.2.3
基本图	Essential graph	2.4.2

中文	英文	对应小节
基函数	Basis function	4.5.2
基于点的价值迭代	Point-based value iteration	6.4.3
基于模型的强化学习	Model-based reinforcement learning	5.7
基于特征的搜索	Attribute-based search	8.1
吉布斯采样	Gibbs sampling	2.2.5
吉廷斯索引分配	Gittins allocation index	5.1.4
几何分布	Geometric distribution	10.2.2
加强	Strengthening	10.2.2
加性分解	Additive decomposition	3.1.6
价值迭代	Value iteration	4.2.4
监督学习	Supervised learning	1.3
监视系统	Surveillance system	1.2.1
减弱	Weakening, 255	10.2.2
渐进加宽	Progressive widening	4.9
奖励函数	Reward function	4.1.1
交叉熵	Cross entropy	4.7.3
交通建议	Traffic advisory	10.1.1
交通警报和防撞系统	TCAS (Traffic Alert and Collision Avoidance System)	1.2.1
阶乘	Factorial	2.3.2
结构化策略迭代	Structured policy iteration	4.3.2
结构化价值迭代	Structured value iteration	4.3.2
结构学习	Structure learning	10.5.1
解脱	Explaining away	2.1.5
近似动态规划	Approximate dynamic programming	4.5
近视通信	Myopic communication	7.8
精英样本	Elite sample	4.7.3
局部近似	Local approximation	4.5.1

名词索引

中文	英文	对应小节
局部近似价值迭代	Local approximation value iteration	4.5.1
局部搜索	Local search	2.4.2
局部图操作	Local graph operations	2.4.4
局部完全可观测的	Locally fully observable	7.3.1
局部状态	Local states	7.3.1
局部最优解	Local optima	1.3.3
决策建议	RA (Resolution advisory)	1.2.1
决策理论	Decision theory	3.1.7
决策树	Decision tree	4.3.1
决策图	Decision diagrams	4.3.1
决策网络	Decision network	3.2
决策支持系统	Decision support system	1.1
均匀分布	Uniform distribution	2.1.2
卡尔曼滤波	Kalman filter	2.2.2
卡尔曼增益	Kalman gain	6.2.2
开环规划	Open-loop planning	4.2.7
可操作性	Operational considerations	10.2.3
可分解马尔可夫决策过程	Factored Markov decision process	4.3.1
可满足的	Satisfiable	2.2.4
可信度	Trust	12.2
克罗内克 δ 函数	Kronecker delta function	5.3.3
空域模型	Airspace model	10.1.4
空中交通管制	Air traffic control	1.1
哭泣婴儿问题	Crying baby problem	6.1.1
快速信息边界	Fast informed bound	6.4.2
框架效应	Framing effect	3.1.7
老虎机问题	Bandit problem	5.1.1
雷达	Radar	1.1

中文	英文	对应小节
类-条件分布	Class-conditional distribution	2.2.1
累积分布函数	Cumulative distribution function	2.1.2
离散化	Discretization	2.1.2
理性偏好	Rational preference	3.1.1
理性智能体	Rational agent	3.1.3
历史树	History tree	6.5.4
利用	Exploitation	4.2.7
利用不足	Underutilization	12.2.1
粒子匮乏	Particle deprivation	6.2.3
粒子滤波	Particle filter	6.2.3
连续性	Continuity	3.1.1
联合策略	Joint policy	7.1.1
联合分布	Joint distribution	2.1.3
联合均衡搜索	JESP (Joint equilibrium search for policies)	7.5.2
联合树算法	Junction tree algorithm	2.3
链	Chain	2.1.4
链式法则	Chain rule	2.1.4
量化	Quantization	9.3
路径规划	Path planning	4.2.7
路径可用性规划工具	RAPT (Route Availability Planning Tool)	12.2.2
旅行者困境难题	Traveler's dilemma	3.3.3
马尔可夫等价类	Markov equivalence class	2.4.3
马尔可夫假设	Markov assumption	4.1.1
马尔可夫决策过程	Markov decision process	4.1.1
马尔可夫链	Markov chain	2.1.7
马尔可夫链蒙特卡罗	Markov chain Monte Carlo	2.2.5
马尔可夫随机场	Markov random field	2.6

中文	英文	对应小节
马尔可夫毯	Markov blanket	2.1.5
蒙特卡罗树搜索	Monte Carlo tree search	4.6.4
蒙特卡罗采样	Monte Carlo sampling	10.3.3
模拟退火	Simulated annealing	2.4.2
纳什均衡	Nash equilibrium	3.3.2
内存有界动态规划	MBDP (Memory-bounded dynamic programming)	7.5.1
爬山法	Climing hill	2.4.2
碰撞风险	Collision risk	10.2.1
匹配分数	Match score	8.2
偏好引出	Preference elicitation	3.1.4
平方误差和	Sum-squared error	4.5.2
平行飞行	Parallel approach	10.5.2
平滑	Smoothing	2.2.2
平均奖励	Average reward	4.1.2
平稳的	Stationary	2.1.7
朴素贝叶斯模型	Naive Bayes model	2.2.1
启发式搜索价值迭代	Heuristic Search Value Iteration	6.7
启发式算法	Heuristic	5.3
前景理论	Prospect theory	3.5
前向搜索	Forward search	4.6.1
潜在变量	Latent variable	8.2.2
强化学习	Reinforcement learning	1.3
囚徒困境	Prisoner's dilemma	3.3.1
区间探索	Interval exploration	5.1.3
全概率定理	Law of total probability	2.1.1
全局近似	Global approximation	4.5
全球定位系统	GPS (Global positioning system)	10.1.4

中文	英文	对应小节
确定性效应	Certainty effect	3.1.7
人机界面	HMI (Human-machine interface)	12.3
人机系统一体化	Human-systems integration	12.1
人为失误	Human error	10.1
软生物特征	Soft biometrics	8.1
筛选	Screening	8.5
设计参数	Design parameter	10.5.3
生成模型	Generative model	4.6.3
生物特征搜索	Biometric search	8.1
时间差分误差	Temporal difference error	5.4.1
时间模型	Temporal model	2.1.7
实时	Real-time	4.9
似然加权采样	Likelihood-weighted sampling	2.2.5
视频监控	Video surveillance	8.4
首次发布（或默认）策略	Rollout policy	4.6.4
输出层	Output layer	5.5.2
输入层	Input layer	5.5.2
树置信上限区间	Upper confidence bound for trees	4.6.4
双线性插值	Bilinear interpolation	4.5.1
说话者识别	Speaker identification	9.5.1
思维模型	Mental model	12.1.1
四旋翼飞行器	Quadrotor	11.5
随机优化	Stochastic optimization	4.7.2
随机重启	Randomized restart	2.4.2
探索	Exploration	2.4.1
汤普森采样	Thompson sampling	5.3.4
特征	Features	4.5.2
梯度上升法	Gradient ascent	2.4.2

中文	英文	对应小节
条件边缘	Conditional edge	3.2
条件独立	Conditional independence	2.1.5
条件概率	Conditional probability	2.1.4
条件规划	Conditional plan	6.3.2
条件线性高斯分布	Conditional linear Gaussian distribution	2.1.6
调查	Survey	3.1.7
调整	Corrective	1.2.1
通用航空飞机	General aviation aircraft	10.1.4
通用可比性	Universal comparability	2.1.1
突变	Mutation	2.4.2
推理	Inference	2.2
拓扑排序	Topological sort	2.2.5
外推	Extrapolation	10.1.1
完成策略	Completion policy	7.4.2
完整性	Completeness	3.1.1
网格世界	Grid world	4.2.5
网络分布式 POMDP	ND-POMDP	7.3.2
伪计数	Pseudocount	2.3.2
卫星	Satellite	2.1
文化基因算法	Memetic algorithm	2.4.2
稳定 MDP	Stationary Markov decision process	4.1.1
无模型强化学习	Model-free reinforcement learning	5.4
无人机	Unmanned aircraft	1.2.2
无限范围	Infinite horizon	4.1.2
稀疏采样	Sparse sampling	4.6.3
系统参数	System parameter	10.5.3
先验分布	Prior distribution	2.3.2
线性插值	Linear interpolation	4.5.1

中文	英文	对应小节
线性动态系统	Linear dynamical system	2.1.7
线性二次型调节器	Linear quadratic regulator	4.4
线性高斯分布	Linear Gaussian distribution	2.1.6
线性规划	Linear programming	4.9
线性回归	Linear regression	4.5.2
线性回归价值迭代	Linear regression value iteration	4.5.2
线性近似 Q 学习	Linear approximation Q-learning	5.5.1
消息传递算法	Message passing algorithm	2.6
效用	Utility	3.1.4
效用函数	Utility function	3.1
效用节点	Utility node	3.1.6
效用理论	Utility theory	3.1
效用引出	Utility elicitation	3.1.4
协同图	Coordination graph	7.3.2
信息边缘	Informational edge	3.2
信息的价值	Value of information	3.2.2
信息收集	Information-gathering	6.4.1
修正的策略迭代	Modified policy iteration	4.2.3
序贯决策问题	Sequential decision problem	4.1
学习率	Learning rate	5.4.1
寻求风险	Risk seeking	3.1.5
循环置信传播	Loopy belief propagation	2.2.5
训练实例	Training examples	1.3.2
压力测试	Stress testing	10.5.1
依赖探索的特征增量算法	Incremental feature dependency discovery	11.4
遗传规划	Genetic programming	4.7.4
遗传局部搜索	Genetic local search	2.4.2
遗传算法	Genetic algorithm	2.4.2

名词索引

中文	英文	对应小节
异步价值迭代	asynchronous value iteration	4.2.6
因子图	Factor graph	2.6
隐藏变量	Hidden variable	2.2
隐层	Hidden layer	5.5.2
隐马尔可夫模型	HMM（Hidden Markov model）	2.1.7
影响图	Influence diagram	3.2
优化	Optimization	1.3
优先迭代	Prioritized sweeping	5.2.2
优先级队列	Priority queue	5.2.2
有限范围	Finite horizon	4.1.2
有向图	Directed graph	2.2.5
有向无环图模式	Directed acyclic graph pattern	2.4.4
语言模型	Language model	9.2
语言识别	Language identification	9.1.3
语音处理	Speech processing	9.1
预测	Prediction	1.3.1
预防建议	Preventive	10.2.1
约束	Constraints	10.1.3
在线计算的成本	Online cost	10.3
折扣因子	Discount factor	4.1.2
诊断测试	Diagnosis	3.2
证据变量	Evidence variable	2.2
支持向量机	SVM（Support vector machine）	9.4
直方图	Histogram	8.2.2
直接采样	Direct sampling	2.2.5
直接策略搜索	Direct policy search	4.7
智能体	Agent	1.1
置信度	Belief	2.1.1

中文	英文	对应小节
置信度传播	Belief propagation	2.2.3
置信状态	Belief state	5.1.4
置信-状态马尔可夫决策过程	Belief-state Markov decision process	6.1.4
重要性采样	Importance sampling	10.5.1
主导策略	Dominant strategy	3.3.1
主导策略均衡	Dominant strategy equilibrium	3.3.1
主题识别	Topic identification	9.3
注意力	Attention	12.1.1
转移模型	Transition model	5.5.3
状态空间	State space	8.3.2
状态转移模型	State transition model	2.1.7
资格追踪	Eligibility trace	5.4.4
自然的决策	Naturalistic decision making	12.1.2
自组织映射	Self-organizing map	5.5.1
最大期望	EM（Expectation maximization）	9.1.4
最大期望效率原理	Maximum expected utility principle	3.1.3
最大似然参数学习	maximum likelihood parameter learning	2.3.1
最大似然估计	Maximum likelihood estimation	2.3.1
最佳响应	Best response	3.3.1
最近邻	Nearest neighbor	4.5.1
最似然解释	Most likely explanation	2.2.2
最优策略下可达空间的连续逼近	Successive Approximations of the Reachable Space under Optimal Policies	6.7

附录　部分彩图

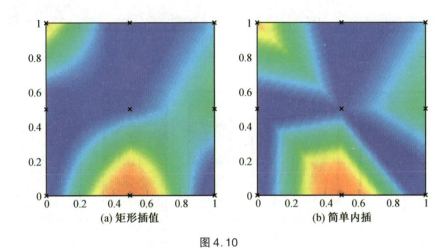

(a) 矩形插值　　　　(b) 简单内插

图 4.10

图 8.1

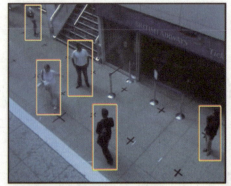 

图 8.2

图 8.5

图 8.12

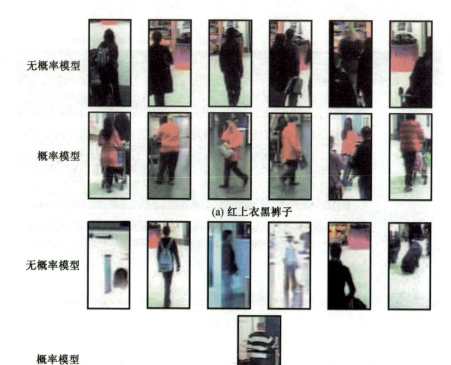

(a) 红上衣黑裤子

(b) 黑或白上衣/深蓝裤子/红行李箱

图 8.13

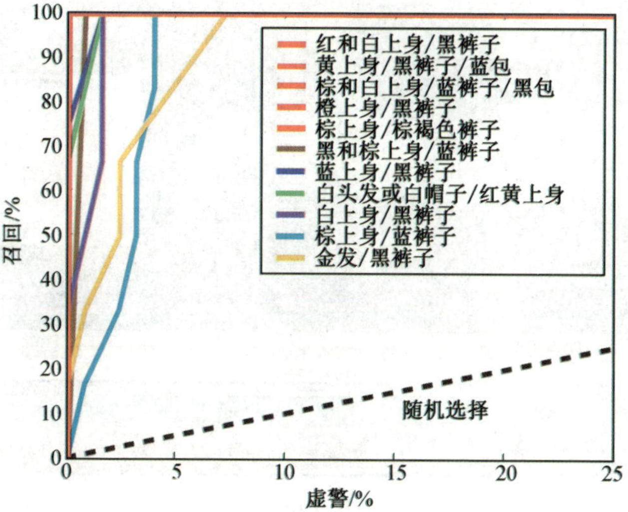

图 8.14

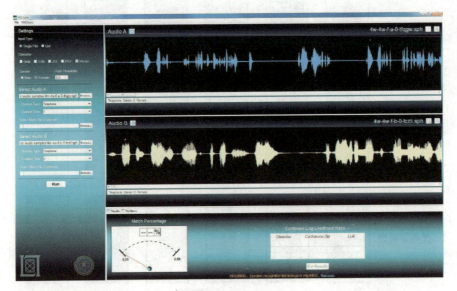

图 9.2

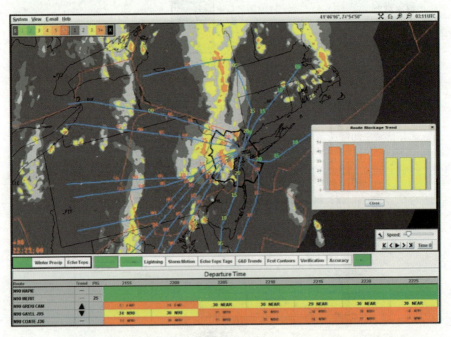

图 12.3